牛村 圭
[編]

文明と身体

CIVILIZATION
and
THE BODY

臨川書店

緒言

牛村 圭

明治初年、「文明」の語はアンビバレントな響きを内包していた。軍事力を背景に徳川日本に開国を強要した西洋列強による植民地化を阻止するため、油断すれば敵となり得るその西洋を師として、範として、強い新しい国作りを進めることが、明治日本にとり喫緊の課題となった。幕末から明治期日本の思想の先導者とも形容すべき福澤諭吉は『文明論之概略』（一八七五年）のなかで、「今、世界の文明を論ずるに、欧羅巴諸国並に亜米利加の合衆国を以て最上の文明国と為し、土耳古、支那、日本等、亜細亜の諸国を以て半開の国と称し、阿弗利加及び濠太利亜を目して野蛮の国」というのが「世界の通論」であると記した。加えて、この文明──半開──野蛮というカテゴリーは固定しているのではなく、かつての「半開」が「文明」へと転じた歴史を引き、文明の「発展段階説」を詳細に紹介したことはよく知られている。以上をふまえて、半開の国日本は「これ（西洋文明）を取るに於て何ぞ躊躇することをせんや。断じて西洋の文明をとるべきなり」と明記した。「西洋の文明を目的」とせよ、と訴えたのである。自国を植民地にし得る力を有する敵になり得る西洋、一方で、急務の近代化を推進する上で絶対的な師としなければいけない西洋、その西洋の持つ二面を表象するのが、明治日本にとっての文明、すなわち西洋文明に他ならなかった。

近代国家建設のために求められた近代化が、西洋化と同義であったことは言を俟たない。近代化のプロセスのなかで、西洋文明が生み出した諸要素は日本国内の諸領域に入ってくることとなった。政治、軍事、法律、教育等々、逐一言及するには及ばないであろう。また、制度に止まらず、従前のもののみかた、換言するならばまなざしについても、意識的か無意識のうちにかにかかわらず、西洋文明はなにかしら不可避の影響を及ぼしたことは容易に推測できる。そしてそのまなざしの変化は、時を経るにつれて、古今東西の異文明におけるまなざしへの関心、ときには比較の視点に立った探求、にもつながっていったことと思われる。

編者が主宰した国際日本文化研究センター（日文研）共同研究「文明と身体」（平成二一年四月～二五年三月）での研究成果を中心とする本論集は、如上の関心に立脚し、身体へ向けられた文明のまなざしを、事例研究をもとに検討する試みである。すなわち、野蛮から文明へといたる人類の歴史の流れのなかで、人の自らの身体へのまなざしは如何なる変貌を遂げてきたのかを取り上げることを主たる課題とする。たとえば、古代において既に高度な文明を有していた地中海地域において、身体はどのような解釈を受けたのか。また、文明化の過程が遅れた地域においては、進んだ異文化異文明という他者との出会いの中で、従前の身体へのまなざしにどういう変化が生じたのか。他方、進んだ他者として臨んだ側にも、異なる文化から受けた衝撃はあったのだろうか。古今東西の身体へのまなざしを考えるのに相応しい事例に対して文明という文脈のもとでまず考察を加え、可能ならばそのような歴史上の諸事例を参考にして近代日本の文明観を、身体を一つの切り口にして再検討することを企図してみたい。

『文明論之概略』で福澤は「文明とは結局、人の知徳の進歩というて可なり」と書いた。福澤流の文明の定義である。一方、エドワード・タイラーをはじめとする文化人類学者、あるいはノルベルト・エリアスのような社会学者など、多くの先達が「文明」の定義をこれまで試みてきたこともよく知られている。本論集所収の各論考は、その叙述の底流には絶えず「文明」への関心をおくこととなる。しかしながら、あらかじめ「文明」の語を定義した上で論考集を編むという方針を採るのではなく、「文明」の定義・解釈に関してはそれぞれの論考にすべて委ねている。各論考が扱うテクスト――書かれたものも描かれたものも――における「文明」の語が内包する意味、含意を検討しつつ、身体へのまなざしを論じることを本論集は基本姿勢としていることをお断りしておく。

目次

装幀・野田和浩

I　古をかえりみる

第1章　暴露の愉悦と誤認の恐怖
――「病草紙」における病者との距離

永井久美子

はじめに

「病草紙」は、十二世紀末、後白河法皇（一一二七〜一一九二、在位一一五五〜一一五八）のもとで作られた絵巻物の一つと見なされている。この「病草紙」には、病者のみでなく、彼らを指さす者、あざ笑う者なども登場し、絵巻が制作された当時、「健常者」たちが病者に対し、差別的な姿勢をあからさまに示していた様子を読み取ることができる。

病者をとりまく嘲笑や差別の描写をめぐっては、絵巻の制作を命じたとみられる後白河院の視点によるものとする小山聡子氏の論考や[1]、病者に排他的に接する都の男性貴族の視点に基づくものと指摘する加須屋誠氏、佐藤康宏氏の論文が発表されている[2]。これらの先行研究で指摘されるように、「病草紙」に登場する「健常者」たちは、病者と自己との明確な区別のもとに病者と向き合っており、その差別の姿勢は、絵巻の制作者、鑑賞者の視点も反映しているとみてよいだろう。

病者たちを「健常者」と区別する際に意識されているのは、身分的な差異と地理的な距離である。佐藤氏、加須屋氏が鋭く指摘するところであるが、絵巻の主たる鑑賞者であった男性貴族たちが、自分たちの暮らす都から異質な者を排除しようとする姿勢が、「病草紙」には投影されている。複数の病者が、占いや托鉢を行う巫《かんなぎ》や出家者として描かれ、貴族社会の外縁に位置する者として登場する。往来を行く病者に指をさし、嘲笑する態度で臨むのは、強い排除の意識が反映されたものであり、佐藤氏が論じたように、都の男性貴族に病の兆候を見た者たちが困惑の表情を見せるのは、はからずも自分たちに病者を近づけてしまったことに対する不安の現れである。

本稿は、先行研究を承けつつ、病者に対する差別のあり方が議論の対象となることが多かった「病草紙」をめぐって、佐藤氏が指摘した、病者に対峙する一部の者たちに認められる困惑や不安に注目し、笑いが生まれる状況との境界線について考察するものである。特に、一見しただけでは病者と判別しにくい者たちに対する人々の態度に注目し、「病草紙」を見直してみる。

屋内の病者との距離感

「病草紙」の詞書に登場する地名は、佐藤氏が指摘した通り、Ⅰ・大和国、Ⅱ・京都、Ⅲ・言及がなく不特定の大きく三種に分類できる。十二世紀当時、絵巻の鑑賞者たちが大和国に対して抱いていた感覚は、京の都からは離れた土地でありつつ、たとえば東国のように極端に遠くもない土地、というものであったと考えられる。

大和国のうち、「平群の郡《こほり》」の「幸山といふところ」と、「葛《かつら》木の下《しも》の郡《こほり》」の「片岡《かたをか》といふところ」とが、病者が現れた具体的な土地の名として挙げられる[3]。出現した病者は、それぞれ後述の①「鼻黒の父子」と②「不眠の女」である。このうち「幸山」は、興福寺一乗院領の庄園であった歴史をもち、現在も法隆寺付近に残る地名である「幸前《こうぜん》」の当て字であるとみられる。「片岡」は、『日本書紀』や『日本霊異記』の伝える飢人伝説で知られた地名であった。聖徳太子巡幸の折、太子が片岡村で出会った飢人に衣を与え、丁重に葬った伝説である[4]。幸前も片岡も、太子信仰などを通し都でも知られた地名であったと考えられる。大和国の病者を取り上げた段には、知っているが離れた土地への興味関心が表されていよう。

① 鼻黒の父子　縦 25.9 × 横 37.8 cm（法量はいずれも詞書を含む）　個人蔵

地名を意識しつつ、病者の登場する場面が屋内か屋外かを分類すると、大和国の病者を描く場面は、いずれも屋内を舞台としていることが分かる。そして外見上目立つ特徴のある病者は、その多くが往来で人々に指を指され笑われている中で、大和国に住むとされる「鼻黒の父子」だけは、例外的に屋内で描かれていることも分かる。

「病草紙」各段の内容と現在の所蔵先、そして描写の舞台となる土地は、左記の一覧の通りである。詞書で言及された地名の分類は、佐藤論文に倣った。また一覧では、屋内を舞台とする場面と、屋外を描く段とを区別した。「病草紙」は、明治以後、十六段からなる一巻の巻子本と断簡の形で名古屋の関戸家に伝わっていたが、第二次世界大戦後、巻子本は段ごとに切断された。現在は関戸家を離れ、各地の美術館等に分蔵されている。一覧での掲載順は、巻子本であった分については改装前の順序に即している。

①鼻黒の父子（個人蔵）	Ⅰ・大和国	屋内
②不眠の女（サントリー美術館蔵）	Ⅰ・大和国	屋内
③風病の男（京都国立博物館蔵）	Ⅲ・不特定	屋内
④小舌の男（京都国立博物館蔵）	Ⅲ・不特定	屋内
⑤尻の穴のない男（九州国立博物館蔵）	Ⅲ・不特定	屋外
⑥二形（京都国立博物館蔵）	Ⅱ・京都	屋内
⑦眼病治療（京都国立博物館蔵）	Ⅰ・大和国	屋内
⑧歯の揺らぐ男（京都国立博物館蔵）	Ⅲ・不特定	屋内
⑨尻の穴あまたある男（京都国立博物館蔵）	Ⅲ・不特定	屋内
⑩陰虱の男女（京都国立博物館蔵）	Ⅲ・不特定	屋内

⑪ 霍乱の女（京都国立博物館蔵）	Ⅲ・不特定	屋内（縁側）
⑫ 頭のあがらない乞食法師（九州国立博物館蔵）	Ⅱ・京都	屋外
⑬ 息の臭い女（京都国立博物館蔵）	Ⅱ・京都	屋内
⑭ 居眠りの男（個人蔵）	Ⅲ・不特定	屋内
⑮ 顔にあざのある女（九州国立博物館蔵）	Ⅲ・不特定	屋内
⑯ 白子（個人蔵）	Ⅲ・不特定	屋外
断簡① 侏儒（九州国立博物館蔵）	Ⅱ・京都	屋外
断簡② 背の曲がった男（文化庁蔵）	Ⅱ・京都	屋外
断簡③ 肥満の女（福岡市美術館蔵）	Ⅱ・京都	屋外
断簡④ 鶏に目を突かせる女（個人蔵）	不明（詞書欠）	屋内
断簡⑤ 小法師の幻覚を見る男（香雪美術館蔵）	Ⅲ・不特定	屋内

大和国を舞台とするのは、①「鼻黒の父子」のほか、②「不眠の女」、⑦「眼病治療」である。②「不眠の女」、⑦「眼病治療」の段では、室内に装飾の施された調度品類が置かれ、裕福な暮らしぶりが認められる。①「鼻黒の父子」の背後には弓矢が描かれており、弓は黒漆塗りであり、矢を入れた箙や付属する弦巻には鮮やかな装飾が施されている。これらの描写から、父親の職能は武芸を含むものであり、低くない身分の者に仕える立場にある様子が窺える。ただし、男の風貌には田舎人めいたところが

② 不眠の女　縦 25.8 × 横 41.9 cm　サントリー美術館蔵
重要文化財

⑦ 眼病治療　縦 26.2 × 横 58.9 cm　京都国立博物館蔵
国宝

あり、身分の高い者の顔立ちとは明らかに区別がなされている。

京の都からは一定の距離があるとはいえ、京の都の人々と大差ない水準の生活を人々が送っている土地に病者が現れた状況を示したのが大和国を描く段であり、目の前に現れると不安であるが、少し離れたところからであれば病者をじっくりと観察したいと思う願望が、大和国の屋内の描写に反映されているとみられる。①「鼻黒の父子」の場合は、貴族とは異なる身分の者に発現した病として描かれている点から、絵巻の鑑賞者である都の貴族から、距離の面のみならず、身分の面からも病者を遠ざけようとする意図が認められる。

大和国の病者たちに対し、都の病者たちは、⑫「頭のあがらない乞食法師」、断簡①「侏儒」、断簡②「背の曲がった男」、断簡③「肥満の女」と、遠目にも分かる外見的特徴を有する者が多く、これらの段には、往来を歩む病者を指さしあざ笑う人々が描かれている。断簡③「肥満の女」の場合は、詞書で場面が「七条わたり」と特定されており、女の職業についても「貸上《かしあ》げ」と明記されている。この段には、商いを営むため、東市の南端のあたりに出向いたところとみられる具体的な情景が描かれている。都の中でもやや外れの方であり、往来に現れた際には差別的な態度をとることで、都の中心からは病者を遠ざけようとしていること、身分の高い貴族たちとは別の存在と見なそうとしている様子が窺える。

⑫「頭のあがらない乞食法師」、断簡①「侏儒」、断簡②「背の曲がった男」のほか、⑯「白子」には、嘲笑する人々の中に子どもが含まれる。これは、前者三段については、背が低いこと、首の位置が低いことを、子どもの背丈と並べることで強調した描写であろう。⑯「白子」の場合は、白髪であるが老女

断簡③ 肥満の女　縦 25.3 × 横 45.1 cm

⑯ 白子　縦 26.2 × 横 47.6 cm

ではないさまを際立たせるために、子どもと並べられたことが考えられる。

「病草紙」に描かれた往来は、情景を写実的に描くものではなく、病者の存在を際立たせるために構図上の工夫が施されている。断簡③「肥満の女」では、肥満の女性の後部に授乳する女性が描かれる。母親の庇護なしには生きてゆけない赤子との対比で、人の手を借りなければ歩行が困難である女性の病が強調されているだろう。

地名は記されていない段であるが、同じく往来が描かれた⑯「白子」の場合は、白子の女性を笑う子どもと大人のほか、黒髪に日に焼けた褐色の肌と、赤みがかった頬の女性が白子と相似的な姿勢で登場し、対比的に描かれている。指さす人物の手の先には、白子の女性の顔や肌ではなく、彼女が持つ鼓がある。この白子の女性は、鼓を手に占いなどをして行脚していた巫女であるとみられ、褐色の肌の女性が頭上に桶を掲げ、日常的な家事のさまを見せているのと対照的である。

都を舞台とする段には、他に⑥「二形」と⑬「息の臭い女」がある。この二段にも病者を笑う人々が登場するが、これらはいずれも屋内を舞台としている。前者は患部が人目につきにくく、後者は目には見えない病である。病の判別が難しい点が往来で遠巻きに笑われる病者とは異なり、彼らに対しては、より肉薄した描写がなされている。

⑥「二形」には、両性具有者の寝所に入り込み、衣をめくり上げて陰部を暴き出す様子が描かれ、⑬「息の臭い女」は、絵には屋内で女性が歯を磨く様子が描かれ、詞書は、美しい外見に惑わされ女に近づいた男の失敗譚となっている。「形《かたちおとこ》男なれども、女の姿《すがた》に似《に》たることもありけり。人これを覚束《おぼつか》なが

⑥ 二形　縦 26. 2 × 横 47. 6 cm　京都国立博物館蔵　国宝

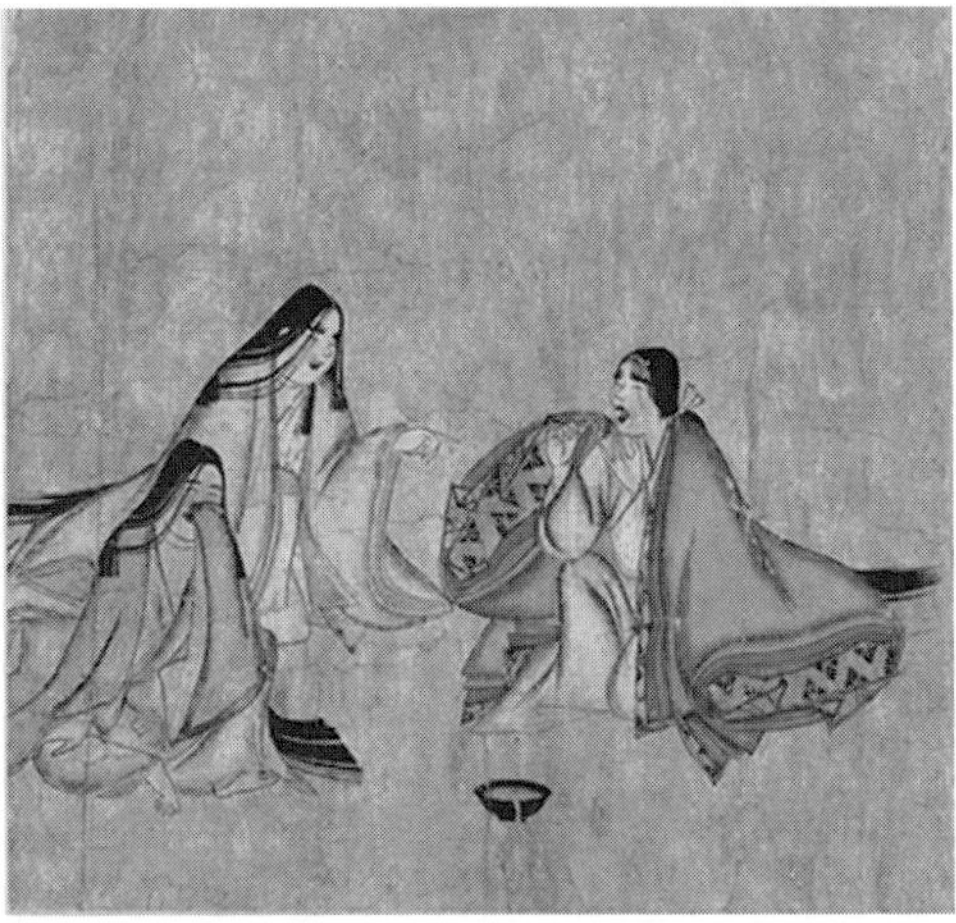

⑬ 息の臭い女　縦 26. 2 × 横 49. 4 cm　京都国立博物館蔵
国宝

りて、夜寝入《よるねい》りたるにひそかに衣《きぬ》をかき上げて見《み》ければ、男女の根、共《とも》にありけり。」と詞書にあるように、⑥「二形」には、不審に思われていた者の正体を、寝室にまで入り込みつきとめた物語となっており、そこには、他の人々が知りえなかった秘密を暴いたことに対する愉悦感を読み取ることができる。⑬「息の臭い女」は、病者の正体を見誤った男の滑稽譚となっているが、屋内の様子を描く絵の鑑賞者は、口臭を有する女性の隣で鼻を押さえる女性や、歯を磨くさまを指さし笑う女性の存在から、詞書に登場する男は近づくまで知りえなかった女の正体を、眼前でまざまざと見ることができる。近づいて初めて正体が分かる者を描く際に、屋内という舞台設定が活かされている。

大和国を舞台とする②「不眠の女」には病者を眺める人物は登場しない。しかし、一人だけ寝付けない様子が眠る人々と対比され、女性の夜の寝室をあたかも垣間見るような視点で、この場面は描かれている。病者である女性が一人抱える寂寥感を描き出し、明るみに出す視点には、寝室に入り込み隠された「患部」を暴き出す⑥「二形」に通じる、出歯亀的な関心のありようが認められる。

眠れない女性を描く②「不眠の女」の内容は、⑭「居眠りの男」と対をなすものとなっている。⑭「居眠りの男」も屋内を舞台としているが、詞書に具体的な地名の言及はない。しかし佐藤氏も指摘したように、男の周囲の人々の困惑した表情が特徴的な段である。(5) 佐藤氏が論じたように、貴族社会に病者が入り込んだことに対する恐れもあるだろうが、その困惑には、一見すると健常者と思われる者が実は病者であったと判明したことに対する不安が含まれているだろう。高貴な身分の男性たちの中に思いがけず病者が現れたことに対するとまどいが、屋内を舞台とした描写により際立つ段である。

⑭ 居眠りの男　縦 26.0 × 横 44.8 cm　個人蔵

「病草紙」における屋内の描写は、近づかなければ判別できない病に対する好奇心と恐怖心のせめぎあいのもと、都との地理的な距離や身分的な差異も意識しつつ、可能な限り接近して病者を描き出した結果とみなすことができる。そしてその病者との距離感の取り方には、近づいて「正体」を暴き出す愉悦感と、近づくまで「正体」が分からないことへの不安が反映されているのである。

優越感からの安堵

外見的に目立つ特徴を有しつつも、例外的に屋内に描かれた大和国の①「鼻黒の父子」では、夫妻と三人の子どもたちが描かれる中で、男と子ども全員の鼻が黒く、この「病」が父親からの遺伝であることが示されている。この段の詞書は次の通りであり、子孫に受け継がれる形質であることが記されている。

大和国平群の郡《こほり》、幸山といふところに男《おとこ》あり。鼻《はな》の先《さき》、墨《すみ》を塗《ぬ》りたるやうに黒《くろ》かりけり。子、孫子相継《あひつ》ぎて皆黒《みなくろ》かりけり。

今日でいう遺伝を説明する記述は、形質がその家系の者以外に発現することはないという説明になっている。この説明は、都の貴族たちにとって、「健常者」同士の間に鼻が黒い形質を有する者が偶発的に生まれることはないと保証する意味をもったと考えられる。病は悪行の因果応報によるものとする仏教による思想が通底していた時代にあって、病が子から孫へと引き継がれてゆくものとする説明は、異色のものである。そこには、病を自分たちとは無縁のものと位置づけようとする、都の貴族の価値観が投影されているだろう。

①「鼻黒の父子」は、一家が屋内でくつろぐ様子で描写され、彼らをとりまく人々は登場しない。鼻が黒いという外見的特徴は、遠目にも比較的目立つものであるが、たとえば断簡①「侏儒」や断簡③「肥満の女」のように、往来で指を指されるといったことはされていない。家の中で、子どもたちは無邪気そうに遊び、赤子もにこやかな表情で乳を飲んでおり、①「鼻黒の父子」は、きわめて穏やかな一家の団欒を垣間見るかのような視点で描かれている。

舞台となる土地は不特定の段であるが、⑮「顔にあざのある女」の詞書には、「あざはうちまかせて人の身にある物なれども、閑所《かんしょ》は苦しみなし。顔などに付きぬれば人に交はり晴《はれ》など振る舞ふこと叶ふべくもなければ、まことに片輪《かたわ》なり。」とあり、患部が人目につきにくいところにある場合には問題はないと記されている。病として問題視されるのは、患部が目立つ場合であり、人との交際に支障を来すものであることが読み取れる詞書であり、その価値観が「病草紙」全体に通底しているからこそ、⑭「居眠りの男」に出会った人々は困惑し、⑥「二形」のように、不審に思われた人々は、正体を無遠慮ともいえる方法でつきとめられたと考えられる。

①「鼻黒の父子」の特徴的な形質は比較的目立ちやすいものであるが、前述のように、この一家は仲睦まじく暮らす様子で描かれており、往来で人目にさらされてはいない。一家が揃う姿を描くことで、遺伝のさまを描出する意図があったとみられるほか、鼻が黒くとも特に大きな問題を抱えずに暮らす様子を示すことにも意味があったと考えられる。

鼻は顔の中心部ということもあり非常に目立つ部位であるが、一方でその形状は人それぞれというところがあり、特徴的な鼻を持ち、そのことを気にかける人々は少なからずいたものと推測される。物語や説話にも、『源氏物語』の末摘花や『落窪物語』の面白の駒、『宇治拾遺物語』巻第二第七話「鼻長僧事」および『今昔物語集』巻二十八「池尾禅珍内供鼻語第二十」で知られる善珍内供のように、赤い鼻や長く大きな鼻を持つ人物が登場する。「閑所」ではない部位に特徴があることは、人との交際に支障をきたしかねない要因として恐れられていた。

鼻の形状はまちまちであるため、絵巻の鑑賞者の中にも、多少個性的な鼻を持つ者や、鼻にコンプレックスを抱いている者がいる状況は十分ありえただろう。男性貴族は、絵巻においては引目鉤鼻の決まった型で描かれることが多いが、それは、顔貌の理想が明確であり、望ましい顔立ちの範疇から外れることへの恐れを貴族たちが抱いていたことの現われとして解せるものである。「病草紙」における鼻黒の父子の平穏な暮らしぶりは、あくまでも都以外の土地での、身分の低い者のこととされつつ、貴族たちが抱きうる不安を払拭してくれるものであったと考えられるのである。

「子、孫子相継《あひつ》ぎて皆黒《みなくろ》かりけり」と記される①「鼻黒の父子」に対し、⑱「白子」は「昔《むかし》より今《いま》に至《いた》るまで、まゝ、世《よ》に出《い》で来《く》ることあり。」とされ、⑰「侏儒」は「時々《ときゞ》出《い》で来《く》。」とされる。他にも④「小舌」の詞書には「舌《した》の根《ね》に、小《ちゐ》さき舌《した》のやうなるもの、重《かさ》なりて生《お》い出づることあり。」とあり、発生する例があるものと記される。その他の病は、「中頃」（⑥「二形」、㉑「小法師の幻覚を見る男」）もしくは「近頃」（③「風病の男」、⑦「眼病治療」、⑫「頭のあがらない乞食法師」、⑲「肥満の女」）の出来事の伝聞として記されるものが多い。繰り返し発生する病の中でも、遺伝で説明される鼻黒は、偶然発生することがもっとも恐れられ、貴族社会から遠ざけることが望まれた病の一つであったと考えることすらできる。

⑭「居眠りの男」の詞書に「交《ま》じらゐの時《とき》まことに見苦《みぐる》しかりけり。これも病なるべし。」とあり、⑮「顔にあざのある女」の詞書には、「あざはうちまかせて人の身にあるものなれども、閑所は苦《くる》しみなし。顔《かほ》などにつきぬれば、人に交《まじ》はり晴《はれ》など振《ふ》る舞《ま》ふこと叶《かな》ふべくもなければ、まと[こ脱]に片輪《かたは》なり。」とある。人との「交じらゐ」に支障をきたすことが「病」の定義として挙げられる。往来をゆく病者たちは、貴族社会の「交じらゐ」からは排除された者たちであり、屋内の病者たちは、大和国や身分の低い者の家に登場する分には好奇心の対象となるが、都の貴族の邸宅に登場した場合には、周囲に深刻な不安を惹起させている。

赤鼻の持ち主である『源氏物語』の末摘花や、『落窪物語』に登場する鼻の穴の大きな面白の駒、そして『宇治拾遺物語』巻第二十七「鼻長き僧の事」の説話で著名な禅智内供など、特徴的な鼻を有する人物は、物語や説話にも散見され、これらの人物が登場する話は、主に滑稽譚、失敗譚となっている。「交じらゐ」からの落伍を引き起こしうる、隠しがたい身体的特質として、特徴ある鼻は認識されていた様子である。「病草紙」における鼻黒の父子の描写は、平穏で安定した様子の暮らしぶりから、物語や説話に登場する特徴的な鼻の人々の描写とは異なる傾向を見せている。その描写のあり方から、病の中でも鼻の特徴についてはやや寛容的ですらあるとすら考えられるのである。

暴露の愉悦

①「鼻黒の父子」の身体的特徴は目立つものであるが、「病草紙」で屋内に描かれた病者は、口腔内や陰部など、通常では見えにくい場所に患部を抱えていることが多い。④「小舌」、⑧「歯の揺らぐ男」、⑬「息の臭い女」には口内に原因を発する病が描かれ、⑤「尻の穴のない男」、⑥「二形」、⑨「尻の穴あまたある男」、⑩「陰虱の男女」には、肛門もしくは性器の病が描かれている。⑪「霍乱の女」に至っては、嘔吐と下痢により、口と肛門の双方が患部として描かれる。排泄のさまがまざまざと描かれ、内臓疾患としてというよりも、口腔部、臀部への関心をあからさまに示す描き方がなされている。

口腔部、臀部の病を描いた段には、患部を指さしたり、覗き込んだり人物が登場することが多い。彼

⑪ 霍乱の女　縦 26. 3 × 横 41. 2 cm　京都国立博物館蔵
国宝

④ 小舌　縦 26. 2 × 横 42. 7 cm　京都国立博物館蔵　国宝

らは分かりにくい患部を強調する役割をもち、遠目では分かりにくい病であるがゆえに、周囲の者も屋内でより病者に近づく形で描かれている。これらの段には、閉じられていれば分からない口腔内や、普段は衣服の下にある臀部などに隠された病を暴き出そうとする好奇心が認められる。

先述のように、⑮「顔にあざのある女」の詞書には、「あざはうちまかせて人の身にある物なれども、閑所は苦しみなし」とある。隠されていた病を明るみに出すことは、普通ならば知り得なかった病を知る楽しみと優越感との表れと見てとることができる。特に⑪「霍乱の女」の場合は、建物の縁が舞台の役割を果たすような構図となっており、臀部がよく見えるよう工夫がなされている。この舞台構造が垣間見の構図となっていることが指摘されており、外から女性を眺める、特に男性の視点が内包された絵となっている[6]。外に向けられた臀部のほか、介抱する老女が手を置く様子から、頭部にも絵の鑑賞者の注意が向けられるよう視線が誘導されており、嘔吐の様子も強調されている。老女による介抱は、手当てのさまを描く意味以上に、患部を強調する役割を有している。

治療の様子は、④「小舌」にも描かれている。口内を看る医師が描かれるが、この場面を含め、「病草紙」における介抱や診察は、病の治癒の方法を示すことよりも、分かりにくい患部を明るみに出すことを意図して描かれている。加須屋氏は、「小舌」の段について、患部である口中の充血した二枚の舌に、医師が右手の指を挿入しようとする構図に、性的な意味を鋭く読み取っている[7]。二枚の舌は女性の陰部を想起させ、そこに医師が右手の指を指しこもうとする様子、脈をとるために、左手で病者の手を握る様子は、加須屋氏の指摘する通り、性交を想起させる。高坏を逆さにした臨時の灯台が、倒錯した世界の象徴となっているとの同氏の指摘も首肯される。さらに付け加えるならば、片肌を脱ぎ、医師に腹部までさらしている点も、治療の場面とはいえ、性的な意味を高めているだろう。

⑥「二形」では、両性具有者の両足の間に闖入者が片足を置き、男巫の衣をめくり上げ、病者の「正体」が突き止められている。この場面にも、相当に性的な意味を読み取ることができるだろう。触れられてはいないがそり上がる男性器の下に女性器がまざまざと描かれ、絵の鑑賞者が好奇心を抱いたであろう「患部」が、分かりやすく示されている。

隠された患部を暴き出す願望は、⑥「二形」の詞書に、「人これを覚束ながりて、夜寝入りたるにひそかに衣をかき上げて見ければ」とあることに象徴される。寝室に入り込んだ男たちは笑っており、患部を確かめることで、不審に見える者の正体をつきとめ、病者を笑いものにする愉悦が認められる。

「二形」の図で寝所に闖入する男性は、「病草紙」に描かれた人物の中で、唯一、帯刀している。黒い刀の先が両性具有の巫の足の間に向けられることで、絵の鑑賞者の視線は、むきだしの性器へと導かれる。男の踏み込む足や衣服をまくる手の動きに加えて、刀の存在が、鑑賞者の視線を巫の股間へと誘導する。黒い刀は、寝所に押し入った男性の陰茎の代替表現であるようにすら見える。男性が巫に向ける性的な好奇心を、刀は代弁しているだろう。絵を巻き進めてゆく中で、画面には最初に女性器が現れ、さらに巻き進めることで、男性器が初めて現れる。反り返る男根は、女性器を見えやすくしているとともに、女性かと思うと実は男性でもあったという、巫の正体を次第に暴いてゆく愉悦を、絵の鑑賞者に与えている。

⑬「息の臭い女」は、病者の正体を当初見誤り、症状を知って驚いた男の失敗談となっている。詞書の内容は、次の通りである。

宮こに女あり。見目形《みめかたち》、髪《かみ》、姿《すがた》あるべかしかりければ、人雑仕《さうし》に使《つか》ひけり。他所《よそ》に見《み》る男《おとこ》、心《こゝろ》を尽《つ》くしけれども、息《いき》の香《か》あまり臭《くさ》くて、近《ちか》づき寄《よ》りぬれば、鼻《はな》をふさぎて逃《に》げぬ。ただうち居《ゐ》たるにも、傍《かたわ》らに寄《よ》る人は臭《くさ》さ耐《た》えがたかりけり。

画面には、歯を磨く女性と、彼女を指さし笑う女性、そして鼻を押さえる女性が描かれている。女性の指の先は、口元ではなく歯磨きの道具とされる楊枝の端に向いており、小さな楊枝の存在に絵の鑑賞者の注意が払われるよう、工夫がなされている。画面には登場しない懸想する男性の存在は、離れた所から見ると美しいが、近づくとその悪臭に驚かされるという落差を表すにあたり効果的である。ただし、どのような病かを視覚的に示すには、歯を磨く様子を描いた方が明確という判断があったのであろう。そして、男の失敗を笑い話に昇華させるためにも、驚きのみにとどまらず、口臭の強い女を笑い飛ばす行為が必要とされたと考えられる。

病者を笑う行為には、差別意識とともに、病者の正体を知る者の安堵感も含まれているだろう。⑥「二形」のように、「普通」とは異なるように見えるが、何者かが分からず位置づけが未確定であるうちは周囲の者に不安があり、その不安が、正体を暴きたいとする衝動を生み出している。「健常者」と病者の境界線を明確に引くことができた安堵感が、笑いを生む前提としてあるはずだ。「病草紙」は、見えにくい口腔内や肛門、性器の病をまざまざと描き出すことで、隠れて分かりにくい病を知り、「健常者」と判別のつきにくい者たちの正体を知る優越感にひたる楽しみを鑑賞者に与えているのである。

誤認の恐怖

「通常」とは異なる者の正体を見極めたいとする願望は、彼らの位置づけが明確でないうちは不安があることと表裏一体である。⑬「息の臭い女」の場合、懸想した男の話は失敗談として笑いを生み出す結末となっているが、正体を見間違えることで、笑うことのできない状況が生まれることもあり得た。

大和国を描く場面の一つで、屋内を舞台とする⑦「眼病治療」には、目が見えにくくなった男が、医師と名乗る男を「然るべき神仏の助けかと思ひて」家に呼び入れたが、治療が失敗に終わる様子が描かれている。詞書は次の通りである。

近頃《ちかごろ》、大和《やまと》の国《くに》なる男《おとこ》、眼《め》の少《すこ》し見えぬことのありけるを嘆《なげ》き居《ゐ》たるほどに、門《かど》より男一人《おとこひとり》入《い》り来《き》たり。「あれは何者《なにもの》ぞ」と言《い》へば、「我は目の病《やまひ》を繕《つくろ》ふ医師《くすし》なり」と云。家主《いゑあるじ》、しかるべき神仏の助《たす》けかと思《おも》ひて呼《よ》び入《い》れつ。この男《おとこ》、眼《め》を引《ひ》き上《あ》げてよくゝゝ見て、「針して良《よ》かるべし」とて針を立《た》てつ。「今《いま》は良《よ》くなりなむ」とて、出でて去《い》ぬ。その後《のち》はいよいよ見えざりけり。つひに片眼《かため》はつぶれ果《は》てにけり。

「神仏の助け」かと思った治療の失敗は、医師と名乗る男の手腕を見定められなかった男の不運を語る物語となっている。⑦「眼病治療」に描かれた周囲の者たちの表情には、目に小刀を立てる治療におびえる様子が反映されている。襖の影に身を潜める人々もいるが、一方で治療から目を離すことができず、好奇心も捨てきれない様子である。その距離感は、絵巻の鑑賞者たちが、恐れを抱きつつも治療の様子を見てみたいとする関心に沿ったものと考えられる。

⑦「眼病治療」に描かれた人々の不安は、治療行為の行く末に対するものであると同時に、医師の腕前に対するものでもあるだろう。『宇治拾遺物語』には、巻第一第五話「随求陀羅尼、額に籠むる法師の事」や、続く第六話「中納言師時、法師の玉茎検知の事」のように、いかさまの門付けを試みる法師が登場する。前者は、実際には鋤で割られた額に随求陀羅尼を埋め込んだと偽り、後者は、煩悩を断つため陰茎を切り取ったと語るが、いずれもその嘘は暴かれてしまう。また、門付けの話ではないが、同じく『宇治拾遺物語』には、巻第十二第九話に「穀断聖露見の事」なる説話も収められており、五十年近く穀類を断っていると語る聖の嘘が、排泄物をあらためられ、畳の下に隠した米の袋を見つけられ暴かれている。これらの説話は、いずれも真実を知った周囲の者たちが笑う結末となっているが、正体を偽り近づく者に騙される危険が少なからずあったこと、その正体を知るためには、隠された秘密を暴く必要があったことを伝えてもいる。その者に身近な者が知る情報や、近づいて隠部や排泄物を暴く行為に

よって、真実は暴き出され、笑いを呼んでいる。

⑦「眼病治療」では、病を治したいと思う願望の強さゆえに、目を病んだ男は、怪しげな訪問者の接近を許してしまっている。男が曇らせていたのは、眼球そのものだけでなく、判断力の目でもあったと言うこともできる。正体がよく分からない者を近づけることの恐怖が⑦「眼病治療」には示されており、同時に、流血沙汰に対する捨てきれない好奇心が、治療を覗き込む人々の視線に表されている。大和国の出来事であることで、都から距離があることを確認しつつ、屋内で行われる治療のさまを、隣室から恐る恐る垣間見る人々の姿勢に、絵巻の鑑賞者の視点が重ねられている。

注目したいのは、『宇治拾遺物語』巻第一で第五話「随求陀羅尼、額に籠む法師の事」、第六話「中納言師時、法師の玉茎検知の事」の直前に収められているのが、第四話「伴大納言の事」であるという点である。「病草紙」と同じく後白河院が作らせた一連の絵巻物の一つであったと見なされている「伴大納言絵巻」には、ライバルである源《みなもとのまこと》信を失脚させるため信を放火犯に仕立てた伴善男《とものよしお》が、結局は真犯人をつきとめられ流罪となるまでが描かれている。絵巻の詞書とほぼ同文であるのは、第一一四話「伴大納言、応天門を焼く事」であり別の説話であるが、伴大納言は『宇治拾遺物語』に二度登場し、第四話では、吉夢と正しく理解できない人に夢の内容を語ってしまったことで、高位に上っても事件を起こすと予言され、実際にその通りになったことが記されている。人との「交じらゐ」を「正しく」行えないことがもたらした災難を記した説話が、「病草紙」とよく似た構造をもつ説話と並んで収録されている。

なお、第四話直前の第三話は「鬼に瘤取らるる事」である。(8)「人に交じるに及ばねば、薪をとりて世を過ぐる」生活を送っていた翁が、鬼に瘤を取ってもらう説話であり、隣の翁が「いづこなる医師《くすし》の取り申したるぞ。我に伝へ給へ。」とせがみ、話を聞き「我その定《ぢやう》にして取らん」と鬼のもとに向かうが、かえってもう一つ瘤を付けられてしまう経緯は、人目につく病ゆえに「交じらゐ」から外れていた人々の治療の成功と失敗の物語であり、瘤取り説話の構造にも、「病草紙」との共通点が認められ注目される。「医師」の正体を見誤り、接し方を誤ることとの恐怖があることと同時に、その失敗が人ごとである分には滑稽譚として受け止める姿勢は、「病草紙」と同様のものであり、絵巻が説話と同じ興味関心のもとで生み出されていることを認識させる。

「伴大納言絵巻」では、源信が真犯人とされかけたところで、藤原良房による帝への諫言と舎人の証言から悪事が露見し、失脚に至る伴大納言の物語が描かれる。成功するかにみえた企てが、放火犯の「正体」をつきとめられ崩れてゆくさまには、隠されていた患部を暴くことに愉悦を見出す「病草紙」と同じ、「正体」を見破ることへの意欲と好奇心とが認められる。後白河院のもとで作られた絵巻群に共通してみられる特徴として、注目しておきたい。

病者との接触と傍観

「病草紙」では、屋外に描かれた病者は遠巻きに物笑いの対象とされ、屋内に描かれた病者も、同じ部屋に人がいる場合には、笑われるか不安げに眺められるかのどちらかの反応が見られることが多数であった。「病草紙」において、周囲の者たちの多くは、病者に近づくことはしても、直接触れることは最小限に抑えているように見受けられる。絵の構図上、人々の体に重複部分が生じると、絵の鑑賞者に見せられない部分が生じる。周囲の者たちは、病者の患部を隠すことなく配置され、むしろ症状を分かりやすく絵の鑑賞者に示すために配置されている。

たとえば、①「鼻黒の父子」に登場する男の妻は、仲睦まじい様子で夫の隣にいるものの、彼にぎりぎりで触れない距離に坐しており、夫婦のまとう衣の描線は、互いに触れるか触れないかの距離を保っている。鼻黒の夫、子どもと対比的に「健常者」である妻が描かれ、赤子とは直接接しているが、抱きかかえる手のしぐさが結果的に赤子の鼻を指さす形をとっており、授乳のためはだけられた白い胸元の肌、朱色の乳首と対比される形で、赤子の鼻黒の様子がより強調されている。

先に触れたように、⑪「霍乱の女」の段で嘔吐と下痢の介抱をする老女と、⑲「肥満の女」で女の歩行を介助する婢は病者に触れているが、いずれも病者が一人では行動が困難であることを示すために必要な存在であり、彼らは最小限の手助けを行っているにすぎない。むしろ病の症状を強調するためにこそ画面内に存在しているとすら言える。

これも前述の通り、④「小舌」には、病者の口中に指を入れようとする医師が描かれるが、その指は口に入る直前であり、むしろ舌と指との双方の存在を強調している。また、病者の脈をとる医師も描かれてはいるが、彼は病者の手の先にわずかに触れるのみである。⑦「眼病治療」の医師は、治療の際、

⑩ 陰虱の男女　縦26.2×横40.8 cm
京都国立博物館蔵　国宝

小刀の先を病者の目に向けているが、直接病者に触れてはおらず、眼球に触れたのは、あくまでも刃先である。

⑩「陰虱の男女」では、男の首筋の虱を女が取りはらっているが、彼女自身も虱の保有者であり、男に虱をうつしたのは、他ならぬこの女性である。その手つきは虱を摘み上げるもので、男の体に直接触れてはいない。ごく小さな陰虱が「一夜のうちに数《あま》多《た》になりて、髭《ひげ》、眉《まゆ》、睫毛《まつげ》までものぼる。」との症状を分かりやすく表すために、陰毛を剃る男性のしぐさだけでは示しきれない部分を女性が表現している。

「病草紙」に描かれた病者の周囲の人々は、（一）「健常者」として病者と対比される者、（二）病者に差別もしくは困惑のまなざしを向ける者、そして（三）治療や介抱、覗き込む行為により、患部を際立たせる役割を担う者とに大別できる。三つ目のカテゴリーの場合に、病者に接触する機会が生じるが、その接触は最小限にとどめられ、彼らの行為は、治癒よりも病者が病者たることを際立たせる役割を担っているのである。

病者に関心を抱きつつ、患部をまざまざと描き出しながらも、彼らに直接触れることを忌避する傾向も「病草紙」には認められる。それは、病の穢れがうつることへの恐れであり、あくまでも距離を置いた場所から病者たちを眺めたいとする、絵の鑑賞者たちが望む立場の投影である。治療や介抱のため患部に接する者が描かれる段には、治療者のほかに、必ず傍観者も描かれている。

たとえば④「小舌」では、病者の口中に指を差し込もうとする医師だけでなく、くるぶしに灸を据える灸師も描かれている。灸も治療行為として描かれているが、小舌という患部に直接接する治療とは一線を画しており、灸師は身を乗り出すようにして病者の口元を眺めている。この場面の灸師は、治療者であると同時に、治療の傍観者でもある。

また⑥「二形」では、寝室への闖入者が病者の衣をまくり上げているが、足を踏み出し衣をつまむ者の背後に、物陰から顔を覗かせる別の男が登場する。⑦「眼病治療」でも、医師の背後と襖の影から、こわごわと、しかし流血沙汰の治療行為への好奇心を捨てきれずに覗き込む人々が描かれる。⑲「肥満の女」には、支えられて道をゆく肥満の女性を指さす者、笑う者がみられる。⑪「霍乱の女」には、介抱する老女の他に、すりこぎを手に調薬を行っているとみられる女性と、薬碗を運ぶ女性とが登場する。薬を運ぶ女性は、軒先にあって、部屋の中と外とを繋ぐ役割と、病者の傍観者としての役割とを担っている。

擬似的な性行為すら想起させる口腔内への指の挿入や、病者自身に衣をまくらせたり、衣服をまくり上げたりすることで肛門や陰部を明るみに出す行為は、絵の中で傍観者に見つめられている。「奇異な身体」への好奇心を強く有すると同時に、病者たちとは一線を画したいとする貴族たちの願望が、病者との接触に画中の傍観者という一つのクッションを介在させているように認められるのである。

おわりに

「病草紙」には、病により人との「交じらゐ」が正常に行えなくなることへの恐怖が表されている。外見的特徴の明らかな病者は往来で差別的な視線を受け、人々の交流が「正常に」行われている場から排除されている。屋内に描かれた病者は、外見的には判別が難しい病を抱えていることが多く、接近して病を確認する必要があるが、大和国の在住者として位置づけられるなどの形で、都から遠ざけられている。

病者を近づけることを忌避する一方で、珍しい病を見てみたいとする好奇心が、「病草紙」という作品そのものの成り立ちを支えている。口腔内や陰部に潜む病を明るみに晒し、不審に思われる者の正体を暴こうとする姿勢が「病草紙」には認められ、多くの人々は知りえない隠された病を知る優越感と楽しみを、絵巻の鑑賞を通して享受することとなる。

一方で、正体を見誤った者が人々の「交じらゐ」に入り込んでしまったときの動揺も、「病草紙」には描き出されている。都の貴族の生活が、異質な者による侵犯を受けることは恐怖の対象であり、病者に対する笑いは、彼らとの棲み分けが十分になされた安堵があって初めて生まれているのである。

（1）小山聡子「六道絵としての『病草紙』の異色性」『年報日本史叢』二〇〇五年号。小山聡子「『病草紙』制作と後白河法皇の思想」『日本医史学雑誌』五一巻四号、二〇〇五年。

（2）加須屋誠「総論「病草紙」」加須屋誠・山本聡美編『病草紙』中央公論美術出版、二〇一七年。加須屋誠「日本美術史の中の「他者」、そしてあるいは、「他者」としての日本美術史―病草紙の観者は誰か？」国際交流美術史研究会『国際シンポジアム（一六）東洋美術史研究の展望』一九九七年、後に島本浣・加須屋誠編『美術史と他者』（晃洋書房、二〇〇〇年）所収。佐藤康宏「都の事件―「年中行事絵巻」・「伴大納言絵巻」・「病草紙」」木下直之編『講座日本美術史（六）美術を支えるもの』東京大学出版会、二〇〇五年。

（3）詞書を引用する際には句読点、濁点、カギ括弧を適宜加え、かなを漢字に改めた場合は、元の表記をルビで表示した。

（4）『日本書紀』巻第二十二・推古天皇二十一年十二月条、『日本霊異記』上巻。

（5）註2前掲、佐藤。

（6）加須屋誠「総論「病草紙」」加須屋誠・山本聡美編『病草紙』中央公論美術出版、二〇一七年。

（7）註6前掲、加須屋。

（8）小林保治・増古和子校注・訳『新編日本古典文学全集　宇治拾遺物語』小学館、一九九六年、二八―三二頁。

第2章　古代ローマ文明における身体
――葬送儀礼から看取できる身体観の変遷

小堀馨子

はじめに

「文明と身体」という本書のテーマは多様な解釈の可能性を含んでいる。そこで、筆者なりに主題を「諸文明における身体観」と解釈し、筆者の専門分野である古代ローマと絡めて、「古代ローマ文明における身体」という題を選んだ。そうすると読者の中には、スポーツ競技会や公共浴場を念頭に浮かべた方もあるかもしれない。しかし、そこで葬送儀礼を選んだのは、古代ローマ宗教研究に年来携わってきた筆者にとって、死者の遺体という形での身体の扱い、及びその時代による変遷は、先述の体育競技会や公共浴場といった二つの主題と並んで、古代ローマ文明内部の思想的変遷の様相を映し出す主題として興味深いものに思われたからである。そこで副題に「葬送儀礼から看取できる身体観の変遷」を添えることにした。

古代ローマと言っても扱う対象は広い。共和政期の文献における伝承上は紀元前七五三年建国とされているが、考古学的見地からは少なくとも紀元前六世紀には弱小ながら都市国家の様相を示していた。

しかし、この都市国家も一時期はエトルリアの支配下でありながら、紀元前六世紀末には王政を廃して共和政に移行し、その後数百年かけてイタリア半島を傘下に収めた。前三世紀末のカルタゴとの紛争に勝利し、ここで初めてイタリア半島の外に領土を得て、属州を所有するようになる。ここまでの時期はイタリア半島の都市国家ローマの時代と言える。そして属州獲得後は、政治体制は未だ共和政であるが、古代地中海に版図を広げた世界帝国として名を上げる時期、及び紀元前二八年にオクタウィアヌスが皇帝になった時から始まると考えられる帝政開始から二世紀末の五賢帝時代の終焉まではローマ帝国の元首政期としてまた一つの時代を形成していると言える。そして、次の一時代として、西はイギリスから東は小アジアまで、北はエルベ川及びライン川流域から南は北アフリカまで広がるローマ帝国の版図が次第に縮小しながら、コンスタンティヌス帝のコンスタンティノープルへの遷都を経て、ムスリムの侵攻によって地中海が分断され、地中海における古代文明が終焉を迎える所謂古代末期、もしくは皇帝専制時代が一つの区切りをなすと言える。[1] このように、地域的にも時代的にも多様な様相を示す古代ローマ千数百年の歴史の中で、本稿では上記のようにローマ帝国時代以降は大きく版図を広げたそのローマの各領域にも必要に応じて言及し、場合によっては比較対象として、版図外の地域にも触れながら、基本的には一つの地域としての古代ローマ帝国の範囲内で生じた現象を論じる。また時代範囲としては史料の制約上、上限は史料を以ての裏付けが可能な紀元前三世紀頃から、下限は葬送儀礼がそれ以上の変化を示さなくなる紀元後四世紀位までを扱う。

なお、古代ローマを一つの文明と看做してよいのか、という点に関しては多少議論の余地がある。一点目は「文明」という言葉が近代の歴史の中で結果的に担ってしまった負の意味を検討することなしに、無批判にこの術語を用いてよいのか、という問題であるが、それは本稿の主題ではないので簡潔に触れるに留める。「文明」という言葉は元来その反対語として「未開」もしくは「野蛮」という概念を含むものであった。そしてこの一組の対概念は、それこそ古代ギリシア・ローマ以来の西欧の伝統的思考方法であった。この「文明　対　未開／野蛮」という対概念は、通常いとも容易く自文明中心主義と結びつき、その結果、周辺民族への支配や弾圧の思想的道具として用いられることが多かった。このような「文明　対　未開／野蛮」という構造を理解することなしに単純に「文明」という術語をある文化圏の事象に対して用いてよいかどうかに、まず疑義を抱かざるを得ない。しかし、一方、「王権の確立、国家の形成、階層の分化、商業の発達などを伴う『都市革命』以後のものを『文明』とよんでよい」のであり、「『文明』は、既存の多くの『文化』のサブ・システムを包含し、『文化』に対していっそう広域的なネットワークを形成し、より広い範囲に普遍的に広がっている」ものであり、「大規模で高度な組織化、制度化、統合化、精緻化が行われているものである」という伊東俊太郎の定義[2]を用いれば、そうした「文明」という言葉の政治性に過度に用心することを避けつつ、ある文化「圏」の事象を仮に「文明」という言葉で表現することは許されるであろう。このような弁明も不可能ではない。そこでそのような事情勘案の結果、本稿では「文明」という術語を「文化圏」の類義語と読み替えることとする。

二点目についてであるが、古代地中海文化は、「文明」という術語を用いて記述する際には、通常「ギリシア＝ローマ文明」という形で二つの文化圏を並べて一つの文明として扱う習慣になっている[3]。

詳論に立ち入ることは避けるが、この二者に「文明」としての共通項はあっても「文化圏」的観点から見た場合、ギリシア文化とローマ文化には明らかに相異があり、両者は別個のものである。またギリシアとローマの二領域のみに注目する視点からは、古代ローマが世界帝国と化して以降の時代に版図として組み入れられつつも半ばは独自性を保っていたユダヤ文化やヘレニズム文化やエジプト文化への視点が抜け落ちてしまう可能性が高い。この観点から、歴史学においては現在、一般書を除いて、「ギリシア＝ローマ文明」という表現を避けることになっている。そして筆者もこのように二者を一括りにする「文明」観に違和感を覚える者の一人である。また内容的にも、筆者の専門はあくまで古代ローマであるので、古代ローマに立脚した議論が中心になるゆえに、「ギリシア＝ローマ文明」という表現を本稿の題に掲げることを避ける。

以上のような経過を踏まえて、本稿では「古代ローマ文明」を「古代ローマ文化圏の諸文化が広域的なネットワークを通じて支配者ローマの文化と融合・共存しながら築いた文化システム」と捉え、具体的には古代ローマの版図内の各地域文化における葬送儀礼の比較及び変遷を扱うこととしたい。

ローマ文化圏の各地域文化における葬送形態

世界の葬送には様々な形態がある。日本で行われているのは火葬と土葬であるが、世界各地には、インドネシアの風葬、チベットの鳥葬、インドの水葬など多様な形態がある。古代ローマ帝国の版図に入った古代地中海世界に関しては、大方の地域は土葬もしくは火葬の二通りが行われていたと言ってよい。

しかし、個別の地域によっては、本稿で扱う時代を通じて、古代ローマの共和政中期以前から中核地域であったイタリア半島とは異なった埋葬方法を取った地域も存在する。ユダヤからシリアに広がる地域では、二次埋葬が行われていた。即ち、遺体を一旦洞窟などに仮埋葬し、一定期間を経た後に骨を取り出して骨壷に入れて家族墓に納めて本葬とする。[4] またエジプトでは、社会的地位の高い人々はミイラ処理を施されて大きな贅を尽くした墓に葬られ、貧しい人々はナイル川に近い地域ではナイル川に流す形で水葬にされ、その他の地域では砂漠に埋める土葬であった。[5] 古代ギリシアでアルカイック期には火葬主流の時期と土葬主流の時期が二～三世紀単位で頻繁に入れ替わっていたが、紀元前五世紀以降は古典期・ヘレニズム期・ローマ支配下の時期を通じて一貫して土葬であった。[6]

このように、古代ローマ帝国の領域内には様々な埋葬形態が存在していたが、その裏には東地中海一帯に広がる〈死者においては、肉体は死んでも霊魂は生きており、死者の体が地上に存在することによって死後の生命も保証される〉という思想があったことは、一般論として措定することができる。この文脈で考えれば〈死者の肉体が（地面の下ではあっても）この地上に存在する〉ことが大切なのであり、従って死者の肉体を焼いて灰にしてしまう火葬は東地中海文化圏では大概の場合は忌避されていた。

古代ローマに生じた二度にわたる変化

しかし、古代ローマの場合には、ある時期に限って三百年程の間、火葬がそれまでの土葬に取って代わる時期が出現する。この最初に土葬が火葬に代わる前二世紀半ばから前一世紀初頭の場合には、ギリシア哲学思想のローマ帝国への流入がローマ社会に与えた影響が想定されていた。しかし、三百年程続いた火葬が、紀元後二世紀半ば以降に再び土葬に戻る歴史的背景に関しては、その動機に対する説明が定まっていなかった。紀元前二世紀以前の土葬の時代とは、同じ土葬と言っても思想的背景が異なっていることは墓室に描かれた壁画などの葬礼美術の観点から指摘されていたが、その変化が何ゆえに、あるいはどんな過程を経て、何の影響下に生じたのかは明確にされていなかった。ある研究者は土葬を好むユダヤ教やキリスト教などの東方宗教に原因を帰し、別の研究者は社会の変化に理由を想定していたが、それを古代ローマ史の文脈の中で明確に説明した説は、筆者が目を通した限りの文献ではまだ現れて来ていないように見える。

そこで本稿では、ローマ人の葬儀観と葬送儀礼とについて概観した後に、後者の火葬から土葬への再転換が生じた背景に関して、考察を試みたい。

ローマ人の葬儀観

ローマ人の葬儀観は「1．死は穢れであり、遺族には清めの儀式が必要である。2．埋葬されない死体はその死者の霊魂に悪影響を及ぼす」という思考の下に形成されている。埋葬されない、つまり葬礼を受けない死者は、霊魂が飢渇するため、亡霊となって墓から出て生きている人間の社会に侵入して目には見えぬ姿で彷徨し、生者に対して害をもたらすと考えられていた。それゆえ、例えば道端に死体が転がっていて発見者が道を急いでいる場合、一片の土くれを遺体の上に投げてやるだけでも、埋葬の礼をしたことになった[7]。しかし、これは極端な簡易化の例であった。J. Toynbee による古代ローマ人の埋葬に関する最良の著作[8]によれば、通常の葬礼は以下の四タイプに分けることができる[9]。

ラテン語で葬儀は funus である。ローマ人自身の分け方に従えば、funus には四種類あり、最下層から中流層までの葬儀（funus translaticum）、軍隊葬（funus militare）、公人葬（funus publicum）、帝室葬（funus imperatorium）に分けられる。以下、上掲書を参照しつつ、まず一般人の葬儀から見てゆく。

一般人の葬儀

ある人が死にかけると、その人の親族はその人の床の周りに集まって、死にゆく者を慰め励ます。この場合の親族とは、死にゆく者が年少者の場合は親子兄弟だけのこともあるが、家長や年配者であった場合には、甥や従兄弟を含む親族全員、さらにその人と親しかった友人たちまでが対象に含まれる。

末期の時が近づくとその人の最も近い一人の親族が唇に接吻して最後の息を受ける。これは最後の息とともにその人の魂が肉体を離れると考えられていたため、その人の魂を受け取る、という意味がある(10)。その人が息を引き取ったことが確認されると、親族全員が声を揃えて死者の名前を三度呼んでから涙を流して哭す。その後、末期の息を受けた同じ親族が死者の目を閉じる。それから遺体を寝台から下ろして洗い、油を塗る。しかる後に遺体に衣を着せるが、死者がローマ市民男性の場合は、ローマ市民男性の正装であるトガを着せる。もしも生前に月桂冠などの栄誉を授与された人の場合はそれも被せる。それから、三途の川の渡し守カロンに支払う硬貨を一枚、死者の口の中に収める(11)。これが済むと葬儀用の大きな寝台に、あたかも食事後に寛いでいるような片肘をついて横になった姿勢で遺体を横たえる。この片肘をついて横になった姿勢はローマ市民男性が食事を摂る時の姿勢である。このような姿勢を取らせる裏には、遺体をあたかも生者がそこにいるかのように扱う、というローマ人特有の発想が明白に表されているようで興味深い。一方、女性の場合はローマ市民であろうと非市民であろうと、仰向けに寝かされる。この死者が乗せられた寝台を更に高い壇の上に安置する。死者を人前に曝す期間は、身分の高い人の場合は七日間(12)であったが、身分の低い人の場合は早ければ死の当日か遅くとも翌日に火葬または土葬されたようである(13)。七日間人前に曝す際には防腐加工つまりエンバーミングが行われたらしい。ここで興味深いのは、遺体をあたかも仮眠しているような格好で人前に曝している点である。防腐加工が施されたとはいえ、七日間も遺体を人前に見せる、という部分は現代人の感覚とはかけ離れている。

最大七日間の人前に曝す期間が終わるといよいよ exsequiae もしくは prosequi と呼ばれる葬送行列となる。遺体の後ろに親戚、友人、そして招かれた人々が葬列を作る。成員は全員黒衣（lugbria）着用である。伝統的には古代ローマでは葬儀は夜に松明の光の下に行われるものであったと伝えられているが、歴史書が残っている時代になると、死後直ぐに葬る子供や貧乏人を除いて、葬儀は昼間に行われた。遺体を横たえた寝台はさらに棺台の上に載せて、親族の男性か男性の友人、もしくは死者が生前に解放した男性解放奴隷が四人もしくは八人で担ぐ。富裕な人の場合は八人、貧乏人の場合は四人で担いだらしい。葬列には友人まで含む女性たちも加わる。また富裕な人は楽師や哭き女を雇う。

こうして、遺体は葬列によって埋葬所または火葬場に運ばれてゆく。埋葬所や火葬場は皇帝や特別の高位の人を除いて、市壁（pomerium）の外にあった。門外での埋葬はローマの一番古い十二表法以来の法令で定められている。奴隷や乞食の遺体はエスクィリーナ門外に掘られた大きな墓穴の中に無差別に投げ込まれ、一方ローマ市内や属州の富裕層は個人の墓を所有して一族縁者のみをそこに葬っていたが、大半のローマ人は様々なタイプの墓を購入してそこに埋葬される仕組みになっていた。

墓には土葬の場合、大理石や石や素焼きや鉛や木でできた棺が用いられる。富裕な人ほど豪華な装飾が施された石棺が用いられ、貧しい人ほど簡素な石棺であった。鉛の棺は専ら豪華な石棺を覆う外側の棺として用いられた。ブリタニア（現在のイギリス）など辺境の属州地方では土葬の習慣が帝政期を通じても並存し、火葬によって駆逐される時期は殆どなかった。一方ローマ市内では、恐らくは埋葬用地不足の問題から、火葬主流の時期にも東地中海の土葬の風習を伝える人々は、地上や地下に岩を掘り窪めて作った岩窟墓地、いわゆるカタコンベの棚の一つを購入してそこに一族の遺体を置くという方式を取っていた。

さて、葬列が埋葬場所に着くと、まず象徴的な行為として一かけらの土くれを遺体の上に投げる。その後、貧しい人の場合、溝のように掘った穴の中に着衣の遺体を直接土の上に置き、土で埋める。豪華であれ簡素であれ棺を買う財力のある人の場合には棺に納めて埋葬する。棺の中にはしばしば石膏が流し込まれたが、その御蔭で遺体の一部や遺体を包んだ布がそのままの形で発見されることもある(14)。前述のように死亡直後に死者の口に硬貨を含ませるが、この硬貨は埋葬の際に死者の口に含ませたまま埋葬される。

一方火葬の場合には、荼毘に付した後に骨を拾い集めて骨壷に入れ、裕福な人の場合には個人廟を作って骨壷をそこに納め、普通の人はコロンバリウム（集合納骨堂、元来は鳩小屋の意）と呼ばれる集合納骨堂の一区画を購入してそこに骨壷を並べるという方式であった。火葬場は納骨堂の近くに置くのが普通であり、これも土葬墓と同じで、城門外に置かれていた。

故人の遺体が葬列と共に火葬場に着くと、そこには薪が長方形の台の形に組み上げられており、その薪の上に死者が横たわる寝台ごと置く。薪は燃えやすいように、パピルスなどの材料も交えながら組み上げてある。法律には他人を焼いた薪を流用したり、他のことに使った薪を流用したりしないこと、という規定があるところから、そのような流用が行われることもあったことが窺える。ここから先の遺体の扱いが特に興味深い。薪の山の上に遺体を置くと、遺体の目を開ける[15]。それから故人の遺品や親戚友人からの贈り物、場合によっては故人のペットも殺して薪の山の上にある故人の遺体の周りに並べる。最後に親戚友人が声を合わせて故人の名前を大声で呼ぶ。その後に松明で薪の山に火をつける。この時に死者の体の一部、恐らく指を切り取って土に埋める。つまり体全体は火葬にするとしても、この体の一部を土に埋めることで、埋葬行為が行われたとするのである。遺体が燃え尽きると、灰に葡萄酒を注ぐ。親戚が骨と遺灰とを集めて容器に入れるが、この容器も被葬者の身分によって、大きくて豪華な家型の骨壷から、簡素な素焼きの骨壷までと、様々な種類がある。この骨壷を土中に埋める場合はそのまま埋めるが、上記のコロンバリウムに並べることもあれば、裕福な人の場合には個人廟に納める。

費用に関しては、故人が指名した相続人、それがいなければ故人の友人が指名した相続人、それがいなければ法定相続人（故人が家長の場合は次の家長、故人が家長でない場合は家長）が負担する。

このように、土葬にしても火葬にしても、土くれを投げ、あるいは、身体の一部を土に埋めるという象徴的行為を行ってから実際の埋葬がなされるのは興味深い。ここからは、ローマ人が〈遺体が土に覆われなければ埋葬は成立しない〉と考えていたであろうことが窺える。キケロの「法律について」の第二巻には現代では宗教と分類される分野に相当する法的事項が詳しく述べられており、その中に墓に関する規定も記されている[16]。そこには「骨に土がかけられて」初めて「埋葬」が完成したと考えられること、埋葬の際に雄豚の犠牲を捧げることによって埋葬地が本当の「墓」になること、が明記されており、ローマ人の墓観念を知るに最適の文献である。

その後、墓から葬列が帰ると家の戸口で火と水によって体を清める、その日に死者の家の掃除をする、直後に墓で会葬者が集まって会食する、喪が明ける九日目にまた墓に集まって死者に潅奠を注いだ後に会食をする、命日と死者のための二つの祭りの日には墓に詣でて定められた祭礼を行う、などの儀礼が連綿と続く。この祭りの日に定められた儀礼が死者のために行われることは死にゆく者にとっても大変重要な懸案事項であったらしく、中流階級と思われる商工業者が自らの墓碑に祭日に儀礼を執り行うことと刻ませた例も出土している。

一方、もし水死や戦死などで遺体を埋葬するのが不可能な状況であった場合には、記念碑（cenotaphium）が作られた。その記念碑は故人に死後に住む場所を与える機能を有しており、故人の名前を三回呼ぶことによって、その記念碑に死者の魂を招き入れることになっていた。記念碑は一旦既に余所に葬られた人であっても、後から本人に縁故の深い土地に建てることもあった。ローマに葬られたアウグストゥスの後継者大ドルーススのためにガリアで建立された記念碑が良い例である。

軍隊葬

軍隊葬は葬儀費用の負担者が上官になるというだけで、形式的には一般葬と違いはない。

公人葬

三番目の公人葬に関しては、葬儀費用が国庫から支払われ、葬送演説が故人の栄誉を称えて捧げられる点に特徴がある。また公人葬と言っても著名人と言うだけで国葬にはされないレベルの公人葬の場合、故人の息子たちが葬儀に伴って、剣闘士試合、その他の競技や参加費無料の供宴を行うことがあった。共和政末期以降にはローマ人の娯楽として名高い剣闘士試合も、共和政期の起源を辿れば、元来は死者の武勇を記念して剣闘士を戦わせ、負けて死んだ剣闘士を死者への宥めの供え物として捧げる儀礼であった。

また、公人葬の場合、特に先祖代々執政官以上の役職を務めた名家[19]の場合、先祖の仮面を付けた人物が葬列に加わった。執政官は毎年二人が任命されて任期は一年で、元老院議員の中から選ばれた。元老院議員は共和政初期には定員三百名だったがカエサルの時には九百名にまで膨らんだので、貴族と看做してよいのは執政官級の人を出した家であると現代では定義されている。このような名家の場合、執政官などの役職を務めた祖先の顔に似せた仮面が作られて保存されており、その家の著名な、つまり祖先と同様に執政官級以上の役職に就いた故人の葬儀の際にはその祖先の仮面を付けた人間が葬列に加わった。もし可能ならば仮面を付ける者には、その祖先に似た体型の人間が選ばれた。わざわざ祖先に似た体型の者を選ぶ所から、ローマ人が仮面を付けた人間を祖先の象徴と考えたというより、祖先の再来を可視的な形で演じて、ローマの歴史にいかに自分の「家」が関与してきたか、ということを誇示する狙いがあったという研究が既になされている。[20]これは中流階級以下の庶民とは無縁の風習であり、死者の遺体とは直接関係がないが、自らの家と公的共同体、国家の歴史とを結びつけるために、他ならぬ葬儀の際の仮面行列という、生者の身体を借りる形で祖先を表現する点が興味深い。

しかし、このような先祖の仮面行列を伴って死者を過去の歴史的記憶の中に位置づけ、死者の子孫である生者もがその歴史の流れの中にあることを自覚させるような儀礼が伴う、という点を除けば、公人葬も一般人の葬儀とそんなに変わりはないと言うことはできる。それゆえ、公人葬を特徴づけるのは歴史的記憶の中への位置づけの儀礼であることだけを確認して、他の点では一般葬と同様に扱いたい。

帝室葬

帝政期に入ると、皇帝及び帝室のメンバーに対しては特別な葬儀が行われた。個々の皇帝の葬儀に関する史料を順次説明する紙幅の余裕はないので、ここでは特徴的な点だけを述べるに留める。

帝室葬で著しく特徴的な点は、葬儀に際して皇帝の生前の姿に似せた蝋の彫像が作られ、それを薪の上で火葬にすることによって、皇帝の葬儀が行われたと看做す、という考え方である。これは既に初代皇帝アウグストゥスの養父、ユリウス・カエサルの葬儀[21]の時からそうであったとする記事もある。カッシウス・ディオは傷を受けて絶命したカエサルの遺体が直接民衆の前に曝されて、民衆の悲しみと怒りの情を掻き立てたと述べているが、[22] アッピアノスは傷を受けたカエサルそっくりに作られた蝋の彫像が薪の山の上に置かれて、カエサルの遺体の惨状を民衆に分り易く示していた、と伝えている。[23] この二者の記述のどちらが正しいか、という議論はこれ以上の文献上の証言が現時点では出ていないので判別し難いが、少なくともカエサルの時代からそのようにする風習があり、それがカエサルの時に行われたとされても不思議はない状況であった。

帝室の成員は必ずしもローマで死を迎えたわけではなかった。遠征先や巡幸中に地方で死去した皇帝の遺骸がローマに到着するのに何日もかかることはあった。その場合、腐敗が始まって崩れた皇帝の遺骸を直接衆目に曝すことはせず、蝋で作った似像を用いた、というのは道理にかなっている。皇帝の場合、特に神格化の儀式を執り行う際には、葬儀がローマで行われる必要があったゆえ、たとえ遺骸は没した土地で既に荼毘に付してあっても、葬儀はローマで改めて執り行う必要があり、その際に生前の姿のままの皇帝像が必要だった。また、この像は人間の遺体と同様に燃えてなくなる必要があるために、火の熱で溶けてしまう蝋で作られたのであった。一般人の火葬の場合、火葬直前に死者の目を開くという過程があったが、蝋で皇帝の似像を作成すれば、皇帝が生きているかのように目を見開いた状態に製作するのが容易であった。

ここで一般葬との違いは遠隔地からローマに戻って本葬を行うこと、その際に遺骸は先に荼毘に付されて本葬ではあたかも生きているような皇帝の蝋の似像が薪の上で焼かれた、ということである。しかし、この点を除けば、〈目を見開き、普通に休憩を取っているか、ご飯を食べているかのような姿勢で、あたかも生者であるかのような形で荼毘に付される〉という点で一般葬と共通している。

土葬から火葬への転換

このように、土葬から火葬に埋葬方法が移行するに従って、埋葬に伴う儀礼には著しい変化が生じた。〈目を見開き、普通に休憩を取っているか、ご飯を食べているかのような姿勢で、あたかも生者であるかのような形で荼毘に付される〉という点は土葬の時には有り得なかった事態である。それでは、このような儀礼の変化が生じた背景にはどのような状況があったのだろうか。一番目の土葬から火葬への移行に関しては従来の研究においても定説が出ており、その定説は現代の諸研究に照らしても妥当であろう。

来世観の変化

従来の研究で考えられてきた定説は来世観の変化であった。共和政中期（前三世紀末以前）頃までの古代ローマでは、古代ギリシアと同じく、死者は死ぬと薄暗い黄泉の国で暮らす、と考えられていた。黄泉の国がどこにあったのか、という想像は民族や時代によって異なり、同じ平面上のどこかにあるのか、地より上にあるのか、下にあるのか、も民族や時代によって異なるが、少なくとも、古代ギリシアにおける古典期、古代ローマにおける共和政中期までは、薄明のような薄暗い闇の中で死者が休みなく彷徨するような場所であったことは共通している。ギリシア神話には選ばれた者のみが入れる幸福と光に満ちた「エリュシオン」という楽園もあったが、これは選ばれた者のみの特権的な場所であり、選に洩れた者は、前述の薄暗い野に留まった後、レテ川の水を飲んで前世の記憶を全て忘れて再びこの世に生まれ返った。また亡霊はしかるべき縁者によって墓を通して供物によって養われないと、死んだ時の恐ろしい姿、つまり顔色なく死相が明らかに見てとれる姿で地上に現れて人間社会の中に入り込み、自分が見捨てられたことを恨んでの復讐に出る。古代では突然の原因不明の病や災難は死者の怒りによって引き起こされると考えられていた。この際、死者の怒りは、遠くあの世から怨恨の邪念を送ってくるというようなレベルではなく、生者とは違った生者の目には見えない体をまとった死者が実際に墓から出て、亡霊（lemures または larvae）として生きている人間の領域に侵入してくる、そして突然死や突然の災厄を見えない手を生者に実際に下して引き起こすという考え方であった。

このような来世観に変化が起るのはギリシア世界におけるヘレニズム期の影響が古代ローマに流入した紀元前二世紀以降である。ギリシア世界においては、ピュタゴラスの教説とプラトン哲学の著作の影響を受けて、霊魂は火のように軽い物であり、肉体と言う質料の中に入っているがゆえに地上に閉じ込められているが、一旦肉体から解き放たれれば、元の性質に戻って上昇してゆくものである、という考え方が、ストア派を中心にして広まっていた。プラトンはエンペドクレスの「土・火・水・空気の四大元素」を発展させて、土が一番重く火が一番軽いという重さの順序まで説いた。この火は一番軽いものであるという結論から、天界は〈火〉の性質を帯びているという考えがストア派の間に生じる。

ギリシア哲学の考え方を「理性的」あるいは「合理的」と考えて受け入れ、旧来の冥界観を無知な物として軽蔑するローマの知識人の間で、ヘレニズム期ギリシアとの接触が増えた前二世紀以降、このストア派の考え方は、宗教や神々を否定的に捉えるエピクロス派と並んで、広く共有されるようになっていた。このストア派の思考においては、罪ある人の魂は不純物が多いので死んでも地上付近に留まって亡霊となるが、優れた人の魂は天の性質に近いので火の性質を多く含んでおり、死後に上方へと昇って天界、即ち神々が住む世界のすぐ下にある宇宙の上方、即ち日月星辰のある層付近に留まる、という論理が生じる。

このような来世観がローマ人の間に広まると、土葬主流から火葬主流への転換はあと一歩になる。即ち、優れた人の魂は火に近い性質を持ち、死ぬと肉体から解放されて天に上るならば、何も抜け殻となった肉体をミイラにして保存する、あるいはミイラにするまでもなく土葬にして後生大事に保存する必要はない、それどころか、同じ性質の火によって高い薪の山の上で燃すことによって、そこから魂は天に向けて飛び立ちやすくなる、という発想に変わり、火葬が歓迎されるようになる。そして魂の行く来世は天上、あるいは星の中にあるものと考えられ始めた。

このような来世観の変化は文学や哲学の著作に見られる記述から窺えるものであるが、この変化が生じた時期と、土葬が火葬に変化する時期とは見事に一致している。

考古学的証拠に関しては、前六世紀のエトルリア時代の墓の在り方を見ると、火葬と土葬は混在していた。キケロやプリニウスが「ローマの古来の葬儀は土葬だった」と述べている一方で、「十二表法」には火葬についても言及があることから、土葬と火葬の形態が当初から混在していたことは指摘できる。土葬と火葬の混在に関して、旧来の冥界観から解釈を試みれば、古代ギリシア・ローマの冥界観においては、原初段階では死者は死後も墓の周辺に留まるというものであったが、後の段階には死者は地上のどこか一定の場所もしくは地下の薄暗い場所に集まって死後の裁きを待つのであり、宥められない死者は彷徨える亡霊となって生者の世界に侵入しようとする、さらに死者は死亡後に徐々に個性を失ってマネスという祖霊のような存在となる、という観念であったことから、埋葬形態が火葬であろうと土葬であろうと冥界観としては大きな違いを生まなかったと言える。その点は、死者の肉体の保存が死後の永生を保証するゆえに、土葬、それもミイラ保存が必須となるエジプトの冥界観・死者観とは大きく異なる。

この土葬と火葬が混在した葬送習俗が、火葬中心に変化してゆく変化を示している例として、「有名な政治家にして将軍のスキピオを出したコルネリウス家は皆が火葬をする時代になっても頑固に土葬を守り続けた」という記事(24)を挙げることができる。この記事は、紀元前一世紀のローマ人には「土葬がかつては主流であったが、現在は火葬が主流になった」という認識があったことを証明している。これは火葬と土葬の混在と矛盾する証拠ではない。どちらが主流であるか、という認識が変化したことを示すものである。つまり、冥界観の観点からすれば、〈死者は恐ろしいものであり、死ねば個性を失って祖霊と化す〉という考え方が転換したからこそ、元来ならば名を残したい高位の人々の間で、遺体を簡単に消滅させてしまう火葬が盛んになった、という連関が生じることは首肯し得よう。

ギリシア哲学の〈優れた魂は天に昇る〉という発想は、紀元前一世紀から後一世紀にかけての様々な局面で看取できる。埋葬儀礼に関しては、帝室葬において、特に元老院と良好な関係を保って亡くなった皇帝は、初代皇帝アウグストゥスによって「神君」とされたカエサル以降、死後神格化された。その時に、これは初代皇帝アウグストゥスからの例であるが、葬儀の際に鳩が天に昇るのを衆人が見て、それによって皇帝の魂が天に昇って神になった、と看做された。（勿論、この鳩は薪の山の後ろに隠しておき、火葬の煙が上がりだした頃に役人が籠から放つのであり、葬儀に集まった民衆も鳩が人為的に放たれているからくりは承知していたが、それでもこの式次第が滞りなく完了したことによって、「皇帝が神になった」と元老院も民衆も認めたのであった。）これは鳩に仮託した魂が、鳩が天空に消えさることによって、天に昇ったと考える儀礼であり、その裏には上記のギリシア哲学の〈優れた魂は天に昇る〉という思想を、目に見える形で演出している形跡が窺える。

また、前一世紀半ばに著されたキケロの「スキピオの夢」という作品は、「国家について」という著作の最終巻で、小スキピオが夢の中で天に昇って星の間にいる祖父の大スキピオと対話するという設定の対話篇であるが、そこにも興味深い記述がある。大スキピオは孫の小スキピオが生まれる直前に亡くなっているので、小スキピオは祖父の顔を直接には知らないが、家の中にあった祖先の仮面「イマギネス・マイヨールム」を目にしていたために、会うとすぐに大スキピオだと分る。この記述からは、この時代の死者は、死後も生前の姿を留め、生きている時と同じ姿を保っていると考えられていたことが分かる。続く部分で、祖父は自分だけでなく小スキピオの父もここに来ていると語り、人間が生きていると思っている生は死で、肉体から解放された後の状態での生が本当の生なのだ、と語る。これは勿論、キケロが信奉していたストア派の霊魂観を表現している。このような霊魂観を有する人々にとっては、火葬が好ましい手段として受け入れられ、火葬の際に生前の姿に近い姿を取ることに関心が払われたのも、自然の流れであるように思われる。

以上のような根拠を以て、前一世紀に火葬が隆盛になる社会背景は説明できる。前一世紀の社会には、例えば近代の西欧や日本などの大都市で火葬が必要になる背景に存する墓地の欠如や、衛生観念などの問題は見受けられない。土葬から火葬への変化の主たる背景として考えられるのは、このような来世観の変化である。

火葬から土葬への再転換

上述の土葬から火葬への変化が説明しやすいのに対して、紀元後二世紀に生じた火葬と土葬が併存しながら徐々にまた火葬主流から土葬主流に変わってゆく過程は、簡単に来世観の変化によるとは見えない。

この変化に対して最初に提示された説明は、一貫して土葬主体であったユダヤ教及びその派生宗教であるキリスト教の影響によるというものであった。しかし、後二世紀に起きたこの変化にユダヤ教やキリスト教の影響を見るのは時期尚早である。キリスト教は確かに迫害関係の記事を通じて後二世紀初頭には記録の中に現れるが、それはローマ帝国レベルで見れば局地的な小事件であった。キリスト教が古代ローマ社会の中である程度の勢力を持つに至ったのは、後三世紀半ば以降と考えられており、土葬が主流になる時期とは一致しない。それゆえこの説は今では否定されている。

一方、死者は埋葬されなければ墓からさまよい出るという古来の死者観・冥界観は、ギリシア哲学が知的で合理的な思想として広く受け入れられて以後にすぐに払拭されたわけではなかった。しかし前一世紀頃に多くの人に共有されるようになった〈優れた魂は天に昇る〉という新しい霊魂観の登場によって、死者は以前のように死人の様相をして立ち現われる恐ろしい亡霊ではなく、死んでも別世界で生前と変わらない姿を保ち続ける、という観念に変わった。恐ろしい死者像は親しみある死者像に変わった。葬送儀礼は形としては前の時代とそんなに変わっていないのだが、死者に対する情が恐怖から哀惜へと変わった。死者に対する遺族の念が変化したことは、以前の土葬時代には有り得なかった豪華な石棺や、石棺に施された麗しい情景や文様から窺える。その哀惜の思い、あるいは個としての死者に対する追憶、及び、死者が死後に与っている幸福な来世という観念が、死者の存在を身近に感じやすい土葬を再び主流にするのにあずかっていたと、古代ローマ埋葬儀礼研究の第一人者であるJ. Toynbeeは推測している。[25]しかし、結果的に死者への親愛の情と幸福な来世観が増しているということが石棺装飾の変化から窺えるとしても、それは火葬主流から土葬主流へと変化したことの十分な説明にはなっていない。

一九九二年にI. Morrisは、宗教の影響でもなく、死者観の変化でもなく、社会の流行の変化が紀元後二世紀半ばの数十年間における火葬から土葬への急激な移行を引き起こしたという説を提出した[26]。彼は比較的分かり易い皇帝の葬儀を調べて、一一七年に死去したトラヤヌス帝までは明らかに火葬されているが、一三八年に逝去したハドリアヌス帝は「葬られた（sepultus est）」とだけ記されていること、及び他の傍証を突き合わせて、土葬であった可能性があり、次の一六一年に亡くなったアントニウス・ピウス帝以降は土葬であるが、二一一年にブリタニアで死去したセプティミウス・セウェルス帝は現地で火葬であったことから、ハドリアヌス帝治下のローマの様々な局面において進んでいたローマのギリシア化の影響が、皇帝の埋葬方法にまで及んだと結論する。モリスの引用した著作では、墓から出土した骨の年代分析も含めて多面的に論じており、学術的信頼性が高い。それゆえ、古代ローマのギリシア化と中央集権化による社会の均一化により、まず帝室周辺の貴族層において火葬が土葬に移行し、それが社会均一化の趨勢に乗って、それまで火葬が主流だった地域に土葬が急速に広まったという説は首肯できる。

ただ、このような社会の変化が起った背景には「文明」のレベルにかかわるある変化が起っていたのではないかと筆者は考える。近年、古代ローマの終焉の時期について、前述の〈古代末期論〉が議論されるようになってきた。これは従来西ローマ帝国の解体によって古代が終り、中世が始まる、という政治史や軍事史の立場からの説に対して、文化面や思想面から、古代と中世の間にはその両者のどちらとも質を異にする〈古代末期〉という時代があったという説である。古代末期の終焉は地中海へのイスラーム勢力の進攻により地中海の覇権がムスリムに奪われた七世紀を下限とするが、開始の時期については、三世紀初頭もしくは三世紀半ばからとする説が多い。しかしこの古代末期論を最初に提唱したピーター・ブラウンは、古代末期の開始時は三世紀ではなく、二世紀末から始まる文化面・思想面での社会の変容である、と捉えている。[27]これは古代という一つの時代が古代末期という別の時代に変わってゆくという点で、古代ローマ文化、本文の文脈で言いかえれば古代ローマ文明内で漸進的に生じた大きな変化である。

結論

古代ローマに見られる土葬から火葬へ、火葬から土葬へという二度にわたる葬送儀礼の変遷は、特に後者の火葬から土葬への背景説明が不十分であった。宗教界の変移や、死者に対する見方の変化によると考えるより、モリスの提示した社会の流行の変化が葬送儀礼に反映しているとの説が、最も説得力があるようである。その流行変化説を、近年有力な古代末期論の文脈で改めて考えると、葬送儀礼の変遷もまた古代ローマ文明の中で生じた大きな文化変容の現実の一端であった、と言えるのではないかと思われる。

（1）四七六年の西ローマ帝国の滅亡は一つの事件ではあるが、本論考は其処を一時代の区切りとする立場には立たない。尤もローマ帝国の終焉の時期、及び古代末期論に関しては、本稿の末尾で触れる以上に深い関連はないので、これ以上の議論には立ち入らない。

（2）伊東俊太郎「比較文明学とは何か」伊東俊太郎編『比較文明学を学ぶ人のために』世界思想社、一九九七年、七頁。

（3）アーノルド・J・トインビー、深瀬基寛訳『トインビー著作集五　試練に立つ文明』社会思想社、一九六七年、七九頁。「（前略）ギリシアとローマの歴史を唯一にして不可分のプロットをもつ、一系の連続物語として研究すること（後略）」というトインビーの言葉から、古代ギリシア文明と古代ローマ文明を区別しない研究態度が窺える。

（4）L. Y. Rahmani（1982）, "Ancient Jerusalem's Funerary Customs and Tombs : Part Three", *The Biblical Archaeologist*, Vol. 45, No. 1（Winter, 1982）, pp. 43–53.

（5）Janice Kamrin and Salima Ikram（2006）, "The Ancient Egyptian View Of The AFTERLIFE." *Calliope* 17. 1, pp. 10–11.

（6）Ian Morris（1996）, "Dead, disposal of, *Greece*", *Oxford Classical Dictionary*, ed. 3, Oxford, p. 431.

（7）ソポクレス『アンティゴネ』四三一行、及び松平千秋訳『ギリシア悲劇Ⅱ　ソポクレス』筑摩書房、一九八六年、一七一頁注（1）参照。

（8）J. Toynbee（1971）*Death and Burial in the Roman World*, London, p. 43–61.

（9）前掲、四三頁、及び二八八頁注114参照

（10）例：ウェルギリウス『アエネーイス』四巻六八四―五行参照。

（11）前掲、二八九頁注124参照。実際硬貨を口に含んだ遺体は出土例が豊富である。

（12）前掲、注129参照。

（13）前掲、同注参照。

（14）前掲、二九一頁注166参照。

（15）前掲、同頁注171参照。大プリニウス『博物誌』一一巻五九章には“morientibus illos（=oculos）operire rursusque in rogo patefacere quiritium magno ritu sacrum est.”「死者の目を閉じ、火葬の薪の上で再び死者の目を開けることはローマ人にとって大いに神聖な努めである。」とある。
（16）キケロ『法律について』二巻二二—二六章（五五—六六節）参照。
（17）Festus, p. 3. “funus prosecuti redeuntes ignem supergradiebantur aqua aspersi : quod purgationis genus vocabant suffitionem”「葬列が戻って来ると、（参列者は）火を飛び越え、水を体に振りかける：こうして人々を清めることを燻蒸（suffitio）と呼んだ。」
（18）パレンタリア祭（Parentalia）とレムリア祭（Lemuria）のこと。小堀馨子「古代ローマにおける死者祭祀—パレンタリア（Parentalia）祭考」東京大学宗教学年報二七号、二〇〇九年、三一—四四頁。同、「古代ローマにおける死者祭祀—レムリア（Lemuria）祭考」東京大学宗教学年報二八号、二〇一〇年、五五—六五頁。
（19）このクラスの人々にのみ祖先の仮面行列が許されたとするのは、モムゼン以降の有力な学説であるが、K・ホプキンス『古代ローマ人と死』晃洋書房、一九九六年、一六七—八頁のような反論もある。
（20）H. Flower（1996）*Ancestor Masks and Aristocratic Power in Roman Culture*, Oxford.
（21）カエサルの葬儀の描写はスエトニウス『ローマ皇帝伝』「カエサル」八四節に詳しい。
（22）Dio Cassius, vol. 44, 35–51.
（23）Appian, *De bell. civ.* vol. 2, 147.
（24）プルタルコス『スッラ』三八節。
（25）注8前掲、J. Toynbee（1971）p. 40–41.
（26）I. Morris（1992）*Death-Ritual and Social Structure in classical Antiquity*, Cambridge, p. 29–30, p. 32–3, p. 42–69.
（27）P・ブラウン『古代末期の形成』慶応義塾大学出版会、二〇〇六年、三一—一九頁、三三頁参照。

Ⅱ 近代に向けて、あるいは対峙して

第3章　機械論と蘭学者の身体観

フレデリック・クレインス

はじめに

江戸時代の日本人は、人間の身体を一つの空間として捉えていた。身体という空間の中に複数の臓器があり、各臓器に気が宿っている。各臓器ごとに宿る気の種類が異なるが、これらの気は臓器に留まることなく、絶えず全身を流れている。臓器が単なる気の宿り場とみなされていたのに対して、気こそが身体を形成し、精神作用を含む身体のすべての機能を司っていると考えられていたので、日本人の身体観は気という概念に支配されていた。

それに対して、江戸時代に舶載されていたオランダ語版医学書では、身体は神による造物であり、一種の機械として動くと認識されている。各臓器は固定的な物体として考えられ、そこには気の概念は存在していなかった。蘭学者による西洋医学の受容は、このような舶載オランダ語版医学書を媒介に行われたが、背景にある身体観がまったく異なっていたので、その翻訳にあたって少なからぬ当惑があったはずである。本稿では、西洋医学を受容する過程の中で、蘭学者が西洋の身体観をいかに理解していたかについて論究する。

蘭学者による西洋の身体観についての認識を分析するために、西洋の機械論者による生理学理論について記述を残している杉田玄白（一七三三〜一八一七）、宇田川玄真（一七六九〜一八三四）、坪井信道（一七九五〜一八四八）という三代の蘭学者の著述を取り上げる。玄白は言うまでもなく、『解体新書』（一七七四年刊）の出版によって蘭学の道を切り開いた漢方医である。『解体新書』の底本はヨーハン・アダマ・クルムス『解剖図表』（一七三四年刊）のオランダ語版であるが、このクルムスの解剖書では生理学については詳細に解説されておらず、玄白が西洋の生理学についての知識を得たのはアムステルダムの開業医・啓蒙家ステーヴェン・ブランカールト（一六五〇〜一七〇二）の『新訂解剖学』（一六八六年版および一六九六年版）からであった。ブランカールトの解剖書はデカルト的身体観に大きな影響を受けて、人間の身体を、血液循環システムを中心に創造された一つの水力自動機械とみなし、すべての機能を物理学的法則に沿って解明するものであった。

玄白から蘭方医学を学んだ玄真は、ドイツの医学者ローレンツ・ヘイステル（一六八三〜一七五八）による機械論思想の入門書「機械論的医学優越論」（『実践的内科書』所収、一七六二年刊）を翻訳している。さらに、上述のブランカールト『新訂解剖学』を底本にして『医範提綱』を執筆し、文化二（一八〇五）年に刊行した。『医範提綱』は舶載オランダ語版解剖学書を典拠として西洋の解剖・生理学思想をまとめた教科書であり、多くの蘭学塾において西洋医学を学ぶための基本書として利用されて、幕末まで広く普及していた。日本人は同書を通じて西洋医学を学んだと言っても過言ではない。

『医範提綱』に感銘を受け、玄真の風雲堂に入塾した信道は、文化年間に舶載された、ライデン大学教授ヘルマン・ブールハーフェ（一六六八～一七三八）の病理論を注釈したヘーラルド・スウィーテン（一七〇〇～一七七二）著『ブールハーフェ箴言解』（一七六三年～一七七六年刊）と出会い、精力的に「万病治準」（一八二六年成稿）として翻訳した。『ブールハーフェ箴言解』は当時の機械論医学書の頂点であった。

以下では、上述の機械論的医学書にみられる「身体の構造」、身体内の「物理的循環」、そして「筋肉運動のメカニズム」についての記述を取り上げ、それぞれの該当箇所と蘭学者による翻訳との比較分析を行い、これらの機械論的概念が蘭学者達によっていかに理解されたかについて明らかにしていく。

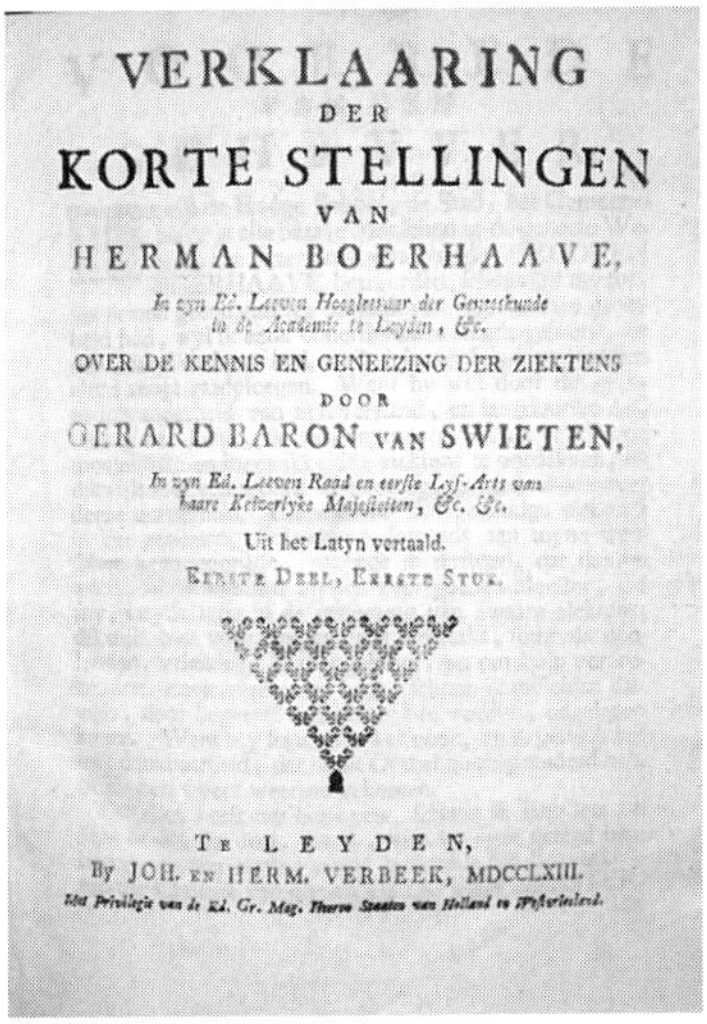

スウィーテン著『ブールハーフェ箴言解』
オランダ語版の標題紙
国際日本文化研究センター所蔵

固体としての身体、流動体としての身体

前項で触れた通り、蘭学の黎明期に舶載されたオランダ語版医学書はもっぱら機械論的医学の系統に属するものであった。機械論の思想的基盤はキリスト教に求めることができる。キリスト教における教理では、人間の身体を含む世界すべては神が創造したとされている。身体は被造物である以上、能動性をもっていない物理的実体である。物心二元論を提唱したルネ・デカルト（一五九六～一六五〇）は、この物理的実体という概念を厳正に受け止め、身体を自動的に動く機械としてみなす理論を展開した。[1]デカルトの理論はブールハーフェをはじめとして、十七世紀後半～十八世紀前半のオランダ医学界に受容された。

舶載されたオランダ語版医学書にはブールハーフェの医学思想の影響が顕著である。というのも、多くの舶載オランダ語版医学書がブールハーフェの弟子によって著されたからである。また、ブールハーフェの医学講義を注釈した五冊からなる医学書集成『ブールハーフェ箴言解』[2]も文政年間までに舶載され、坪井信道によって「万病治準」として部分的に翻訳されている。[3]

ブールハーフェの機械論的医学思想は、一七〇三年に行われた講演「医学における機械論的推論の効用について」に明確に表れている。この講演の中でブールハーフェは次のように述べている。[4]

人間の身体は、その連結部分が様々な動きを起こすことができるように構成されている。これらの動きは、完全に力学の法則に従って、質量、形、各部の固さ、また相互の連結方法に由来する。

ブールハーフェは、人間の身体を機械として捉え、その機械のメカニズムは物理学によって解明できると考えていた。[5]『解体新書』の出版で有名な杉田玄白が舶載オランダ語版解剖学書に掲載されている解剖図を見て、西洋医学における機械論的背景について驚くべき理解力を示し、「身体内外の事分明を得、今日療治の上の大益あるべし[6]」という理念の下に西洋医学を受容するようになったことはよく知られている。それでも、蘭学者たちは機械論的身体観の翻訳に苦労した。舶載オランダ語版医学書の中で、特に機械論の原理について解説したものとして、ヘイステル『実践的内科書』がある。同書には「機械論的医学優越論」という論文が所収されている。[7]この論文の中でヘイステルは、機械論的な原理に基づく身体の機能についての見解を次の通りに力説している。[8]

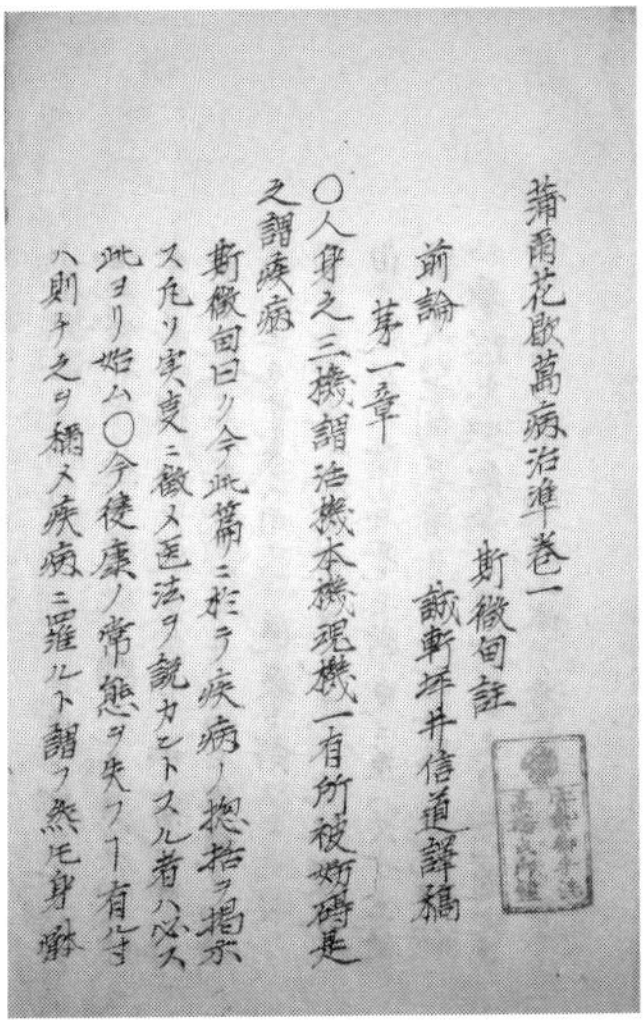

坪井信道「万病治準」写本の巻頭
国際日本文化研究センター所蔵

人間の身体におけるすべての変化は、（身体の）各部分の運動と構成に起因し、各部が持つ独自の構造に従っている。これは解剖学あるいは目に見える外観が実際に示している。各部は、その本質に応じ、その特性に従って、また、その構造に従い、その定められた力と能力を持続できるように、創造神によって賢明に配置されている。身体におけるあらゆる作用と変化はこの構成に起因する。これは魂の命令によるものではなく、また、魂の運営によるものでもなく、ある特定の機械的必然性によるものである。

「人間の身体における変化」とは、循環・消化・呼吸など現代でいう自律神経系の機能を意味しており、ヘイステルはこれらの機能が魂のような生気によって引き起こされることを否定し、身体の構造こそが身体を継続的に動かすとしている。

ヘイステルの論文は、一七九〇年代に宇田川玄真によって「人身究理医術論」として翻訳されている[9]。玄真は杉田玄白や大槻玄沢（一七五七～一八二七）の弟子であり、西洋医学が広く普及していく上で重要な役割を果たした蘭学者である。玄真はヘイステルの上記の説明を次の通りに翻訳している[10]。

故ニ人身諸般ノ変化スル諸具ノ輻輳造成シ運動ヲナス。然レドモ造物者神通不測ノ妙用ヲ以テ製作シ又諸部順列配置ハ外ヨリ形象ニ因テ察ストイヘドモ、其造成スルノ精力順整ニ流利快行シ、開闔ノ機発スル事、皆其天性自然ノ良能ヨリ発原スル事ヲ探索スベキ也。

原文と翻訳文を比較してみると、身体の様々な機能は身体の構造に起因するというヘイステルの主張がうまく表わされていないことに気づく。原文で記されている、身体のすべての変化を引き起こす「構造」の部分を玄真は「造成」と翻訳している。「構造」はすでに出来上がっているものを表し、その言葉には固定性の意味合いが含まれているのに対して、「造成」は中国医学思想において精気の活動による造化プロセスを表わし、流動性を含意している。また、この構造が「創造神によって賢明に配置されている」という原文におけるキリスト教的概念を玄真は「造物者神通不測ノ妙用」と翻訳している。この「不測ノ妙用」は原文で伝えようとしている計画性の規則正しさと正反対の偶然性や不思議な作用を示している。なお、身体におけるあらゆる作用と変化が「魂の運営によるものでもなく、ある特定の機械的必然性によるものである」という原文の結論についても、玄真は正確な理解を示しておらず、中国医学思想における「精力」の概念を当てはめている。「精力」あるいは「精気」は生命の源泉たる元気であり、この精気から身体や他の気が生成される。このように玄真は原文の思想的内容を中国医学の思想的枠組みの中で理解し、原文における機械的必然性で動く無機質な身体観を、有機的に動く身体観へと変容させている。

造られた身体、内から成る身体

機械論者は生命を司る機能が血液循環にあると考えていた。そのため、舶載オランダ語版医学書では、この血液循環が生理学・病理学思想の中核を成している。ヘイステルは「機械論的医学優越論」の中で、「生命の機能」を「心臓の機能と作用およびそれに依存するすべての血管の血液循環」と定義している[11]。『ブールハーフェ箴言解』でも、生命源は心臓の作用を原動力とする血液循環にあるとされている。坪井信道は「万病治準」の中で、この考えを次の通りに正確に翻訳している[12]。

性命ノ存ズルコト一ニ血ノ運行ニ由ルコト昭昭タリ。血ノ運行ノ起源ハ心ノ運動ニ在リ。故ニ一分ノ性命ト雖ドモ、必ズ心ノ運動ニ倚頼スルコト知ル可キナリ。

機械論者は血液循環を閉じた回路としてみていた。神によって創造された身体であるから、心臓が動き出す最初の因子については、神が与えているのであろうと推測していた。その後の動きは神の力を借りずに機械的に持続すると考えていた。ブールハーフェは古代の医家ガレノスを引用して、次のように述べている[13]。

ガレノスは、動きは心臓の中に創造された、と言った。

このように、ブールハーフェの記述の中では、機械論の理論的基盤となっているキリスト教的な身体観が表れ、身体活動の原動力である心臓の始動因子は創造神に委ねられている。信道はこの箇所を次のように翻訳している。なお、「ガレノス」は「瓦列奴私」と音訳している[14]。

瓦列奴私云ク、運動ハ心臓ノ稟受スル所ナリ。

この訳文で信道は創造神には言及せず、「稟受」という漢学的用語を用いている。この用語は伊藤仁斎、荻生徂徠などの漢学者の文章によくみられるものであり、「創造神」というキリスト教的な意味は読み取れず、「先天的な性質」を表す。機械論的概念やキリスト教的概念を翻訳する際、このような漢学に基盤をもつ用語を用いる現象は蘭学者の翻訳プロセスにおける特徴の一つである。「稟受」という用語を用いることによって、心臓の動きに「内」からの先天的性質を与えている信道の翻訳は、身体を「外」から造られた物体として捉えているブールハーフェの原文における機械論的思想を漢学的思想に置き換えていることを示すものである。

身体の構造と本然の機能

蘭学者が使用していた西洋医学書においてよく利用される natuur という用語はいくつかの異なった意味で使われている。江戸時代に用いられていた蘭語辞典である『江戸ハルマ』の natuur 項目には「自然、神力ニテ造ル、造化の神、性質、形状、自然ノ理、欲シ好ム、自然ノ好欲、損ズル、枯ルル」

と多くの訳語が挙げられている。[15] しかし、この用語の翻訳を困難にした要因は、文脈による意味の多様性だけではない。医学用語としての natuur の意味について、十七世紀の西洋医学者の間で激しい論争があったことも理解の混乱につながる大きな要因であった。機械論者は、人間の身体が自らの構造の性質によってその動きを始動・持続させる機械であると考えていた。機械論者の間で natuur はこの「身体の構造」を意味した。一方、機械論者と対立して生気論を唱えたハッレ大学の医学教授シュタール（一六六〇〜一七三四）は、natuur に「魂」の意味を与え、この魂がすべての生理的機能・過程を調整し、身体の健全な状態を維持していると主張した。[16]

しかし、ヘイステルは上述の「機械論的医学優越論」の中で、このシュタールの理論を批判し、（一）「natuur は魂ではない」、（二）「natuur は人間の身体の構造である」と反論している。[17] 宇田川玄真はこのヘイステルの主張をそれぞれ（一）「自然ト良識ノ異ナルヲ論（ズ）」、（二）「人身造立ノ自然ヲ論（ズ）」と訳している。[18] 前者（一）の訳は、natuur は「魂」ではないという原文の意味を直訳的に表しているが、後者（二）の訳における「自然」は形容詞的に使われていて、natuur とは人間の身体の構造であるという原文の意味は伝わっていない。日本において「自然」という用語が「自然環境」や「自然科学」などの西洋的概念を表すようになったのは明治中期以降であると考えられる。江戸時代にはこのような概念に相当する訳語として「天地」、「万物」、「造化」、「造物」などの用語が使われた。その当時における「自然」は「自然の」、「自然に」のように、ほとんどの場合、形容詞・副詞として用いられており、「おのずから」の意であった。[19]

宇田川玄随（一七五五〜一七九七）による機械論者ゴルテル（一六八九〜一七六二）の内科書『精選内科術』（一七四四）の筆写本・翻訳草稿「宇氏秘及」に、「しかし、natuurが、この場合、いかに機能しているかは知られていない」[20]という内容のオランダ語の文章が記されており、各オランダ語単語の下に訳語が付されていて、natuurの箇所には「自然」という訳語が記されている。[21]ところが、刊本となった玄随による上述のゴルテル内科書の和訳『西説内科撰要』（寛政五年刊）では、上述の文章は「其造物者ノ為ス所其然ル所以ヲ知ルコト能ハズ」と訳されている。[22]この文章における「造物者」は万物を造る「造化の神」を意味しており、依然として「身体の構造」としての機械論的な意味が読み取れない。

蘭学者の間で機械論医学に対して最も優れた理解力を示しているのは、玄真の弟子、坪井信道であろう。信道が翻訳した『ブールハーフェ箴言解』ではnatuurが次の通りに定義されている。[23]

　多くの人が誤解してきた、ヒポクラテスのあの古い用語natuur（φυσις）は何を意味しているのか。それは、生命が継続的かつ耐久的であると同時に敏速な動きであるために必要な、身体すべての構造的機能の組み合わせにほかならない。

信道によるこの定義の翻訳は次の通りである。[24]

　那去児〔ナチユール〕（此ニ本然ト訳ス。本条説ク所ロ、本機トハ本然ノ機能ノ義ナリ）、古言ニコレヲ

「ヒュプス」（厄利斉亜語）[25]ト謂フ。衆人、此語ヲ解スル者共ニ真意ヲ得ズ。依ト加刺得私[26]、人身上ニ於テ此語ヲ用フル者ハ、人身諸器諸液共ニ本然ノ稟質ヲ具有シテ、能ク生命ヲ保持シ、又能ク運動ヲシテ軽敏ナラシムル所ノ機能ヲ言フ。

ブールハーフェによる natuur の定義は抽象的であるが、最終的に「身体すべての構造的機能の組み合わせ」という機械論的見解を示している。信道は natuur に対する訳語として、「那去児」という音訳語を用いていることから、natuur を表わす適切な訳語を見出すことができなかったと推察される。しかし、双行割注に「此ニ本然ト訳ス」と記し、natuur の意味についての解釈を加えている。[27]「本然」は朱子学者が用いた用語であり、先天的に存在する人の本質的な性質を意味している。伊藤仁斎や荻生徂徠もそれぞれ『語孟字義』「性」[28]、『弁名』「性・情・才七則」[29]の中で「本然之性」について論じている。ここで、信道がこのような漢学的知識背景のもとに用いている「本然」は、「先天性」という意味においてブールハーフェのいう natuur に近いが、ブールハーフェの natuur が含意する機械論的身体観とは結び付かない。

また、信道は、原文における「身体すべての構造的機能の組み合わせ」を「人身諸器諸液」と翻訳することで、原文における機械論的内容についての驚くべき理解力を示しながらも、原文における「生命」を、機械論と相容れない有機的な意味を含んでいる「生気」と翻訳している。このことから、信道はブールハーフェの機械論的身体観をある程度は理解していたが、最終的にブールハーフェの理論を中国医学の思想的枠組みの中で捉えていたことが窺える。

血液循環と神経液循環

機械論医学において、心臓および血管と血液の相互作用が適切である場合、人間は健康であり、この相互作用に異常がある場合に人間は病気となるとされている。アントニ・ファン・レーウェンフック(一六三二〜一七二三)の顕微鏡観察記録を基に、血液が血漿のほか、分離可能な血球で構成されていると考えられていた。血球はより小さな血管を通る時に分離していくが、何らかの原因で分離しないままの大きな血球が小さな血管に進入した場合、血管の閉塞が起こる。その後も血球が相次いでこの血管に入ってきて、その閉塞した部分を圧迫する状態が炎症であるという概念が船載オランダ語版医学書における病理の基本となっていた。

船載オランダ語版解剖書の中で、アムステルダムの開業医・啓蒙家ステーヴェン・ブランカールトの『新訂解剖学』は蘭学者の西洋医学受容に最も大きな影響力を及ぼした著作である。[30]『新訂解剖学』以外の船載オランダ語版解剖書では解剖学的手順に沿った伝統的な構成(腹部→胸部→頭→血管・神経・筋・骨)が採用されているのに対して、ブランカールトはその解剖書の中で機械論的観点から心臓を記述した後、血液循環を中心に身体の構造を解説している。

杉田玄白が一ノ関藩の藩医建部清庵(一七一二〜一七八二)と交わした往復書簡『和蘭医事問答』(寛政

七年刊）の内容から、玄白が西洋生理思想を学ぶにあたって主にこの『新訂解剖学』を利用したと推察される。『和蘭医事問答』において、玄白は血液循環や炎症の病理について正確な理解を示している。しかし、玄白がそこで注目しているのは、『新訂解剖学』の中核をなす血液循環ではなく、神経である。

当時のヨーロッパで、血液循環はハーヴェイの実験によって実証されたのに対して、神経の働きについてはまだ暗中模索の段階であった。そのため、舶載オランダ語版解剖学書には各神経の位置や分類などについては詳細に記述されているものの、実際の神経の働きについてはほとんど言及されていない。その中で、唯一ブランカールトは神経の働きについて一つの仮説を提供している。『新訂解剖学』では、神経は血管と同様に空洞の管とされ、その中に神経液 zenuwvogt という物質が流れているとされている。神経液は脳の中で血液から分泌され、血液循環と同様に神経の中を物理学の法則に従って循環するというのがブランカールトの仮説であった。この仮説は機械論に徹した身体観に基づくものであった。ブランカールトはデカルトの物心二元論に従って、思考や魂の作用は身体と完全に分離していて、身体の運動や感覚はすべてその神経液の物理的循環によって賄えると力説している。

「神経」という用語は玄白による造語である。『和蘭医事問答』で、玄白はこの造語を考案した根拠について以下の通りに説明している。[31]

是即、脳髄液にて、其液は神経に伝送し、八十の大経に伝へ、右の如く一身の働をいたし申候形の御座候物に候得共、其妙用御座候事、唐にていふ神気などと可申物故、神経と義訳仕候。

また、さらに別の箇所で玄白は次のように記している。[32] なお、玄白の翻訳に使われている「セイニュウ」という用語はオランダ語 zenuw（神経）の音訳である。

且又、経脈と熟候時は、一ツ様に相聞へ候得共、十二経脈を一ツづつ云へば、何経といふて何脈といはず、セイニユウは元より一身の最とする者故、此動血脈と相分り候様に、セイニユウに経の字を下し申候。

ここで引用した玄白の二つの記述によれば、「神経」という用語を造った原理について、「神気」の「神」と「経脈」の「経」をそれぞれの熟語から取り出して組み合わせ、「神経」としたと説明されている。「神」あるいは「神気」というのは、中国医学において、精神活動を司る気の種類である。また、玄白が使用している「経」という字の基となっているのは、中国医学における「十二経脈」である。この十二経脈を血気が循行すると考えられていた。上で引用した玄白の二つ目の記述において、玄白は中国医学で気と血の経路を区別していないことを批判している。実際、中国医学において血と気はその機能が異なるとされているとはいえ、血と気が同一視される場合も度々見受けられる。例えば、『霊枢』営衛生会篇に次の記述がある。[33]

営衛なる者は、精気なり。血なる者は、神気なり。故に血と気と、名を異にして類を同じくす。

玄白は舶載オランダ語版医学書の解剖学的情報を基に、血と気を区別すべきであると考え、「経脈」を「経」と「脈」に分け、神気の経路に「神経」、血液の経路に「血脈」という名を付けた。このように、玄白は中国医学を批判してはいるが、批判を向けている矛先は、中国医学の不正確さ、つまり、気と血の経路が西洋医学のように区別されていないということであり、神気が身体を流れるという中国医学の思想的基盤自体を否定しているわけではないということは注目すべきである。つまり、玄白が中国医学由来の用語を使用していることは、ブランカールトの「神経観」を中国医学の思想的枠組みの中で理解していることを示すものであるといえる。そして、その理解の上に成立した「気」を中心とする有機的な身体観は、ブランカールトの機械論的身体観とは異なるものである。

神経液と霊液

玄白以外の蘭学者は「神経」をどのように理解していたのか。ここで再び弟子玄真の著作に目を向けたい。玄真の身体観について知る上で最も重要な著作は、蘭学塾において西洋生理学の教科書として広く使われていた『医範提綱』である。『医範提綱』の構成は、身体の各部分に一つの章を当てるという西洋の伝統的解剖学書の構成が模範となっているが、構成順序は異なる。西洋の伝統的解剖学書における解剖手順に沿った構成やブランカールト『新訂解剖学』における血液循環に沿った構成と異なり、『医範提綱』の章立ての最初に来るのが上腔〔頭〕である。その中でも「神経」の章には十丁もの紙面が費やされ、ほかの章が平均一丁から二丁であるのに比べて、かなり大きな分量を占めている[34]。なお、舶載オランダ語版解剖学書と違って、脳や心臓などの各器官の解剖学的記述が少なく、各器官の形状についての概略的な説明の後は、もっぱら生理・病理についての説明が行われている。

玄白と同様に、玄真は『医範提綱』を記すにあたって、ブランカールト『新訂解剖学』を基本書として利用した。玄真はブランカールトのいう神経液を以下の通りに定義している[35]。

上腔は脳髄を蔵む。神霊舎し、性命係る。一身万機の政悉く此由りして出づ。脳髄は精神の府なり。霊液を造り、神経を起こし、以て瘖瘂、動静、運化、生養の機を発す。其脊に在る者を脊髄と為す。〇霊液は精微の液なり。神気の資る所、精妙の成る所、脳及び脊の髄に出でて、神経に注射す。

玄真が利用している「霊液」という用語は、ブランカールトの理論に出てくる「神経液」の訳語として玄白によって考案されたものである[36]。ちなみに、「霊液」という用語は、特に道教教典で口唇の裏の唾液を指す意味でも用いられたが[37]、玄白が「神経液」の訳語として使用した「霊液」とは明らかに違うものを指しているので、道教からの影響は考えにくい。従って、玄白は中国医学で使用されている「霊気」の「霊」と「液」を組み合わせて、ブランカールトのいう「神経液」を表わすための新しい熟語として考案したのであろうと推測される。『管子』内業篇に「霊気は心にあり、一来一逝す」とある[38]。この中で「霊気」は「精」の別名として、もともと人の身体に降臨する神霊として捉えられる「こころ」である。この「こころ」はやがて身体と往き来する「精微な気」の流れとして捉えられるようになり、この気によって「からだ」と「こころ」がつながることになる[39]。このように「霊気」には神霊的な意味を読み解くことができ、その用語を使用すること自体が、神経液を一つの物質とみなすブランカールトの機械論的身体観を否定しているといえる。

玄真は先に引用した定義の中で、「脳髄は〔中略〕霊液を造り」としているが、これはブランカールトが脳に与えている神経液の分泌機能についての思想を受容したものであると受け止められる。ところが、脳内で霊液が生じること自体も中国医学思想に互換可能な考え方である。中国医学において、様々な気が体内で生成されるとされている。例えば、『素問』六節蔵象論で次のように記されている[40]。

五味口より入り、腸胃に蔵さる。味に蔵する所ありて、以て五気を養う。気、和して生じ、津液、相い成りて、神、乃ち自ら生ず。

中国医学における脳髄観について概観しておくと、髄は腎の気から作られ、脳を集積所（「海」と表現される）として流れ廻る。流れ動くものであることは「髄液」という名称からもうかがえる[41]。脳を一つの「集積所」として捉える傾向は『医範提綱』の以下の記述にも表れている。

宇田川玄真『医範提綱附内象銅版図』口絵
国際日本文化研究センター所蔵　ブランカールトの肖像画が大きく描かれていることが見受けられる。

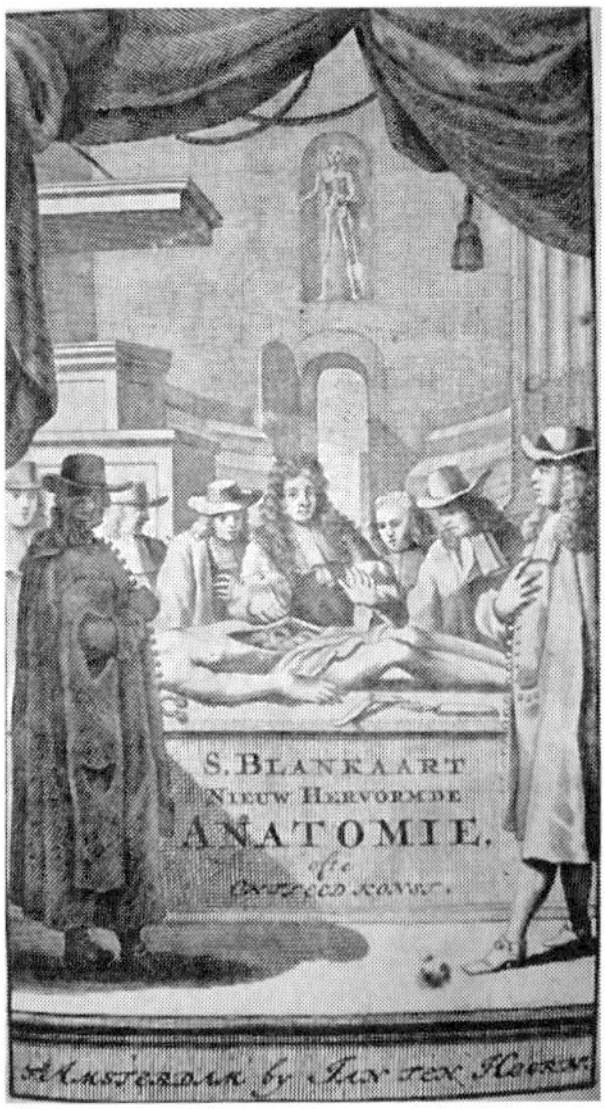

ブランカールト『新訂解剖学』1696年版の口絵
国際日本文化研究センター所蔵

De Nieuw Hervormde
ANATOMIE,
Ofte
ONTLEDING
Des
MENSCHEN LIGHAAMS.
Gebouwd op de Waaragtigste en naukeurigste ondervinding deser Eeuw.
Zynde met een groot getal kunstige Platen op nieuws verciert.
Als ook een Verhandelinge van het
BALSEMEN
Der
LIGHAMEN.
Nooit voor desen dusdanig bekend gemaakt.
Door STEPH. BLANKAART
Ph. en Med. Doctor, Praktizyn tot Amsterdam.
Den derden Druk.
t'AMSTERDAM,
By JAN TEN HOORN, Boekverkooper, over 't Oude Heere Logement, 1696.

ブランカールト『新訂解剖学』1696年版の標題紙
国際日本文化研究センター所蔵

霊液ハ脳髄ト脊髄ヨリ出ヅ。其質ハ清稀ニシテ、其性ハ透竄ナリ。其中、自然ニ神気［タマシイ］ヲ含ミ、神経ニ流通シテ全身ニ彌蔓ス。然ドモ、脳ハ霊液ノ宗源ナレバ、常ニ脳中ニ充盈統会シテ、神明不測ノ妙用ヲ致シ、万物ニ応感シ、衆務ヲ総理シ、百骸ヲ主宰ス。コレ即チ精神ナリ。

この引用にみられる、精神活動を司る霊液が「脳中ニ充盈統会シテ」いるという玄真の記述は、精神機能の所在場所を局所化する舶載オランダ語版解剖学書における思想と対照的に、身体と共に精神をも流動的な有機体として位置づけるものである。なお、玄真はこの文章の中で霊液を「清稀」なものとして捉えている。中国医学では精神の実質が「気」の「精微」なるものとして把握されて、精神も身体全身に気として流れて彌蔓していると考えられた(42)。玄真の文章にもこの考え方がよく表われている。ブランカールトによる神経液が物理学の法則に従う物質であるという機械論的意味は、もはや『医範提綱』の文章から読み取ることができなくなる。

筋肉運動

ルネッサンス期ヨーロッパにおいて人間の筋肉は解剖学者だけでなく、芸術家の関心をおおいに引きつけた。十六世紀になると、刊行される解剖書の中で、人間の身体の描写における解剖と芸術が融合され、裸でむき出しにされた豪華な筋肉をまとう、たくましい人間の解剖図が多く掲載されるようになった。これらの解剖書は江戸期日本に舶載され、蘭学者を魅了した。

身体の動きに用いられる筋肉は、解剖しなくても、身体の表面からある程度観察可能であり、その動きも推察されやすいので、十七世紀において筋運動のメカニズムは機械論者による議論の的となった。神経が筋肉の運動に密接に関係していることは機械論において認識されていたが、その具体的なメカニズムについては様々な説が存在していた。特に、筋肉はその収縮時に拡張するという現象が重視されていた。この筋肉の拡張はガレノス以降、筋肉運動の要因に結び付けられていた。つまり、筋肉の中は空洞であり、動物精気が筋繊維の中に流入することにより、筋肉が拡張し、この拡張により筋肉が動くと考えられていた。

デカルトもこのガレノスの説を継承し、「動物精気」を「一種の極めて微細な風」と定義した[43]。デカルト哲学に大きな影響を受けたブランカールトは『新訂解剖学』の中で一歩進んで、「動物精気」を「神経液」に置き換えて、筋肉の運動が完全に物理学的法則に従って行われることを立証しようとした。ブランカールトによると、ある筋肉、腕や足を動かそうとすると、魂が脳に貯蔵されている神経液に動きを起こし、その神経液が敏速に動かそうとする部分に流入し、その部分の筋繊維を拡張させ、その繊維の中に血液を溢れさせる。この時、筋繊維が拡張するため、その筋肉が「その長さを失い」、筋肉が収縮すると説明される[44]。

『新訂解剖学』を西洋解剖・生理学の拠り所とした玄真は『医範提綱』の中で筋の機能について次の通りに記述している。

> 諸筋ノ屈伸運動ヲ為スノ機関〔ハタラキ〕ヲ略挙スルニ、能ク己〔オノレ〕ガ意ニ随テ筋ヲ指揮シテ運動セシムル者ハ神経ナリ。神経ハ霊液ヲ通ジ精神ヲ含デ全身ニ彌満〔ワタリミツル〕スルヲ以テ意ノ向フ所ニ随テ諸筋ノ挙動運転ヲ為ス。（中略）故ニ各部運動シ或ハ力（ラ）ヲ用イント欲スレバ、其部ノ筋中ニ合織スル神経ノ霊液先〔マ〕ヅ膜繊維忽チ力（ラ）ヲ生ジテ悉ク牽急ヲ為シ、血其中ニ充テ緊張シ〔後略〕。

この記述は、筋肉の運動が神経液および血液の流入に起因するものであるとするブランカールトの説を受容していることを示している。しかし、ブランカールトの説と決定的に異なる点は、ブランカールトが神経液による筋肉に対する働きを物理学的法則に従って説明しているのに対して、玄真は霊液の中に精神が含まれていると解釈していることである。

玄真は、むしろ、物理学的法則についてあまり理解していなかった可能性がある。それは『医範提綱』に附随している『内象銅版図』における筋肉図から読み取れる。『内象銅版図』における複数の筋肉図は主にブランカールト『新訂解剖学』から転載されているが、その他にルーヴェン大学解剖学教授

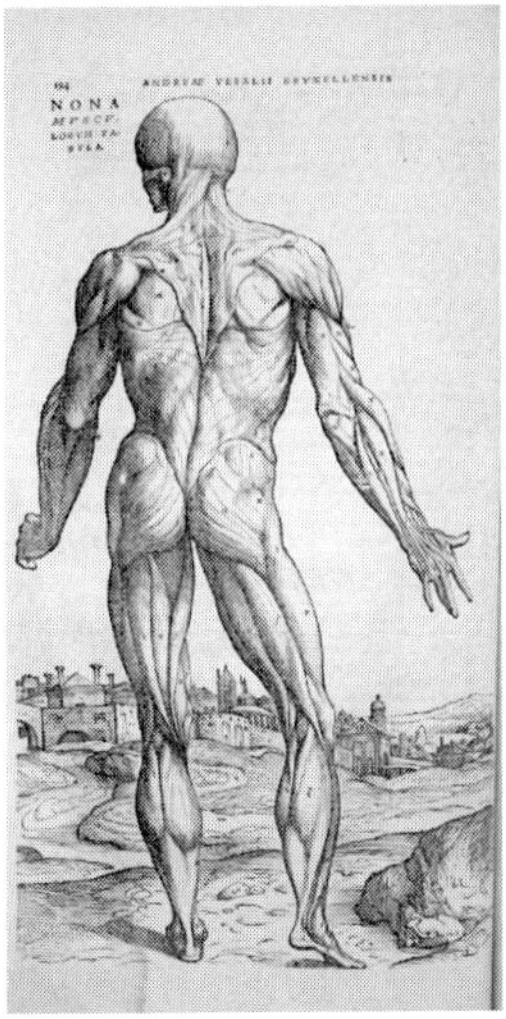

ヴェサリウス『ファブリカ』所収全身筋肉図
国際日本文化研究センター蔵

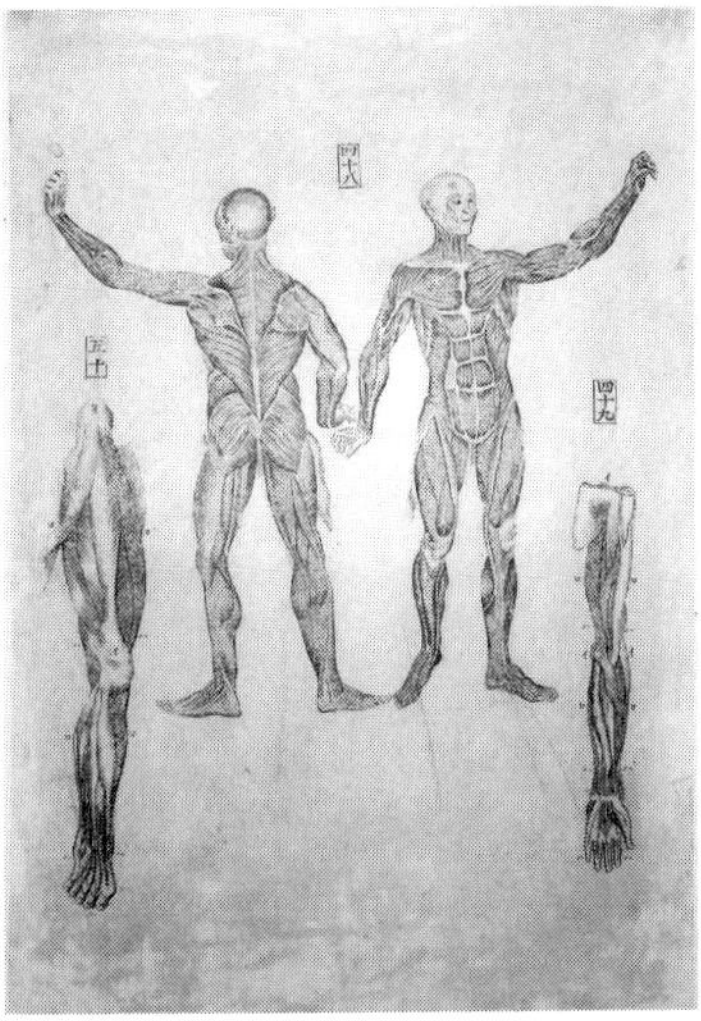

『医範提綱内象銅版図』所収全身筋肉図
国際日本文化研究センター蔵　同図はブラウン『新筋図表』を原図としている。ブラウンはヴェサリウスの影響を受けていると考えられる。

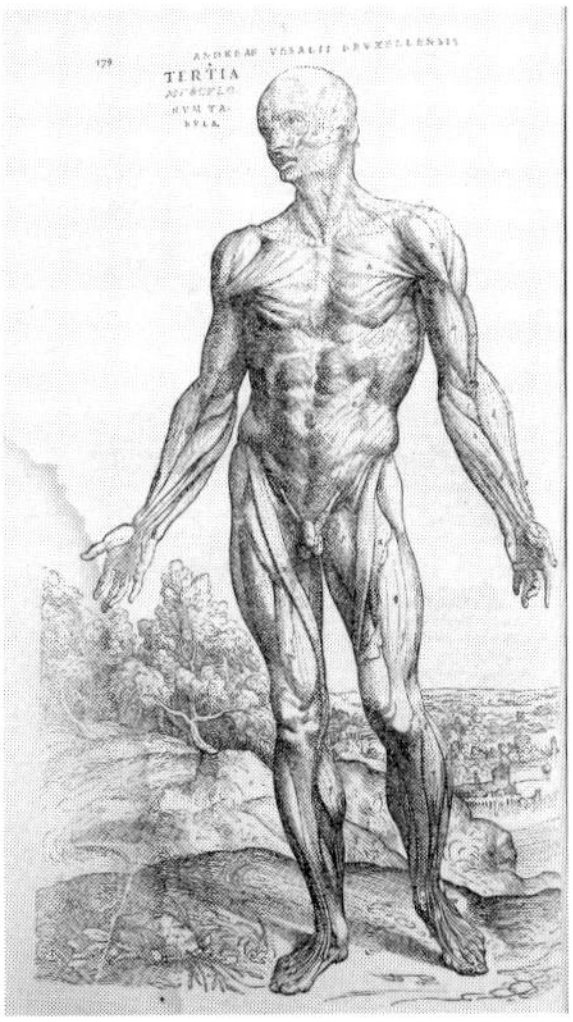

ヴェサリウス『ファブリカ』所収全身筋肉図
国際日本文化研究センター蔵

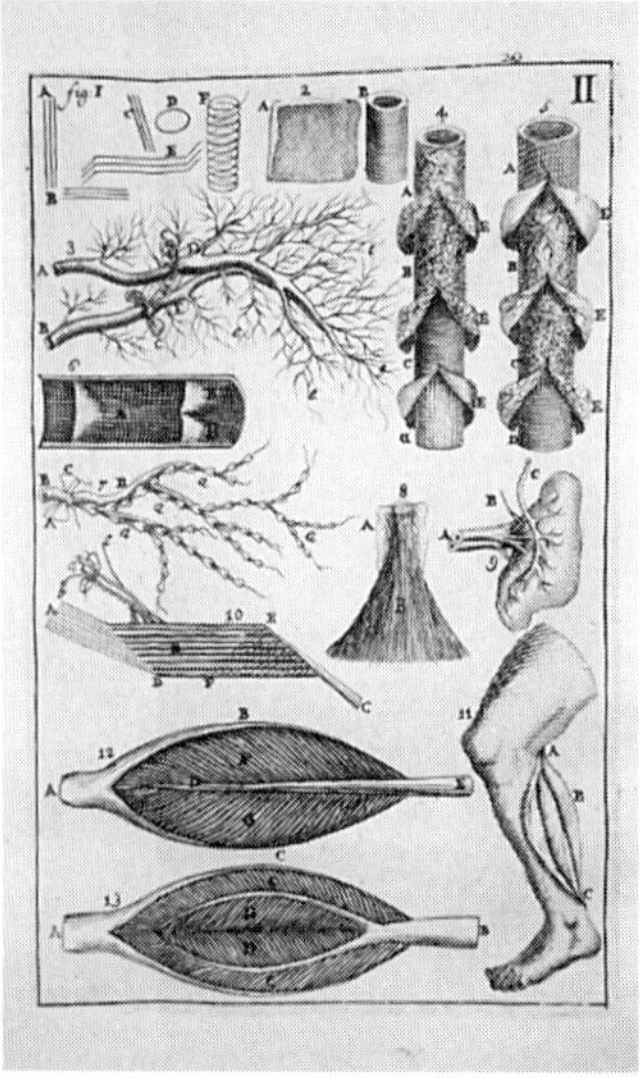

フェルヘイエン『人体解剖学』所収筋肉図
国際日本文化研究センター所蔵

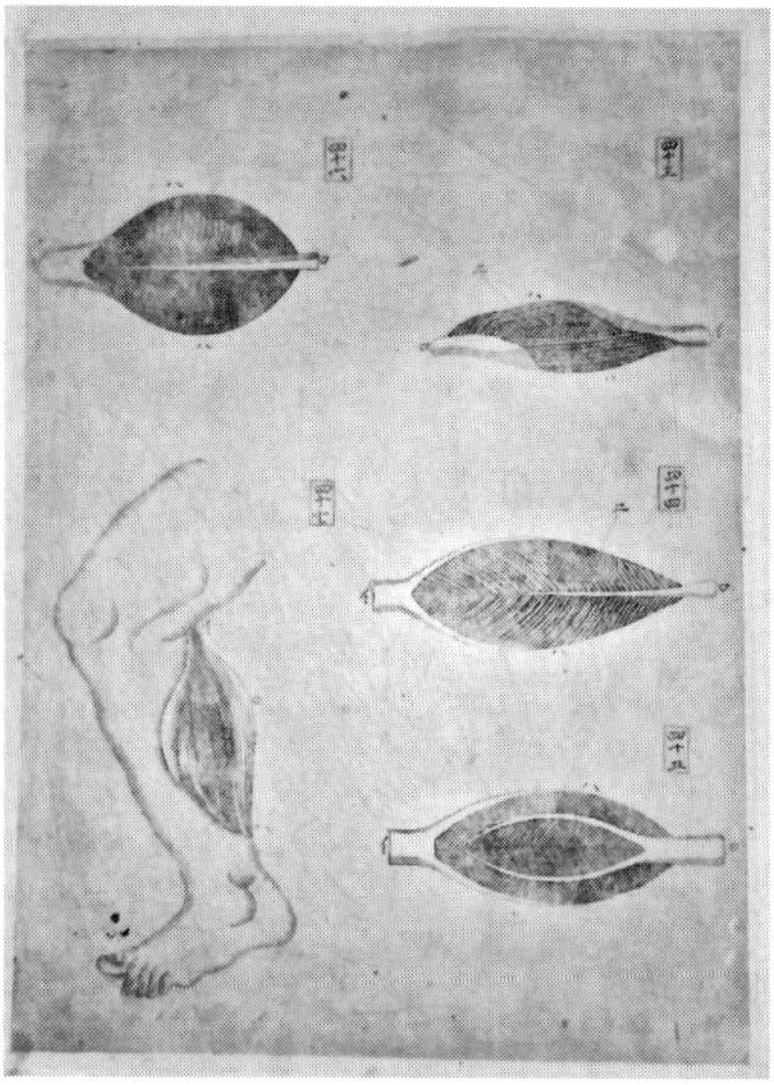

『医範提綱内象銅版図』所収筋肉図
国際日本文化研究センター所蔵

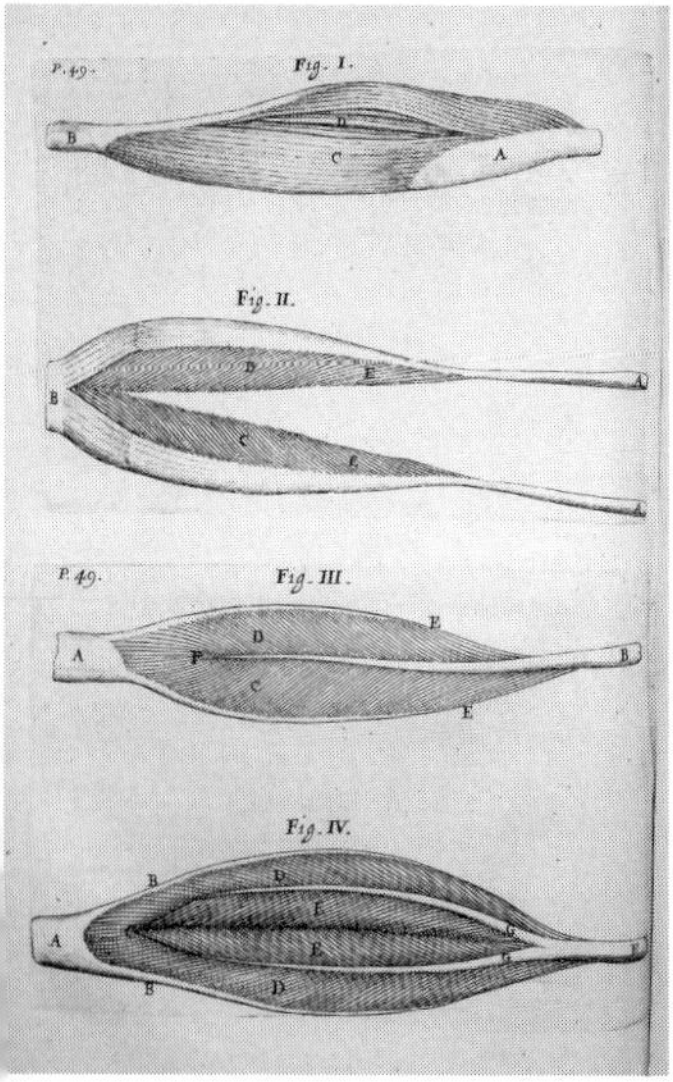

クローン「筋肉運動について」の附図
国際日本文化研究センター所蔵

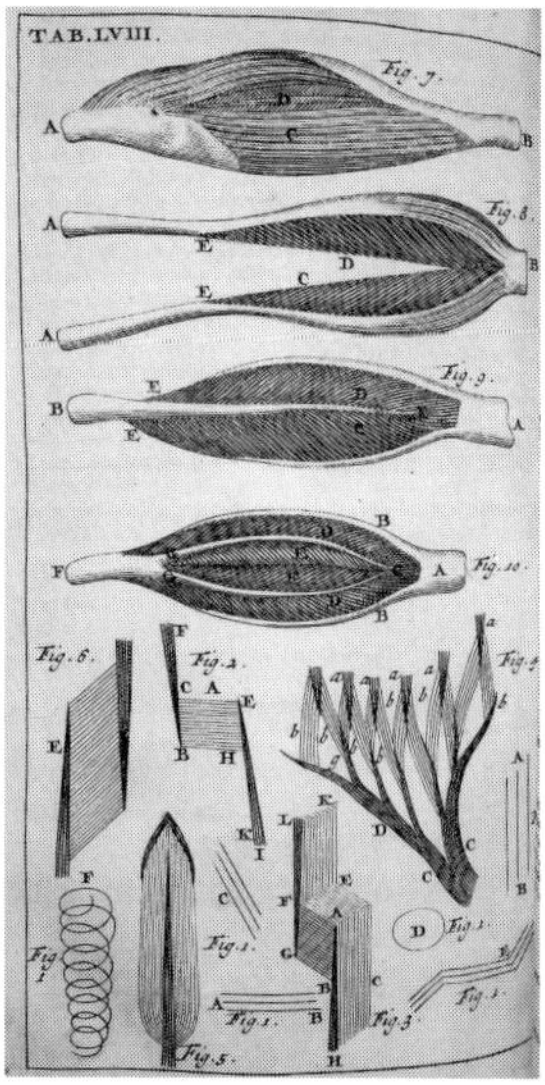

ブランカールト『新訂解剖学』所収筋肉図
国際日本文化研究センター所蔵

であったフィリップ・フェルヘイエン（一六四八〜一七一〇）『人体解剖学』（一七一一年刊）[45]の筋肉図も典拠として利用されている。『内象銅版図』に掲載されている筋肉図の内、筋肉の断面図（第四十三図から第四十五図）については、『新訂解剖学』を直接の典拠としてはいるが、『新訂解剖学』におけるこれらの図もまた、もとはイギリスの医学者トーマス・ウィリス『医学・薬学著作集』所収のウィリアム・クローンによる論文「筋肉運動について」[46]の附図から転載されているものである。この筋肉図は筋肉の繊維を示す当時としては先進的な図であり、フェルヘイエン『人体解剖学』にも掲載されている。しかし、ブランカールトおよびフェルヘイエンはいずれもウィリスの図だけでなく、ニコラウス・ステノ（一六三八〜一六八六）『筋肉学序説』[47]における当時最先端の筋繊維図をも掲載している。

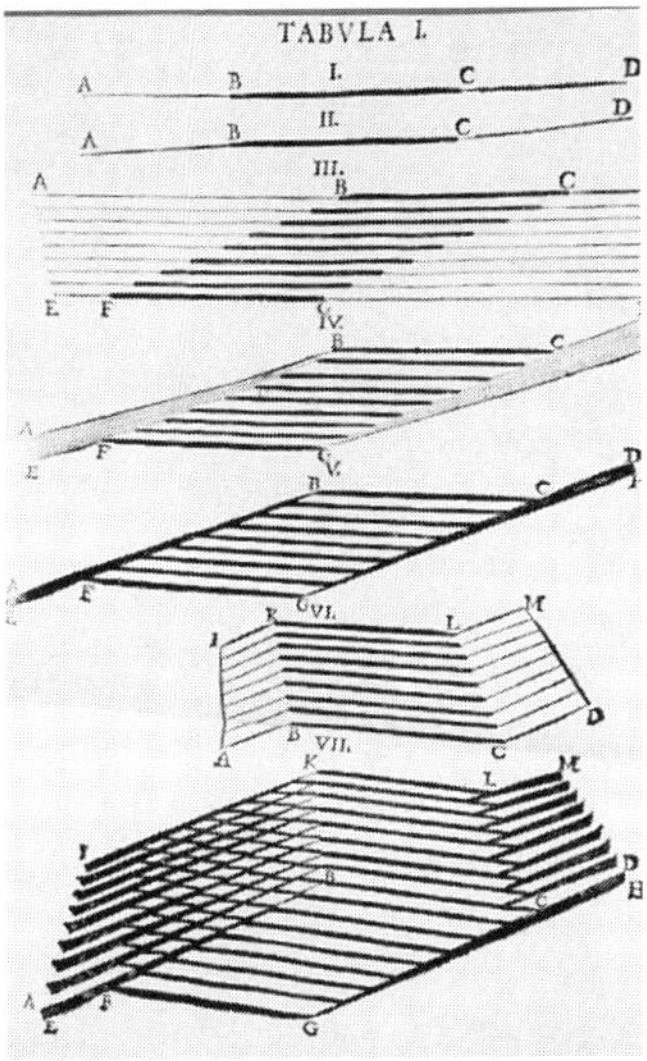

ステノ『筋肉学序説』所収筋肉図
国際日本文化研究センター所蔵

ステノはその筋肉図の中で筋肉を組織単位で平行に並ぶ繊維の束として描いている。ステノはこの図をもって、筋肉運動は当時考えられた動物精気の流入によるものではなく、各組織単位によって展開されている張力の加算によるものであると証明しようとした。また、筋肉の拡張に関しても、筋肉が拡張し、体積が増加するようにみえても、これは動物精気の流入によるものではなく、実際には、

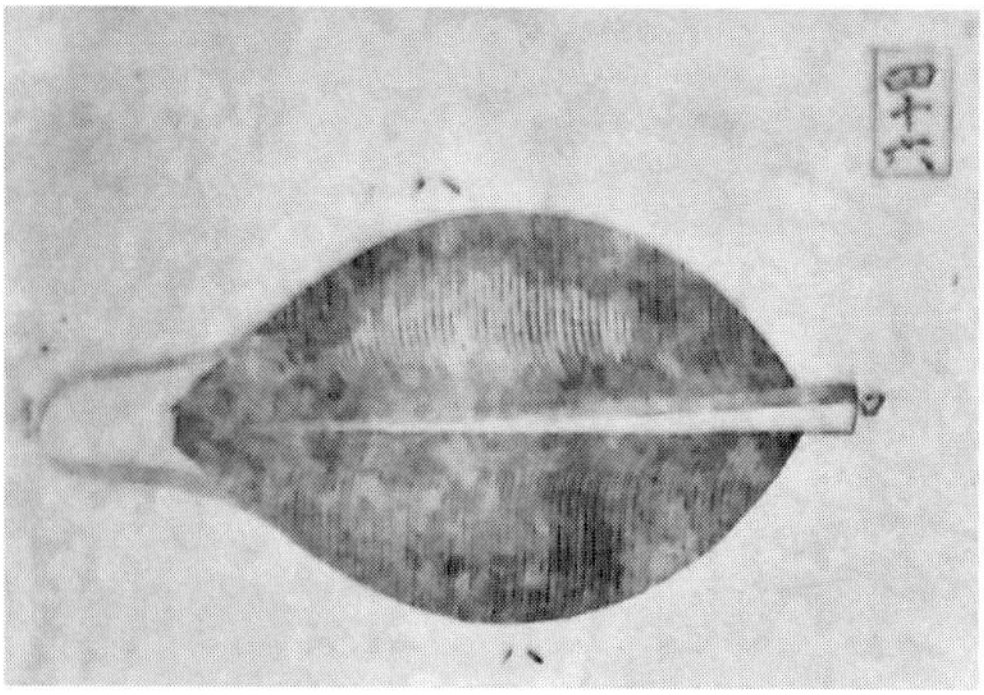

『医範提綱内象銅版図』所収「見複筋起張」図
国際日本文化研究センター所蔵

筋肉の横幅の体積増加は縦幅の減少に相当するものであるとステノは考えていた。ブランカールトは『新訂解剖学』でステノの説を受容せず、筋肉拡張は動物精気ではなく、「神経液」の流入によって引き起こされるものであると独自の説を立てたが、[48]参考としてステノの図も掲載している。これに対して、フェルヘイエンはステノの著作から図を掲載するだけでなく、彼の説についての紹介も行っている。しかし、玄真は『内象銅版図』においてステノの画期的な図を採用していない。玄真は『医範提綱』においてもステノの説について言及せずに、筋肉運動は霊液の働きに起因するものであるとしている。

ところで、『内象銅版図』におけるほとんどの図版は、ブランカールトやフェルヘイエン、クルムスなどの舶載オランダ語版解剖書から転載されていることが確認できるのに対して、一つの図版だけは舶載オランダ語版解剖書において典拠の確認ができない。それは収縮した筋肉を描いている第四十六図（「見複筋起張」図）である。この「見複筋起張」図は、ステノの説で否定されている筋肉の体積増加を示す図である。ブランカールト『新訂解剖学』をはじめとする当時の舶載オランダ語版解剖書において、筋肉が神経液や動物精気によって拡張するという説が唱えられてはいたが、拡張した形の図はどの解剖書にも掲載されていない。あくまで推測ではあるが、この図は筋肉の拡張を示すために玄真が自ら考案した可能性がある。少なくともこの図版から推察できるのは、フェルヘイエンの解剖書に掲載されているステノの幾何学的理論についてよりも、むしろ神経液による拡張説に玄真の関心が向いていたということであり、彼にとって筋肉運動のメカニズムは霊液の彌満によって説明される方が、伝統的中国思想に沿って納得しやすいものであったと考えられる。

結論

本稿では、杉田玄白、宇田川玄真、坪井信道という三代の蘭学者の著述とそれらの記述の典拠である船載オランダ語版解剖書との比較分析を通じて、これらの蘭学者が当時船載されていたオランダ語版解剖書における機械論的身体観をいかに理解したのかについて論じた。比較分析の結果、船載オランダ語版解剖書においては、身体についてその構造が神によって外から創造されているものであり、魂の介入なしで、その構造自体によって機械的必然性に従って永久機関として自動的に動くと力説されているのに対して、蘭学者の記述においては、その機械論的要素が翻訳過程の中で無意識に物理学的法則で説明不能な生気論的要素に置き換えられていることが判明した。

機械論においては、身体機能について物理学的法則に沿った説明が行われていたとはいえ、ガレノス医学のすべての生気論的概念を完全に排除できていなかった。特に、神経を通じて流れると考えられていた「動物精気」は、機械論で説明できない魂の作用と直接的な関係があったため、この用語が機械論者によって便宜上永く保たれた。この「動物精気」は、蘭学者に最も影響を与えたブランカールト『新訂解剖学』において神経液というような精神作用を欠いた物質に置き換えられたとはいえ、表面上、伝統中国思想にある「気」の概念として置き換える解釈が可能であった。また、蘭学者によるそのような生気論的解釈は、動物精気の概念が完全に排除された形で一歩進んだステノの筋肉運動における幾何学的理論に対して蘭学者がまったく興味を示さなかったことにも表われている。

「気」に似たような神経液が身体を循環するという説が、中国医学との表面上の類似性があるとの視点に立てば、ブランカールトの神経液説は、蘭学者にとって逆に親しみ易いものであったかもしれない。この受け入れ易さが、機械論的思想が中国医学思想へ変容する要因の一つであったと推測される。その受容態度は霊液の分泌過程についての記述に最も明確に表れている。舶載オランダ語版解剖学書では、腺組織や血管が分岐して小さくなり、篩《ふるい》のような役割を果たすことなどの神経液の分泌のメカニズムが詳細に記述・議論されているのに対して、それらの解剖書を参考にした蘭学者たちはそのメカニズムにはあまり言及せず、霊液が流れる経路だけに注目していた。ここから、蘭学者たちが西洋医学を学ぶ中で、身体を機械としてではなく、流体としてみる身体観を持ち続けていたことが窺える。

（1）René Descartes, *Discours de la méthode*. AT, vol. VI, pp. 46–57.

（2）Gerard van Swieten, *Verklaaring der korte stellingen van Herman Boerhaave*. Leyden : Joh. en Herm. Verbeek, 1763–1776. 国際日本文化研究センター所蔵本。

（3）坪井信道「万病治準」文政九年成稿、国際日本文化研究センター所蔵写本。

（4）Herman Boerhaave, Oratio de usu ratiocinii mechanici in medicina. Kegel-Brinkgreve and Luyendijk-Elshout, *Boerhaave's orations*. Leiden : Brill, 1983, pp. 96–97.

（5）*Ibid*., p. 97.

（6）杉田玄白『蘭学事始』（『文明源流叢書』第一巻所収）国書刊行会、一九一三年、一五頁。翻刻にあたって、原文の仮名使いと用字はできる限りそのままにし、句読点を付けた。漢字は新字体に、合略仮名は一般的な仮名に改めた。以下同様。

（7）Laurentius Heister, *Practicaal geneeskundig handboek ; nevens een voorafgaande verhandeling van de voortreffelykheit en uitstekendheit der mechanisch-geneeskundige leerwyze*. Amsterdam : Jan Morterre, 1762. アムステルダム大学図書館所蔵本。

（8）*Ibid*., p. 109.

（9）宇田川玄真「歇伊私的児内科書付人身究理医術論」京都大学所蔵富士川文庫写本。

（10）同書、第四一章。

（11）Heister, *op. cit*., p. 20.

（12）前掲「万病治準」第一章。

（13）Swieten, *op. cit*., deel 1, p. 4.

（14）前掲「万病治準」第一章。

（15）『波児馬氏和蘭辞書』杏雨書屋所蔵文政末写本。

（16）Georg Ernst Stahl, *Über den Unterschied zwisschen Organismus und Mechanismus*. Halle, 1714.（Sudhoffs Klassiker der Medizin）Leipzig : Johann Ambrosius Barth, 1961.

(17) Heister, *op. cit.*, p. 101 and p. 103.
(18) 前掲「歇伊私的児内科書付人身究理医術論」第三十八章、第三十九章。
(19) 相良亨ほか編『自然』（日本思想第一巻）東京大学出版会、一九八三年、Ⅲ～Ⅳ頁。
(20) Johannes de Gorter, *Gezuiverde geneeskonst*. Amsterdam : Isaak Tirion, 1744, pp. 31-32. 早稲田大学蔵影印叢書、第十巻、一九九五年。
(21) 宇田川玄随「宇氏秘及」。杏雨書屋所蔵本所収蘭文写本・対訳草稿 Gezuiverde geneeskonst（第五冊～第十一冊）第八冊。
(22) 宇田川玄随『西説内科撰要』江戸、須原屋市兵衛、寛政五年刊、巻三、一丁ウ。京都大学附属図書館所蔵本。
(23) Swieten, *op. cit.*, deel 1, p. 6.
(24) 前掲「万病治準」第一章。
(25)「ギリシャ語」の字訳。
(26)「ヒポクラテス」の字訳。
(27) 朱子『朱子語類』「性質」（朱子学大系、第六巻）明徳出版、一九八一年、五〇～七一頁。尾藤二洲「本然説」（『日本の朱子学（下）』朱子学大系、第一三巻）明徳出版、一九七五年、三六五～三六九頁。
(28) 吉川幸次郎ほか校注『伊藤仁斎・伊藤東涯』（日本思想大系、第三十三巻）岩波書店、一九七一年、四八～五三頁。
(29) 吉川幸次郎ほか校注『荻生徂徠』（日本思想大系、第三十六巻）岩波書店、一九七三年、一三六～一四四頁。
(30) Steven Blankaart, *De nieuw hervormde anatomie*. Amsterdam : Jan ten Hoorn, 1686. 京都大学医学部図書館所蔵本。初版の一六七八年版よりも改訂された一六八六年版および一六九六年版の方が日本で利用された。
(31) 杉田玄白『和蘭医事問答』（『文明源流叢書』第二巻所収）国書刊行会、一九一四年、四〇四頁。
(32) 同書、四〇五頁。

(33) 石田秀美・白杉悦雄監訳『皇帝内経霊枢』東洋学術出版社、二〇〇〇年、上巻、三四一頁。
(34) 舶載オランダ語版解剖書で最も重視されている血脈には三丁が当てられている。
(35) 宇田川玄真『医範提綱』大坂、河内屋太郎ほか、文化二年（一八〇五）刊。京都大学附属図書館所蔵本、巻一、一丁ウ～二丁オ。
(36) 前掲『和蘭医事問答』四〇四頁。
(37) 前掲『気・流れる身体』二〇四頁。
(38) 同書、九八頁。
(39) 前掲『中国医学思想史』三五頁。
(40) 石田秀美監訳『皇帝内経素問』東洋学術出版社、一九九一年、上巻、三四五頁。
(41) 前掲『気・流れる身体』二二～二七頁。
(42) 石田秀美『こころとからだ―中国古代における身体の思想』中国書店、一九九五年、九〇頁、九六頁。
(43) René Descartes, *Traité de l'homme*. AT, vol. XI, p. 129. Vn certain vent tres subtil.
(44) Blankaart, *op.cit.*, pp. 502–503.
(45) Philip Verheyen, *Anatomie oft ontleed-kundige beschryvinge van het menschen lichaem*. Brussel : by t' Serstevens, 1711. アントウェルペン市図書館所蔵本を利用した。また、図版については国際日本文化研究センター所蔵ラテン語版を利用した。
(46) Thomas Willis, *The remaining medical works*. London : T. Dring, 1681. 国際日本文化研究センター所蔵本を利用した。
(47) Nicolaus Steno, *Elementorum Myologiae Specimen*. Amstelodami : apud Johan Janssonium à Waesberge, & Viduam Elizei Weyerstraet, 1669. 国際日本文化研究センター所蔵本を利用した。
(48) Stephanus Blankaart, *De nieuw hervormde anatomie*. Amsterdam : Jan ten Hoorn, 1686, p. 503. 京都大学医学部図書館所蔵本を利用した。

〔附記〕

本稿は伊東貴之編『「心身／身心」と環境の哲学—東アジアの伝統思想を媒介に考える』（汲古書院、二〇一六年）所収「江戸期における物心二元論の流入と蘭学者の心身観」の姉妹稿として著されたものであるので、両論文に多少の重複があることを許されたい。「江戸期における物心二元論の流入と蘭学者の心身観」では心と身体に関する蘭学者の理解について論じたのに対して、本稿では身体の構造と諸機能に関する蘭学者の理解について論じた。両テーマにおいて神経液は重要な概念であるので、神経液に関する分析は両論文において概ね同様の内容となっている。

本稿の成るに当たって、文献資料の閲覧にご便宜を頂いた国際日本文化研究センター、京都大学附属図書館、京都大学医学部図書館、武田科学振興財団杏雨書屋、アムステルダム大学図書館、アントウェルペン市図書館に厚くお礼申し上げます。なお、妻桂子は本稿の校閲など、本論文の成立に全面的に協力した。改めて厚く感謝申し上げます。

第4章　纏足の再把握
――身体論としての視座を求めて

古田島洋介

纏足の今日

纏足は、数百年にわたって続いた中国の習俗である。幼女の足を包帯できつく縛って成長を止め、美称「三寸金蓮」[1]の示すとおり、成人しても一〇センチほどの足が理想とされた。しばしばヨーロッパのコルセットや、日本のお歯黒、あるいは現代のハイヒールなどが与える身体的な障害に比定されもするが、決してお洒落として行う一時的にして着脱可能なものではない。日常生活の基本たる歩行機能を一生にわたって甚だしく阻害する点で、まさに空前絶後の習俗であった。

今日、中国人は、纏足を自国文化の生み出した負の遺産として厭い、一部の研究者を除けば、纏足について多くを語ろうとしない。また、纏足という習俗が消滅してから約一百年を経ようとする現在、若いころ纏足をしていた女性たちもほとんどが世を去っている。たとえ存命であっても、後述するように、纏足は性的な連想を強く掻き立てるため、やはり口をつぐむことが多い。すでに習俗として消滅した纏足は、文化的遺産としても個人的記憶としても消失に瀕し、学術的な研究の場で保存するしかないのが実情であろう。

日本は、中国から漢字・仏教・儒教・律令をはじめとする大量の文物を輸入して消化・吸収しながらも、官吏登用制度の科挙、男性の肉体改造術たる宦官、そして女性の肉体改造術としての纏足は、結果として取り入れることがなかった。(2) なぜ日本は纏足を取り入れなかったのか。日中文化交流史を考えるうえでも、纏足は一考に値する文化的要素と見なしてよいだろう。

略史――発祥から消滅まで(3)

中国人が古代から女性の小さい足に対する嗜好を示していたことは、さほど驚くに当たらない。たぶん、大足の女性を好む民族は少数派だろう。今日の日本においても、女性に対して「大きな足ですね」と言えば、侮辱に響きこそすれ、褒め言葉にはなり得まい。軽やかな身のこなしで知られた〔漢〕趙《ちょう》飛燕《ひえん》（?～前一）の「掌上《しょうじょう》の舞《まい》」(4)も小さな足が前提である。しかし、少なくとも唐代の末期に至るまで、纏足による小足はなかった。たとえ小足を詠ずる詩句があったとしても、それは自然の小足であり、人工的に纏足の施術を加えた小足ではない。

五代十国時代、〔南唐〕後主李煜《りいく》が寵姫窅娘《ようじょう》に、白布を巻いて足がほっそり見えるようにさせ、蓮の形をした黄金の台の上で踊らせた故事は有名だ。ただし、これを纏足の起源とする説もあるが、纏足を想わせこそすれ、纏足そのものでないことは明らかである。

ところが、北宋時代になると、首都汴京《べんけい》（開封）において一部の良家の女子が纏足を行った。これを以て纏足の**発祥期**と見なすのが妥当だろう。正確な起源は不明とはいえ、官僚貴族階級の女子から始まったことは確実である。発祥の時期は、遅くとも十一世紀と考えておくのが穏当のようだ。〔宋〕張《ちょう》邦基《ほうき》『墨荘漫録《ぼくそうまんろく》』（一一七四年ごろ）巻八に「婦人《ふじん》の纏足《てんそく》は、近世《きんせい》に起《お》こる」（婦人之纏足、起二於近世一）とあり、〔明〕陶宗儀《とうそうぎ》（一三二〇～一四〇〇）『輟耕録《てっこうろく》』巻十に「熙寧《きねい》・元豊《げんぽう》（一〇六八～八五）以前《いぜん》の如《ごと》きは、人《ひと》猶《な》ほ為《な》す者少《ものすく》なし」（如二熙寧元豊以前一、人猶為者少）と見える。

南宋時代は**発展期**であった。朱子こと朱熹《しゅき》（一一三〇～一二〇〇）が知事として赴任した漳州《しょうしゅう》（福建省南部）で纏足を奨励したことは、よく知られている。当地の女性たちの奔放な行動を抑制し、性道徳の観念を普及させるのが目的であった。すでに縛り方がきつくなり、歩行に困難をもたらすほどだったことがわかる。また、首都臨安《りんあん》（杭州）の妓女たちも、良家の女子を真似て纏足を行ったという。

元代は**普及期**であった。当初は、未だ纏足をしていない女子も多く、特にモンゴル族の女子は纏足しなかったという。けれども、元末明初ともなると、もはや纏足をしていない女子は恥と見なされたらしく、やはり〔明〕陶宗儀『輟耕録』巻十に「近年《きんねん》は則《すなは》ち人人相効《ひとびとあひなら》ひ、為《な》さざる者《もの》を以《もつ》て恥《はぢ》と為《な》すなり」（近年則人人相効、以二不レ為者一為レ恥也）と記されるまでに至った。

明代は**盛行期**である。纏足が盛んに行われるとともに、今日の目から見れば偏執狂としか言いようのない各種の探究も始まった。その一端は『金瓶梅《きんぺいばい》』によって窺うことができる。(5) 纏足は、女性の性的魅力の一翼を担うと同時に、欠くことのできない性具にもなっていた。女性たちも「弓鞋《コンシエ》」すなわち纏足靴の刺繍に種々の工夫を凝らすなど、纏足は一つの習俗として完全に中国人の生活に定着している。

清代は最盛期であった。一六六四年、康熙帝が纏足禁止令を発したものの、激しい紛糾を招いたため、四年後には撤回せざるを得なかったほどである。「男子は弁髪、女子は纏足」が、この時代の習俗だった。すでに纏足は庶民階級にまで浸透し、満洲族の女性たちも纏足を真似て「刀条児《タオティアオル》」を試みたという。「刀条児」とは、纏足と同じく、足を包帯できつく縛って足先を尖らせる風習で、圧迫された足の大きさは一五センチほど、とりわけ清末は光緒年間（一八七五～一九〇八）の半ばに流行した。

ところが、纏足は、中華民国時代に入るころから衰退期を迎えた。清末以来、西洋人宣教師や海外への留学経験者たちが主導した「天足」運動、すなわち、天然自然の足を推奨し、纏足を排撃する社会活動が功を奏した結果、西太后《せいたいこう》（慈禧《じき》太后）が一九〇二年に纏足禁止令を発したことも相俟《あいま》って、纏足は衰退し始める。そして、民国政府の積極的な禁止政策（一九一二～三七年）と戦乱（一九三七～四五年）を経たのち、中華人民共和国の成立（一九四九）を迎え、ついに纏足は消滅したのだった。

施術の実態

ここで、些少とも実感を以て理解すべく、纏足の施術のありさまを見ておくことにしよう。一人の女性の述懐である。

ある保守的な家庭に生まれた私は、数え七歳で纏足の苦痛にさらされました。私はあちこち飛び回る活発な子でしたが、纏足を始めた時から明るい性格はどこかに消えてしまったのです。七歳になった陰暦一月、耳に穴を空けられ、金のイヤリングを付けさせられました。女の子は二度の苦しみを受けると聞かされました。耳に穴を空ける時と纏足をする時です。纏足は二月に始まりました。母が暦や占いの本を見て縁起のよい日を選んだのです。私は泣いて隣の家に隠れましたが、母に見つかって叱られ、家に連れ戻されました。母は寝室のドアを閉めてお湯をわかし、箱から包帯、靴、ナイフ、針、糸を取り出します。明日まで待ってと言いましたが、母は承知しません。「今日が吉日なんだよ。今日中に纏足すれば、お前の足は決して痛まない。明日では、痛くて苦しむことになってしまうよ。」母は私の足を洗って明礬《みょうばん》をふりかけ、爪を切ります。それから、長さ約三メートル、幅五センチほどの包帯を巻き付け、足指を足裏に向けて折り込みました。まずは右足、次に左足の順です。包帯を巻き終わると、「歩いてごらん」と言われましたが、ちょっと歩こうとしただけで、我慢できないほどの痛みが走りました。

その晩、母から靴を脱いではいけないと言われました。足を火にくべられたような激痛で、とても眠れません。次の日から、無理やり自分の足で歩かされたのです。嫌がったりすると、母に手足をぶたれました。こっそり包帯をほどいてしまったので、母から鞭打たれ、罵られました。三、四日後、足を洗い、明礬をはたいて、再び纏足が行われました。数ヵ月たつと、親指以外の足指が四本ともねじ曲がって足裏にくっついてしまいました。魚や絞め立ての肉を食べると、必ず足が腫れて膿《うみ》がしたたり落ちたものです。踵《かかと》に体重をかけて歩くと、母に叱られました。足がきれいな形にならないと言うのです。包帯をほどいて足からしたたる血膿をぬぐうのは、母の役割でした。肉が削《そ》げ落ちないかぎり、ほっそりした足になれないと言われました。爛《ただ》れたところをうっかり傷つけようものなら、血が水流のようにほとばしります。いくらか肉の残っていた親指も、小さな布切れで無理に上向きに曲げられ、新月の形にさせられました。

二週間ごとに、新しい靴をはかせられました。取り替えるたびに、二、三ミリずつ小さな靴に替えていくのです。靴は硬くて、押し込まないと足が入りません。私はおとなしく坐っていたかったのですが、母は歩き回れと言います。靴を十足以上も取り替えたころには、足が十センチ少々にまで小さくなっていました。夏は膿と血で悪臭がただよい、冬は血行が悪いので冷たくなります。親指以外の足指は四匹の芋虫《いもむし》のように丸まっていました。知らない人が見たら、とても人間の足の指とは思えなかったことでしょう。二年かけて、やっと三寸金蓮になりました。爪が薄紙のように肉に張りついています。足裏は、痒《かゆ》くても掻けず、痛くてもさすれないほど、皺《しわ》だらけになっていました。脛《すね》が痩せこけて、私の足は丸く縮こまり、醜く、悪臭を放つようになったのです。自然な足の女性たちがどれほど羨ましかったことでしょう！(6)

読んで字の如し、まことに凄まじい肉体改造術であった。贅言は慎むこととするが、一つだけ確認しておこう。それは、幼女に対する纏足の施術が母親の手によって密室で行われていたという事実だ。父親が力づくで娘に纏足をほどこしたわけではない。纏足が往時の中国における「女らしさ」の一であったとすれば、多大な苦痛にも拘わらず、その「女らしさ」を次世代に引き継いでいたのは、女性たる母親その人なのであった。母から娘への「女らしさ」の再生産。誤解を恐れずに言えば、現代の家庭でも決して稀ではない光景だろう。これは、「男らしさ」が、たいていは無言のうちに――肯定的にせよ否定的にせよ――父親から息子へと継承されることをも認めたうえでの話である。

生活のなかの纏足(7)

女性にとって、纏足は施術の激しい苦痛に始まった。苦痛が治まったあとも、一生のあいだ手入れの煩わしさや歩行の不自由さと付き合わねばならない。纏足の施術が初潮よりも早く行われ、閉経後も手入れが継続したとなれば、その煩わしさは、毎月の生理現象よりも長きにわたったはずである。また、歩行の不自由は、日々の生活に大きな不便をもたらした。肉体労働はおろか、思うに任せぬ用事も多かったことだろう。

それでも、纏足が美人の条件であり、嫁入りに有利となる条件の一つであった以上、女性たちは、人工的な小足を自らの運命と受け容れるしかなかった。纏足用の靴は、女性らしさを高めるお洒落の対象である。女性たちは、自ら靴の形状や靴地の色彩に気を配り、刺繍にもさまざまな工夫を凝らしていた(8)。

今日で言えば「ミス纏足コンテスト」のごとき催しも開かれていた。美しい纏足の女性が多いことで知られた山西省大同《だいどう》をはじめ、各地の寺院などで纏足の美しさを競う大会が開催されていたらしい。

重要な性具でもあった以上、娼婦にとって纏足は必須の条件だった。纏足をしていなければ、それだけ性戯の幅が狭くなり、常連客がつきづらかったようである。容貌は今一つという娼婦も、纏足が抜群に美しいとなれば、次々に客が押し寄せた。纏足靴に酒を注いだり、纏足にタバコを挟んだりして、客に勧めたという。もっとも、女性にとっても、纏足は無視できぬ性具であった。前戯として男に揉んだりしてもらうと、女性自らが性欲を刺激されたという(9)。

男性にとっても、纏足は妻を娶る条件として重要なものだった。性具としてはもとより、纏足ゆえに妻が労働できないことは、夫たる自身の経済力を示す結果にもなったからである。この事情は父親にとっても同じであり、娘が纏足していて働けないことは、父の富裕を示す証拠にもなったという。娘が纏足していなければ、父たる者の沽券《こけん》に関わるわけだ。逆に言えば、貧民層の女性は、肉体労働にいそしむ働き手として当てにされていたため、纏足したくとも纏足できなかったのが実情である。

とはいえ、男にとって、纏足は何よりも好奇心の対象であったに違いない。異性に対する好奇心は、自分の肉体とは異なる異性の肉体部分に対して発揮される。纏足は、乳房や性器のほかに、もう一つ、男性とは大きく異なる部分を女性の肉体に創出する営みであった。長いズボンやスカートの裾《すそ》からちょこんとはみ出して見える小さな足が、実はどうなっているのか。纏足は、男たちの想像力を強く刺激したことだろう。こうしたfetishism《フェティシズム》がらみになると男は異様に張り切るもので、それが「蓮迷《リエンミー》」すなわち纏足狂《マニア》を生む。纏足の要訣を「痩《そう》・小《しょう》・尖《せん》・彎《わん》・香《こう》・軟《なん》・正《せい》」の七種とする説も現れた。「痩」は、ほっそりしたさま。「小」は、小さいこと。「尖」は、尖《とが》りぐあい。「彎」は、彎曲《わんきょく》すなわち曲線の美しさ。「香」は、香り。「軟」は、軟《やわ》らかさ。「正」は、形が崩れず整っていること。ここまで来れば、fetishism がらみどころか、文字どおりの fetishism すなわち拝物淫乱症である。(10)

むろん、中国の男たちが一人残らず纏足にうつつを抜かしていたわけではない。清代中期から、袁枚《えんばい》（一七一六～九八）・李《り》汝珍《じょちん》（一七六三?～一八三〇?）・兪《ゆ》正燮《せいしょう》（一七七五～一八四〇）・龔《きょう》自珍《じちん》（一七九二～一八四一）など、纏足への疑問や反対を表明する人物はいた。周作人《しゅうさくじん》（一八八五～一九六七）も、一九二一年に「私は女性の自然の足を見るのが大好きだ。……私は纏足が大嫌いだ！」と、纏足に対する嫌悪を率直に記している。しかし、近代に至っても周作人がことさら纏足への嫌悪感を記している事実は、逆に、纏足狂がいかに根強かったかを示すことになるだろう。実際、周作人がなおも「士大夫の中には金蓮《てんそく》を愛《め》でる者もたんといる」と書いたのは、一九三五年のことだった。(11)

好奇心の対象たる纏足をいざ手にすれば、今度は玩弄物ともなった。「蓮癖《リエンピー》」すなわち纏足愛好癖の持ち主として、王先謙《おうせんけん》（一八四二～一九一七）・辜《こ》鴻銘《こうめい》（一八五四～一九二八）・葉《しょう》徳輝《とくき》（一八六五～一九二七）などの名だたる学者たちが知られている。王先謙や葉徳輝は、美しい纏足の愛妾を侍らせ、書物を読んだり文章を書いたりするとき、いつでも片手に纏足を握っていたという。そうしなければ、気持ちが落ち着かず、一時たりともじっと坐っていられなかった。また、辜鴻銘は、イギリス人記者から「なぜ中国人は纏足の臭気を好むのか?」と尋ねられると、「君たち西洋人だって、臭《くさ》いチーズを好んで食べるではないか。チーズは、食べるまえに香りを嗅いで楽しむものだろう? 纏足もそれと同じだ」と答えたという。ある学者なぞは、書物を読んだり学生に教えたり、または学生たちの宿題に批正の筆を入れたりするとき、いつでも夫人の纏足靴を手にして嗅ぐは噛むはを繰り返し、人前も憚らなかったというのだから、堂に入ったものである。(12)

纏足を用いた種々の性戯については、想像をめぐらしてもらうより仕方ない。纏足の足裏は大きく歪《ゆが》んで持ち上がり、内側に半円形の凹《くぼ》みがあった。両足を密着させて二つの凹みを合わせれば円形の穴ができた、とのみ記しておく。

なお、特殊な場合として、男子が纏足することもあったらしい。第一は、夭逝を避ける必要からである。男児は悪鬼に魅入られて若死にしやすいとの俗信があった。纏足をほどこして女児に見せかければ、悪鬼を欺くことができるわけである。ただし、本格的な施術による纏足だったのか、それとも包帯を足に巻きつけて纏足のように見せかける程度であったのか、その詳細はわからない。第二は、生まれながらに女形《おやま》（京劇にいう「花旦《ホアタン》」）を務める運命にあった男優が、肉体的にも能《あた》うるかぎり女性に近づく必要があったためである。男が本来の大きさの足のまま纏足を装うだけでは、とうてい女性らしく見えず、観客が満足しなかったらしい。これも、どの程度まで普及していたのかは不詳であるが。

纏足を支えた観念・思想

纏足は、一時期で終わってしまう流行ではなかった。幾たびかの王朝の交替を乗り越え、長きにわたって継続した習俗である。となれば、単に美しく映るとか好奇心をそそるとかいう理由だけでなく、今日の我々からすれば屁理屈にしか聞こえなくとも、往時の中国には纏足を習俗として定着・持続するだけの合理性が用意されていたはずだ。

　纏足を支えていたのは、何と言っても性愛と結び付いた美的観念であろう。それは、前掲の纏足に関する七つの要訣すなわち「痩・小・尖・彎・香・軟・正」からも明らかだ。「痩・小・尖・彎」は、視覚に訴える形状の美しさである。「香」は嗅覚に対する魅力であり、「軟」は触覚に関わる快感だった。「正」は、諸感覚の総合と言うべきか。このほかにも、舐めたり噛んだりすれば、歯ごたえを伴って味覚にも訴える。両足を擦《こす》り合わせる音に興趣を見出だせば、聴覚の動員も不可能ではない。男子のfetishismにとっては、まさしく恰好の対象であった。加えて、纏足には副次的な効果も期待されていたらしい。例によって男たちが唱えるまことしやかな俗説にすぎまいが、纏足のせいで歩行時に臀部の筋肉が緊張を強いられれば、それだけ某処の括約筋も強化されるとの理屈である。

　纏足には、儒教による道徳思想もからんでいた。「男女《だんぢょ》別有《べつあ》り」（男女有レ別／『礼記』昏義）が足に及べば、女性の足は男子の足とは異なるべきだ、との理屈も成り立つ。むろん、女性の肉体を何から何まで男子とは異なるように改造すれば、もはや人間とは呼べなくなってしまうのではないかと思うが。道徳思想として最も強力だったのは、おそらく貞節観念であった。纏足によって女性の行動を不自由にしておけば、浮気を防ぐには一定の効果がある。たとえ夫が亡くなったとしても、「貞女《ていぢょ》は二夫《にふ》を更《か》へず」（貞女不レ更二二夫一／『史記』田単伝・賛）を物理的に実現することが期待できるわけだ。ただし、こうした貞節観念が強く押し出されるようになったのは、いわゆる宋学が盛んになり、「再婚するくらいならば、餓死するほうがましだ」[13]のごとき極論が罷《まか》り通るようになって以後のことである。唐代までは、帝室の女性が再婚することも珍しくなかった。宋学や宋学を代表する朱子学こそが、纏足に思想的裏付けを与えた張本人であろう。時間軸上に線分で画けば、纏足の歴史と宋学および朱子学の歴史は、ほぼ重なるのである。

纏足の背景に民族主義が存在したことも忘れてはなるまい。纏足は中華文明の特質として意識され、漢民族たる証《あかし》にもなった。漢民族の女性は、モンゴル族や満洲族など、いわゆる異民族の野蛮な女どもとは違うというわけである。明代も末期になった十七世紀の初め、異民族による北方からの侵入に悩まされたとき、学者瞿九思《くきゅうし》（?～?）は、目前に迫った危機を回避しようと、左のごとく建議した。

　あの夷狄どもが、いとも簡単に領地を離れて、はるばる我が明朝まで侵入してまいりますのは、北方の地に一人として美女がいないからであります。夷狄どもを手なづけるつもりなら、北方にもたくさんの美女がいるようにして、男たちが女の色香に迷うよう仕向けることです。連中に纏足というものを教え、中華の衣服を着させなければなりません。いずれ連中は、柳腰で纏足をした女のしなやかな媚態をすばらしいものだと思うに至るでしょう。そういう女たちに魅せられるようになれば、連中の残忍で荒々しい性質も改まるはずです。[14]

耳を疑うような字句だが、このような建議が大まじめに語られていたのである。

性愛がらみの美的観念のみならず、道徳思想や民族主義にも支えられ、纏足は長きにわたる歴史を閲したのだった。「奇習」「陋習」あるいは「女性差別」「非人道的」などと断じてみても、現代人の気慰みにすぎないだろう。往時の中国において、纏足には、習俗として定着・持続するだけの個人的理由、社会的理由、そして民族的理由が存したのである。

身体論としての再把握

纏足は、男女の肉体的差異を人工的に創出する習俗であった。生まれつきの性器、思春期以後の乳房や腰に加え、思春期に先駆けて両性の肉体に著しい差異を設けるのが纏足である。文化的・社会的な性《ジェンダー》を、強引に生物学的な性《セックス》にまで及ぼす行為であり、性具として用いる点においては、纏足の形状から見て、擬似性器つまり第二の性器を後天的に創り出す営みだったとも言えるだろう。

だれしも驚嘆するのは、前《さき》に引いた中国人女性の述懐に看て取れるように、纏足の施術がもたらす苦痛である。これについては、もしかすると左のようなにべもない解釈が正鵠を射ているのかもしれない。

纏足は、残酷なまでの打ち続く苦痛を引き起こした。しかし、事実として認めねばなるまい――いつの時代、どの民族の女性も、流行が要求するかぎり、その種の責め苦に喜んで耐えるのがふつう

であった、ということを。(15)

しかし、纏足は、単なる一時の「流行」ではなく、一生にわたって続く「習俗」であった。それでも、中国の女性たちは苦痛に耐えたと考えるのか、それとも、だからこそ中国の女性たちは苦痛に耐えたと考えるのか。ここは見解の分かれるところだろう。たぶん、どちらも真実であったのだろうと思われるが。いずれにせよ、「事実として認めねばなるまい」――コルセットによって腎臓その他の内臓に異常を来たそうと、あるいはハイヒールによって足指に変形を生じようと、それはあくまで柳腰や美脚という自然の女性美を誇張しようとするものにすぎず、決して纏足のごとく人工的に新たな女性美を肉体に付け加えようとするものではなかった、ということを。

纏足が女性の美しさに数えられることが、女性たちに一つの利益をもたらしたのはたしかであろう。たとえ先天的な容姿に恵まれなくとも、後天的な纏足の美しさに磨きをかければ、女性としての評価が高まったからだ。容姿の欠陥を衣服や化粧で補うのは、自ずから限界がある。けれども、纏足そのものや纏足靴の美しさによって、その不足を埋め合わせることも不可能ではないとなれば、美人の条件を満たすための選択肢がそれだけ増えることになる。実際、容貌は十人並みでも、纏足の美しい娼婦には常連客がついた。(16)纏足によって、「女らしさ」が増したことは事実である。これは、自らの容貌や体格に不満を持つ男たちが、少しでも「男らしさ」を高めるべく、ひげを伸ばしたり筋力トレーニングに励んだりするのと似たような事情かもしれない。もしひげも筋肉も不如意となれば、今度は「男は中身で勝負」とばかり、勉強に精を出したりするわけである。

右に化粧という語を記したが、もし化粧を「美しさを求めて肉体に加える人工的な添加物」と考えれば、纏足も一つの化粧と見なせるだろう。スーザン・カイザー Susan Kaiser の装飾分類(17)によれば、纏足は身体的かつ永続的な装飾ということになる。しかし、同じく身体的・永続的な装飾とされる割礼・ピアス・首の引き伸ばし等とは大いに異なり、纏足は歩行を阻害して日常生活に著しい不自由を来たす性質の習俗であった。その結果、中国では女性の舞踊が発展しないという結果までもたらしたのである。纏足を装飾的な化粧と理解するのでは、あまりに温《ぬる》すぎるだろう。せいぜい、広い意味では装飾としての化粧に数えられなくもない、という程度にとどまるのではないか。纏足を肉体の装飾と捉えるカイザーの理解そのものが、いささか疑わしい。装飾と言うのであれば、纏足靴を以て装飾と見なすのが穏当だろう。纏足はあくまで肉体そのものの変形であり、足に対して、本来の歩行機能の代わりに、結果として性具の役割を求める強引な機能変更であった。機能の付け替えという意味で、やはり新たな肉体の創出と理解するのが妥当かと思われる。

ドロシー・コウが強調するように、女性たちが纏足に楽しみを見出だし、とりわけ纏足靴の装飾に意匠を凝らしていたのは事実である。実際、女性たちが施術の苦痛に耐えた以上、堪えられる範囲の苦痛であったことは否定しがたい。また、纏足をすることによって虐げられ、ひたすら鬱屈する日々を過ごしていたのであれば、ほとんどの女性が胃潰瘍やら抑鬱症やらを患い、中国社会が成り立たなくなっていたはずである。しかし、事実は然《しか》らず。女性たちには女性たちの居場所があり、女性としての社会的な役割をも果たしていた。纏足という習俗の持続について、紡織という生産活動に注目し、その家庭的理由とともに、文化的理由・経済的理由を指摘したのは、コウの卓抜な視点である[18]。これを前述の個人的理由・社会的理由・民族的理由と併せ見れば、なるほど纏足が一つの習俗として定着・持続した理由もある程度は納得がゆく。

ただし、女性が紡織に専念するためだからといって纏足をする必然性は乏しいだろう。紡織は、あくまで纏足をした女性たちにもたらされた結果・帰結にすぎず、女性たちが敢えて纏足をする原因・理由にはならない。纏足が定着・持続した理由はそれなりに納得するとしても、なぜ纏足という習俗が発生したのか――その発祥については、なおも踏み込んだ考察が要求されるだろう。単に性的好奇心やら猟奇的嗜好やらを言挙げするだけでは片づくまい。おそらく、そこには、中国人ならではの心性が、ひいては人間という存在ならではの心性が働いていたものと想像される。按ずるに、纏足の発祥に関しては、かなり生々しい身体論が、いや、肉体論が必要となるのではなかろうか。

纏足について、これまで我々は施術の苦痛と性具としての意味合いを強調しすぎていたのかもしれない。施術がもたらす苦痛は一時期のことにすぎず、また、性生活は日常生活の一部であり、一日の大半は生産活動その他の営為によって成り立つ。その常識をわきまえつつ、改めて纏足を見つめ直す――この凡庸にも聞こえる当然の視線を以て研究を進めることが肝要だろう。纏足の負《マイナス》の側面を強調しすぎることも、また、それを是正せんとするあまり正《プラス》の側面を強調しすぎることも、たぶん誤りに違いない。両面を等しく冷静に把握したうえでこそ、纏足にまつわる身体論も地に着いた論議になるものと愚考する。

（1）纏足には、美称「三寸金蓮」のほか、「纏脚」「裹脚」または「小脚」「弓足」などの異称がある。「纏」は〈包帯を）巻き付ける〉、「裹」は〈（包帯で）包み込む〉意。「小脚」は、文字どおり大小《サイズ》による呼び名。「弓足」は、纏足の甲が弓なりに盛り上がる形状から付けた呼称である。

（2）遅くとも江戸時代は寛政年間すなわち十八世紀末の日本人は、清国に纏足という習俗が存在することを知っていた。寛政十一年（一七九九）に刊行された中川忠英『清俗紀聞』に纏足の記事がある。中川忠英『清俗紀聞2』（平凡社《東洋文庫》、一九六六年）巻六「生誕」の「纏脚布」図（図版6—19／三三頁）および「纏足」項（本文／六六頁）を参照のこと。巻七「冠礼」の「女子髪型」項（本文／七三頁）にも纏足に言及した字句が見える。

（3）以下の略史は、Howard S. Levy, *Chinese Footbinding, The History of a Curious Erotic Custom*, Bell Publishing Company, New York, 1967.（南天書局、一九八四年、台北）Chaps. 1–2 および高洪興『纏足史』（上海文藝出版社《中国社会民俗史叢書》、一九九五年、上海）の内容を勘案し、些少の私見を加えつつ記述した。「発祥期」「発展期」などは、岡本隆三『纏足物語』（東方書店《東方選書》、一九八六年）をも参照しつつ、恣意に加えた時代区分である。

（4）『太平御覧』巻五七四「楽部」十二「舞」に「趙飛燕《てうひえん》体《たい》軽《かる》く、掌上《しやうじやう》の舞《まひ》を能《よ》くす」（趙飛燕体軽、能掌上舞）とある。

（5）たとえば『金瓶梅』第四回に西門慶が纏足に魅せられる場面があり、また第二十七回に西門慶が纏足を性戯に用いる場面が見える。

（6）この述懐は、注（3）所掲 Levy, *ibid.*, pp. 26–28 からの拙訳にして抄訳である。

（7）以下、注（3）所掲の二書、すなわち Levy, *ibid*. および高洪興同書の内容を基本とし、文中に記した書物を以て若干の記述を補足する。

（8）たとえば『金瓶梅』第二十八・二十九回などを参照。平底靴にするか高底靴にするか、どのような紋様の刺繍をほどこすかなど、女性たちの纏足靴に関する会話が興味深い。

（9）劉達臨『性愛の中国史』（松尾康憲ほか［訳］、徳間書店、二〇〇〇年）二三〇頁。

（10）もっとも、これを以て往時の中国人男性を異常だの変態だのと指弾することはできまい。今日の日本でも、然るべき場所の然るべき店に赴けば、当の女性の顔写真付きで、使用済み（という触れ込み）の下着のみならず、爪や唾液までも売っていたりするからだ。店頭の貼り紙に「××女子高セーラー服入荷！」なぞと大書してあるのを見れば、だれしも男の fetishism には溜め息をつかざるを得ないだろう。ほとんど宿《しゅく》痾《あ》の域である。

（11）周作人「天足」（『談虎集』〔北新書局、一九二八年、上海／岳麓書社、一九八九年、長沙〕所収）に「我最喜見女人的天足。……我最嫌悪纏足！」（四六頁）とある。また、一九三〇年代半ばにおいても纏足好きが多かったことは、周作人「日本管窺の二」（『日本談義集』〔木山英雄［編訳］、平凡社《東洋文庫》、二〇〇二年〕二〇四～二〇五頁）に記されている。

（12）王先謙と葉徳輝については注（3）所掲の高洪興『纏足史』一八〇頁に、辜鴻銘とイギリス人記者とのやりとりは同書一八一～一八二頁に見える。また、同治・光緒年間（一八六二～一九〇八）に在世した「ある学者」すなわち湯面三《とうめんさん》（？～？）の逸話も、同書一八〇頁。いずれも拙訳にして抄訳かつ意訳である。

（13）陳東原『中国婦女生活史』（商務印書館、一九三七年、上海／台湾商務印書館《中国文化史叢書》、一九八六年、台北）一三七～一三八頁に『近思録』の記事が引かれており、「もし寡婦が生活に困ったら再婚してもよいのでしょうか？」との問に対し、宋学を代表する学者の一たる程伊川《ていいせん》すなわち程頤《ていい》（一〇三三～一一〇七）は「餓《う》ゑて死《し》するは事極《こときけ》めて小《ちひ》さし、節《せつ》を失《うしな》ふは事極《こときは》めて大《だい》なり」（餓死事極小、失レ節事極大）と答えている。

（14）注（3）所掲 Levy, *ibid.*, p. 32 からの拙訳である。同書が瞿九思の名を Ch'ü Ssu-chiu すなわち「瞿思九」(p. 302, note 10.) に作るのは誤記であろう。

（15）R・H・ファン・フーリック『古代中国の性生活』（松平いを子［訳］、せりか書房、一九八八年）二九〇頁。同書のフランス語訳 Robert van Gulik, *La vie sexuelle dans la Chine ancienne*, traduit de l'anglais par Louis

Évard, Gallimard, 1971, Paris. p. 281 «Le bandage des pieds fut cause de souffrances cruelles et prolongées, mais reconnaissons qu'en général les femmes de toutes époques et de toutes races ont volontiers souffert le supplice quand la mode le leur demandait.» を参考にして拙訳に及んだ。

(16) たとえば潘飛声（一八五八～一九三四）は、上海で高梅雲という娼婦のもとに通いつめていた。梅雲は容貌こそ人並みであったが、その纏足は愛らしいことこのうえなかったという。注（3）所掲の高洪興『纏足史』一二七頁に潘飛声の漁色ぶりを伝える記述が見え、その拙訳が拙文「潘飛声をめぐって――ベルリン大学附属〈東洋語学校〉講師を務めた清国人」（稲賀繁美［編著］『東洋意識　夢想と現実のあいだ――一八八七―一九五三――』、ミネルヴァ書房、二〇一二年）末尾の【附記】（3）（一二二頁）にある。潘飛声は、一八八七～九〇年、ベルリン大学附属「東洋語学校」において広東語を教えていた人物で、井上哲次郎（一八五五～一九四四）と親しく、ベルリンで森鷗外（一八六二～一九二二）と顔を合わせたこともある。

(17) 平松隆円『化粧にみる日本文化史』（水曜社、二〇〇九年）五二頁〈表2〉。

(18) ドロシー・コウ『纏足の靴』（小野和子ほか［訳］、平凡社、二〇〇五年）は、纏足の装飾たる纏足靴を通して、纏足に新たな意味づけを試みた。取り敢えずは同書六六～七二頁を参照。巻末に、纏足に関する詳しい参考文献目録が見える。

＊本稿の漢字は、常用字体を原則とした。

＊本稿は、国際日本文化研究センター牛村圭教授［主宰］共同研究《文明と身体》第二年次第一回研究会（二〇一〇年七月三十一日）における研究報告の内容を補訂したものである。本稿を契機として、多数の研究者が改めて纏足に関心を寄せることを期待したい。

第5章　腹がでていてなにが悪い

平松隆円

私事だが、パンツ（といっても下着ではなくトラウザーのほうだが）を買おうとおもっても、サイズがない。肥っているからではなく、細すぎて男性用にはサイズがないのだ。

普通、男性用のパンツでもっとも小さなサイズは、ウエスト七〇センチからだが、わたしのウエストは六〇センチ。そのため、女性用のパンツを買うしかサイズがない。

じつは、流行にのりランニングをはじめた。すると、以前はもう少しでメタボになろうかとしていた八〇センチもあったウエストが、みるみるうちに痩せていった。

よくもまあ、こんな話を研究所の報告書で書くものだ。なんの自慢なんだと、お叱りを受けるだろう。そうなのだ。われわれにとって痩せていること、ダイエットの成功は誇らしげに語られる。だが反対に、肥っていること、腹がでていることは辱めに値し、だれも腹がでていることを自慢げに語ることはない。しかし、一体いつから腹がでていることを忌み嫌うようになったのだろう。

福の神として布袋は肥満腹だが、それは広い度量や円満な人格の象徴とみなされている。恰幅がいいといえば褒め言葉だが、梅亭金鵞の滑稽本『七偏人』にお前さんは宜御肉合《かっぷく》で御座へやすねへとあるよ

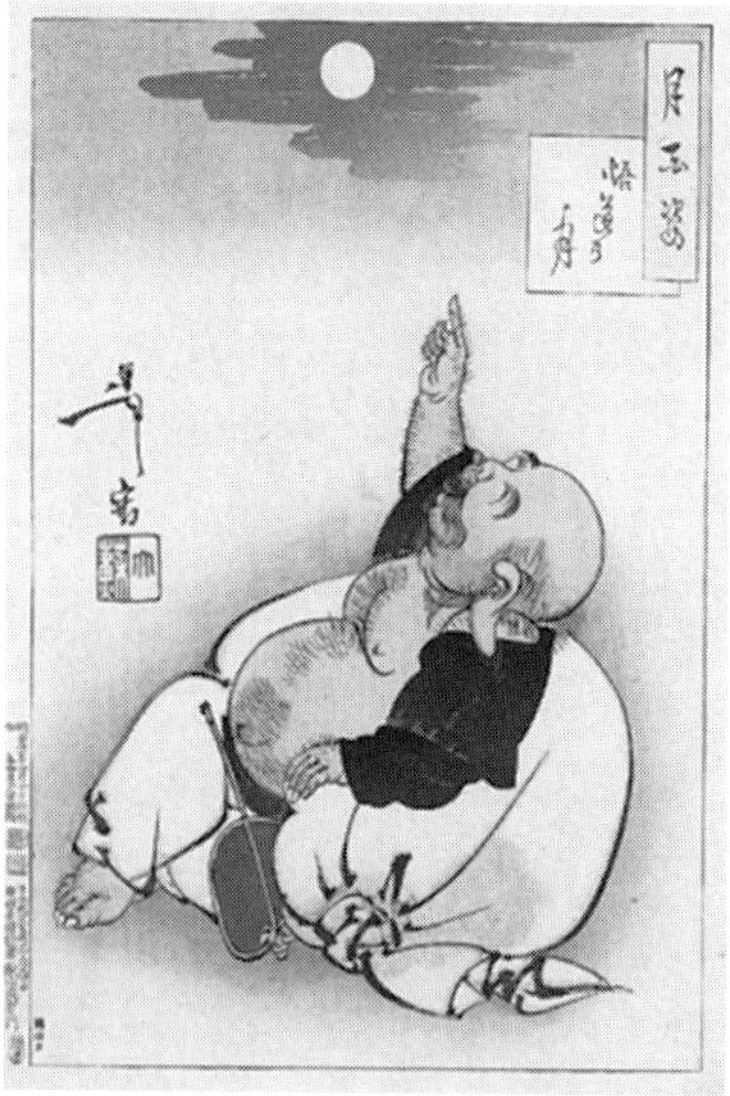

恰幅がいい　『月百姿　悟道の月』
国立国会図書館デジタル化資料

うに、肉づきのよい姿を意味している。

腹がでていることは、むしろ価値あることだったのだ。明治から昭和初期にかけて、ドイツのバイエル社から輸入された滋養薬ソマトーゼは肥る薬。一ヶ月服用すれば幸福な人になり、三ヶ月服用すれば大黒様になったように肥れる。薬に頼ってまで、肥りたかった。

それがいつのまにか、卑下の対象となっている。

なぜ、日本人は痩せたがる？

深夜、テレビをつければ、フィットネスマシーンや飲むだけで痩せるという食品の宣伝が、くりかえし放送されている。不思議なもので、なにかを口にしただけでは痩せるどころか肥るということを頭ではわかっていながらも、おもわず買いそうになる。あなたは肥っている、痩せなくてはいけない。テレビのコマーシャルは、そう脅迫する。

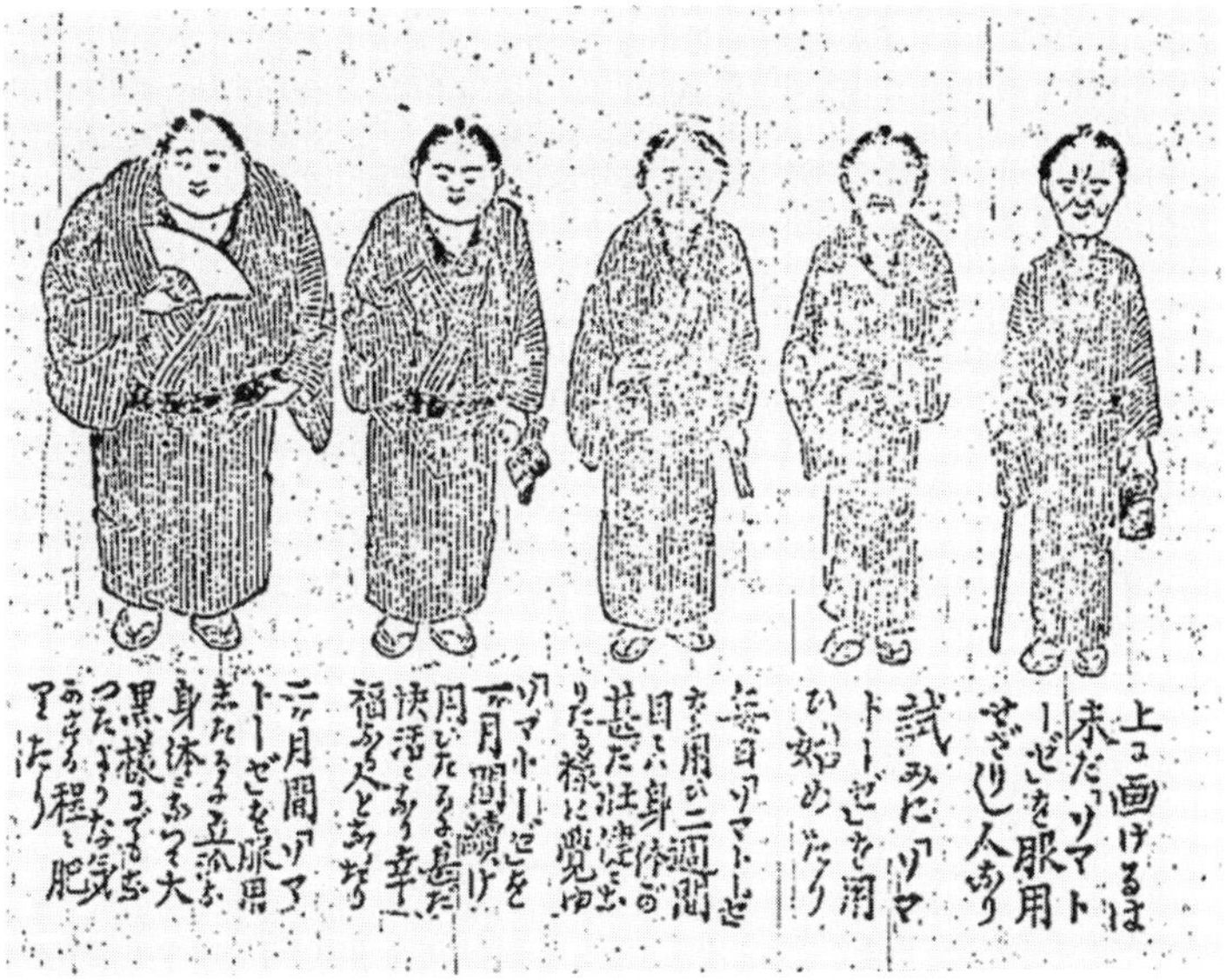

痩せるのではなく肥らせる薬「ソマトーゼ」　『朝日新聞』1899年７月７日

二〇〇八年からの特定健康診査が、拍車をかける。じっさいはほかにも基準があるものの、腹囲が八五センチ以上だとメタボだとみなされ、体脂肪が気になるあなたという語りかけが腹を引っ込ませないといけないとおもわせる。健康ブームという一言では、片付けられない。だが、同様のことは過去にもみられた。

一九七〇年代、『壮快』と『わたしの健康』という二つの雑誌が創刊される。ファッションでも文学でもなく、健康が雑誌のテーマとして登場する。同時期に、トレッドミルやぶらさがり健康器が発売された。

スポーツクラブが大衆化し、だれもが身体を動かすことにいそしんだ。その契機は、一九六四年にさかのぼる。

オリンピック東京大会で、諸外国と比べて

日本人の健康と体力が劣ることをおもいしらされた。健康の増進と体力の増強について、国民の自覚を高めなくてはいけない。そのため、体力づくり国民会議が国に、国民体力づくり事業協議会が民間に設立され、身体を動かすことが後押しされた。

厚生省（当時）も、医療費の増大を背景に、健康の自己管理を期待し、国民健康づくり対策をおこなう。体力の低下が心臓病、循環器病、腎臓病、糖尿病などの文明病（生活習慣病）の発生などの問題を引き起こす。

いうまでもない。健康であるためには、身体を動かさなければならない。体力があり、引き締まった肉体でなければ、健康とはほど遠い。

腹がでていては、誰も健康とは認めない。体力づくりや健康づくりのためにスポーツの振興が叫ばれる。健康とはなにかが規格化され、健康であることを国民は求めた。

規格から外れ、腹がでた身体に価値はない。腹がでていることは身体だけではなく、精神的な劣等を意味する。

第二次世界大戦中、日本に滞在し坐禅を学んだドイツの哲学者カールフリート・デュルクハイムは著書『肚：人間の重心』のなかで、腹がでていることが精神の緊張力のたるみや頭の鈍さと同列な反精神的な物質化、脂肪性肥満、透明さの欠如のしるしとみなされたことが嫌悪であると指摘する。

疾病がないだけではなく、体力が旺盛である。朝日新聞社が、はじめて健康児を三〇〇人選んだときの健康の定義は、身体が健全であることだった。

だが、身体だけではいけない。学業成績その他も考慮し、聡明で理性と知恵があり、快活で明るい容姿の持ち主でなければ、健康児とは認めなかった。

健康児に選ばれると、桃太郎が彫られたメダルが授与された。鬼を退治するが如く勇ましく、お爺さんお婆さんをおもいやるこころをもちあわせた桃太郎の姿が期待された。

健全なる精神は健全なる身体に宿る。古代ローマの詩人ユウェナリスの誤って翻訳された言葉を証明しようとした。

国家のものとしての身体

近代的な身体観・健康観は、富国強兵や殖産興業と関連してあらわれている。政府が国民の身体を管理する。

嘉納治五郎は、国家の盛衰は国民精神の消長により、国民精神の消長は国民体力の強弱に関係し、国民体力の強弱はその国民たる個人および団体が体育に留意すると否とによると考えていたが、身体の重要さは、国家の問題となる。

世界の列強のなかで、不良な状態にある国民の体格・健康状態・運動能力の向上と改善のためと、体育研究所が開設され、未成年男子の体力を管理するために国民体力法が定められた。

日中戦争と前後して、厚生省が設置される。国防力や労働力を充実させるために、それらに関係の深い一〇〇メートル走、走り幅跳び、運搬、手榴弾投などの種目を選んでその標準を制定し、それに向かって修練させるために、体力検定がはじまった。

これらは、陸軍省主導のもとにすすめられた。『體錬手帳』には、天皇陛下の御為に鍛錬するのですとあるが、身体は国家のものだった。

脂肪が多い身体では、国民にあらず。『歩兵操典』にみられるように胸を張り、腹を引っ込めた姿をよしとした。いわば、胸本位であり腹本位ではない。

そのために、体操と武道から成り立つ学校の体錬科を通じて、身体と精神を錬磨し、闊達で剛健な心身を育成し、献身奉公の実践力が培われようと試みられた。

腹が前にでず、大きく胸を張る。そのような身体は体操によってつくられる。ジョージ・リーランドは普通体操を、井口阿くりはスウェーデン体操を導入し、秩序を守る習慣や精神を育てることを目的に兵式体操が学校でおこなわれた。

もともと体操は、一八六七年のフランス人シャノワーヌによる徳川幕府への建白、一八七〇年のアメリカ人グリフィスによる福井藩松平春嶽への建白など、軍人のための体操の必要を説くお雇い外国人たちの意見ではじまっている。

日本にあった武芸は捨てられ、体操が近代化とともに受容された。武芸はあくまで芸であり、余暇だった。

儒学者の貝原益軒は、芸は学問をつとめて、その暇あるときの余事と考えていた。すでに徳川時代中

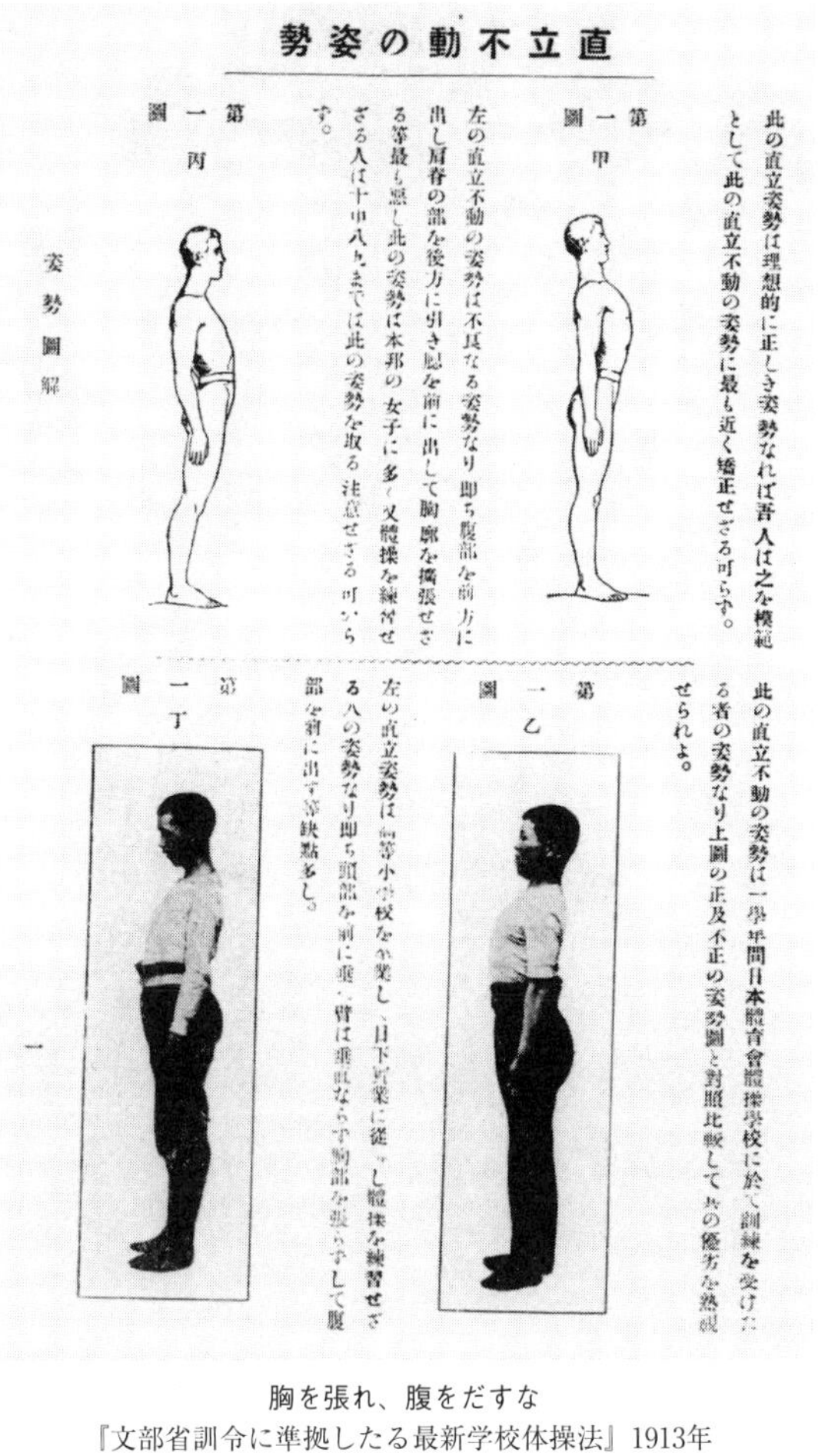

直立不動の姿勢

此の直立姿勢は理想的に正しき姿勢なれば吾人は之を模範として此の直立不動の姿勢に最も近く矯正せざる可らず。

第一圖　甲

左の直立不動の姿勢は不良なる姿勢なり即ち腹部を前方に出し肩脊の部を後方に引き尻を前に出して胸廓を擴張せざる等最も悪しき此の姿勢は本邦の女子に多く又體操を練習せざる人は十中八九までは此の姿勢を取る注意せざる可からず。

第一圖　丙

此の直立不動の姿勢は一學年間日本體育會體操學校に於て訓練を受けたる者の姿勢なり上圖の正及不正の姿勢圖と對照比較して其の優劣を熟視せられよ。

第一圖　乙

左の直立姿勢は高等小學校を卒業し、目下實業に従事し體操を練習せざる人の姿勢なり即ち頭部を前に垂れ背は垂直ならず胸部を張らずして腹部を前に出す等缺點多し。

第一圖　丁

姿勢圖解

一

胸を張れ、腹をだすな
『文部省訓令に準拠したる最新学校体操法』1913年

国家によって認められる身体
『写真週報』1941年

期で、身体を動かすことは鍛えることではなく、遊びだった。

しかし、暇つぶしに身体を動かすのではいけない。天皇陛下の御為に、積極的に鍛錬しなくてはいけない。

身体が重要なのは国家だけではない。個人においても同様に重要となる。成人儀礼のように、二〇歳になると実施される徴兵検査によって、身体が合格・不合格とふるいにかけられる。

合格は国によって立派な青年と認められた証しであり、不合格の身体は恥ずべきものとして意識され、劣等感の源泉となる。

身体髪膚、これを父母に受く。身体は父母の賜物であり、規格から外れた身体は、親の恥ともつながる。

胸なのか、腹なのか

腹をだすな、胸を張れ。腹がでていることの嫌悪は、列強のような体格を求め、国家が身体を管理した結果、生じたと考えてもおかしくない。

だが、異議を唱えた者もいる。東京女子体操音楽学校で校長を務めた藤村トヨは、背を伸せ、胸を張れ、肩を引け、尻引け、膝伸せという体操によってつくられる身体を、動きのとれないものとみなした。身体の重心が腹ではなく胸にある。ちょっと押したら転ぶような身体では、精神も揺れ動く。達磨のように腹に重心があることは、身体と精神の安定につながる。まさに、腹がすわるのだ。

胸を張ること、腹がでないことはけっしてよくない。カールフリート・デュルクハイムによれば、胸を張り、腹をひくというのは、人間の姿勢の基本的な間違いを指摘した最も短い言葉である。

むしろ、ひとびとは腹をだすべきだ。宗教学者の岸本能武太は、力士などでもその力の強さと腹の大きさは正比例しているとし、胆力がある、胆が太い、腹が大きい、腹で勝つ、胴がすわっているという言葉がしめすように、腹の大きい人は、人格的にも立派であると考えた。

布袋のような肥満腹が、広い度量や円満な人格の象徴であるだけではなく、じっさいに健康にもよい。そう主張した者もいる。

医師の藤井百太郎によれば、腹部は生命保全に最も重要な活力の源泉を包容しているという。東洋大学講師を務めた藤田霊斎（藤田祐慶）は、西洋にならって身体のなかで頭脳と胸を重要と考え、腹に重きを置かないことを批判した。

胸よりも、腹なのだ。腹がでていることにこそ、価値がある。だが一体、腹とはなんなのだろう。

動物の身体のうち、胴の下半部。あたりまえのことだが、それが腹だ。しかし、腹はただ身体の部位をしめしているにとどまらない。

了見、こころづもり、こころの底、本心、胆力、度胸、包容力。腹には、こころや精神にまつわる意味もある。

腹とあわせて、丹田という言葉もよく使う。臍より少し下のあたり。腹と同じ部位をしめすが、ここに力を入れると健康と勇気を得るといわれる。

藤田霊斎は、腹は生命の殿堂であり、活動力の源泉であり、精神エネルギーの発電所であり、元気精神の貯蓄所と考えたが、腹に身体の部位以上の意味を求めた。だが、このような考え方は古くから存在する。

臨済宗中興の祖と称される白隠慧鶴は、腹に気を充実させていれば、身体やこころはつねに健康で、一〇〇歳を越えても髪も抜けず、歯も丈夫で視力も衰えず、皮膚は色艶を増すと考えていた。

だが、腹に気を充実させるとはどういうことなのか。

腹を鍛える

『卍庵仮名法語』に、調息の法は坐定ののち、心気を気海丹田に養い臍輪より逆上せしめず、という言葉がある。

気海は元気をためる場所であり、丹田は神丹を精錬し蓄える場所。どちらも、腹だが、そこに心気を養うために調息、つまり姿勢を正して座り、呼吸をととのえることがおこなわれた。呼吸法であり、自分自身を内省することだった。

調息によって、次第に腹は瓢箪のようにふくらみ、皮を柔らかくする前の蹴鞠のように堅くなる。坐禅するときだけではなく日常生活のいかなるときも、下腹部にむかって想念を凝らすことで、腹に気を充実させることができる。そう白隠慧鶴は、仮名法語『遠羅天釜』で説いている。この方法は、若い頃に白幽という人物から習ったらしい。

呼吸をする。つまり、外界の気を体内に引き入れ、腹に充たす。それによって、体内の健康を元気にすることができると考えた。風船に空気を入れれば膨らむように、気が蓄えられた腹は膨らむ。

大坂の医師だった原省庵は一七二七年に著した『夜光珠』で、当時の保健衛生に関わる事柄を評論しているが、腹を鍛えることは長生不老の真の術だとしている。

徳川時代、腹を鍛えることの重要性が広く知られていた。それは、近代になっても変わらない。

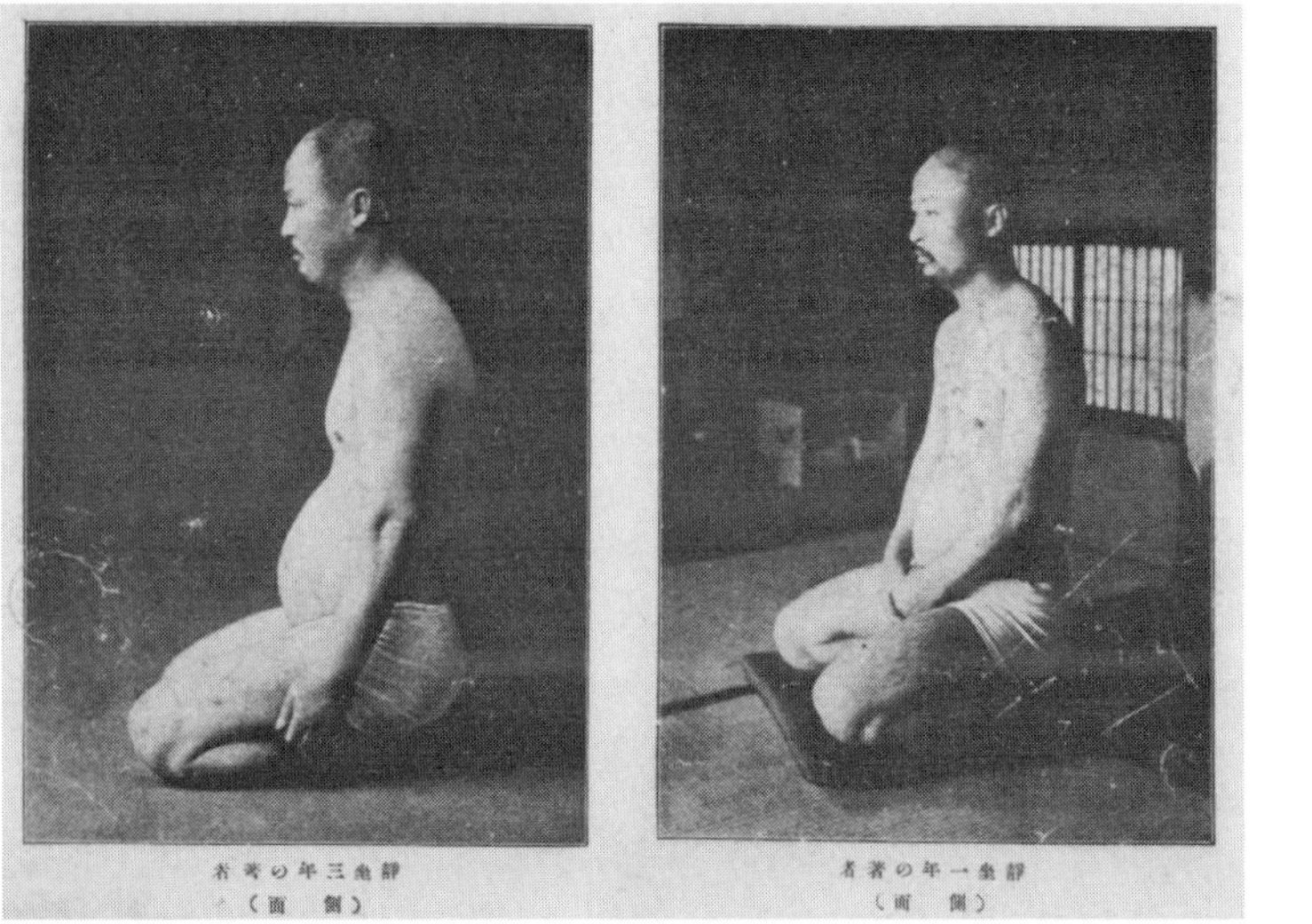

岸本能武太は静座法で腹囲が12cm 以上増えたという　『岡田式静坐三年』1916年

一八七二年、田原藩士岡田宣方の子として生まれた人物に、岡田虎二郎がいる。三五歳で上京し、キリスト・釈迦・孔子・ソクラテス・二宮尊徳・親鸞を師とし、日本人の心身開発を試みていた。

そんな岡田虎二郎は幼少の頃より、身体が弱かった。だが、呼吸法をもとにした静坐法を考えだし、実践することで堂々たる体格となったという。

この静坐法は一世を風靡したらしい。四谷の正應寺、日暮里の本行寺、牛込の矢来倶楽部でおこなわれていた静坐会には多くの人が集まった。

そのなかのひとり、行政裁判所評定官を務めた肥田平次郎も病弱な体格だった。静坐法をはじめる前の腹は凹字形にへこんでいたのが、次第に布袋のように膨れだし、立派な体格になったという。

静坐法は調息とほとんど変わらない。だが、岡田虎二郎に師事し、高等師範学校や早稲田退学の教授を務めた宗教学者の岸本能武太によれば、岡田寅二郎の静坐法は、腹に力を入れることに重きを置くのが特色であるという。

腹はつねにできるだけ大きく膨らませ、できるだけ強く力を息を吐くときに腹を膨らませるように呼吸をすることが重要だという。

この呼吸ができるようになれば、腹を大きくすることだけではなく、船酔いを治したり、走りながら謡曲が歌えるようになったりする。また、臭覚が鋭敏になる、脳病が治る、いびきをかかなくなる、動悸が治る、出歯が治る、鼻が高くなる、肌の色が白くなる、饒舌がやむという効能があるという。

腹がでることと肌の色が白くなることとの関係は、無理矢理だ。だが、腹がでることで皮膚が膨張して皺が伸び、色が白くなるのだと解説し納得させる。また、饒舌は、口が軽い＝緩いからおこるのだと指摘し、腹に力を入れていると無駄なことが出来なくなり、自然と口が重くなるのだという。

狐につままれた話だが、健康以上の効果を求めて、腹をだした。岡田虎二郎によれば、腹を鍛えることによって身体が健康になるだけではなく、長時間勉強しても疲れない、記憶力や理解力が向上する、嫌いな教科が好きになるなど、学生の学問に対する態度や能力にも影響があるという。

そのため、鹿児島市に設立された官立旧制高等学校教授の松本誾薫は、生徒が勉強を熱心に取り組むためにも、体操や柔術より岡田虎二郎が生みだした静坐法によって、腹を鍛えることをすすめている。

白隠慧鶴は、瓢箪のようにふくらみ、蹴鞠のようにかたい腹を理想とした。岡田虎二郎もまた、太鼓のように大きいのがよく、石のようにかたいのを理想とした。

フットボールのように腹が大きくなるのに、かたい。拳をかためて力一杯押しても、少しもへこますことができない。これは脂肪によるのではなく、筋肉が発達しているからだという。

両者に違いはない。岡田虎二郎は、調息を下敷きに静坐法を考えている。

腹をだすことにいそしむ

一九一〇年代、岡田虎二郎以外にも、様々な呼吸法があった。藤田霊斎による調和道丹田呼吸法、二木謙三による胸腹式呼吸法などがあり、いずれも呼吸と腹との関係を重視していた。いわば、呼吸で腹をだす一大ブームがそこにあった。

腹をだすことでの効能も、ほとんど変わらない。藤田霊斎は腹を鍛えれば、神経衰弱全治、肺炎全治、痔核全治、肺結核全治、乱視全治、永久歯発生、脳膜炎全治、腸癌全治、腎臓炎全治、胃癌全治、リュウマチス全治など雑多な疾病が完治するとした。

病気だけではない。もとめずして商業の発展、性癖の一変、禁酒の断行、一家の修養にも効果があるという。

腹は人格と密接に結びついていると、藤田霊斎は岸本能武太以上に考えた。たとえば、受刑者の腹を

緊縮と膨満

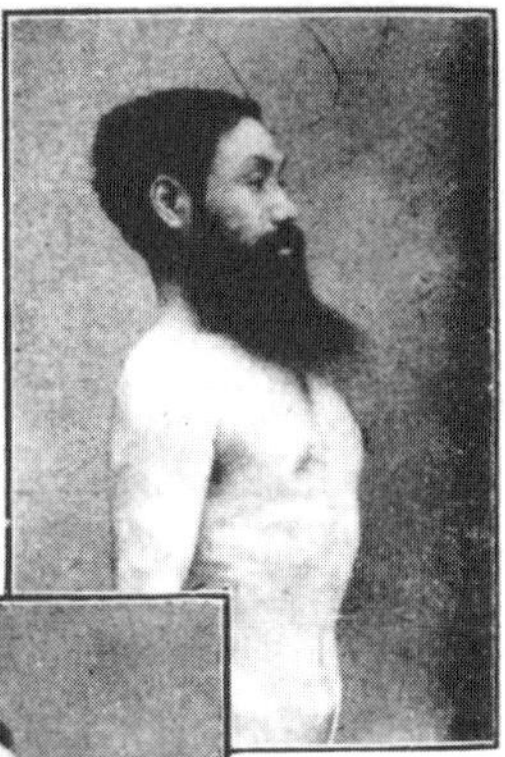

上圖の腹部は呼氣の際に緊縮せしときの狀態、卽ち息を吐出したるときの狀態である。

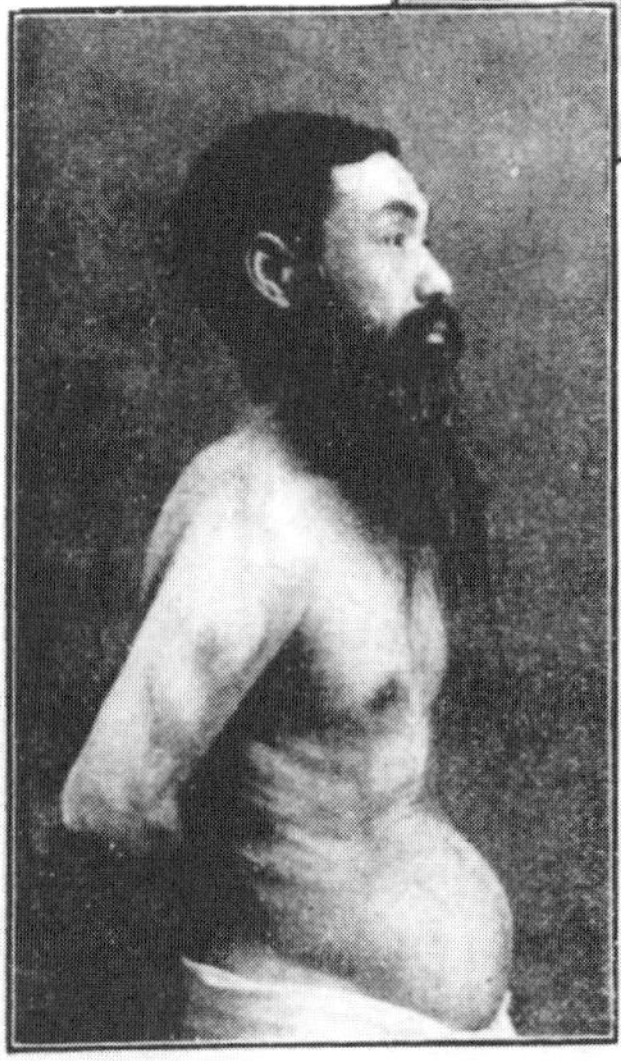

下圖の腹部は持氣の充塞と、呼氣の膨満のとき、卽ち腹部に十分氣力を充たし、壓力のたかまりたるときの狀態である。

理想的な腹　『藤田式調和法前伝略解』1922年

みるだけで、常習犯なのか偶発犯なのか、改悛しているのかしていないのかがわかるという。腹がでていないと腹の力が弱くなる。すると心臓へかえる血が少なく血行不良となり、すべて腹部に溜まり鬱血をきたす。

その血行不良は、人格の不安定か体質の不健全かのどちらかに原因がある。そのため、腹をみれば罪を犯すような人格かどうかわかる。

腹の力がないだけで、人格に問題があるとおもわれてはたまったものではない。だが、東京帝国大学教授を務めた二木謙三も、腹の力を養成しないといけないと考えていた。

二木謙三は、胸と腹が一緒にでて一緒に引っ込む胸腹式呼吸法を提唱した。それは、息を吸うときは腹が膨れ、かたくなるように吸い、静かに吐きだすというものだった。

血行不良によって腹部にたまった血液を、流さなくてはいけない。腹の力が強くなれば、おのずと血行はよくなる。腹に力を入れ、腹がかたくなれば内部の圧力が高まり、血液が押しだされる。

腹に力を入れかたくするには、横隔膜を鍛えないといけない。呼吸によって横隔膜が下がれば、胸がひろくなる。胸がひろくなれば、肺もひろがる。そのかわりに腹は狭くなり、行き場のなくなった腹は前へでる。

呼吸と腹をだすこと、それによってもたらされる数々の効能との関係は、こう結びつけられている。

腹がでていること

腹は、たんなる身体の部位にとどまらない。こころであり、ひとそのものだった。カールフリート・デュルクハイムもいう。腹の力とは、こころの振る舞いの力を意味すると。

腹が大きくでていることは、福徳円満のあかしだった。腹のでているひとは善いひとであり、腹がでていないことは貧相だった。

腹ができている、腹が太い、腹がすわる、腹をかためる、腹が黒い、腹を割ってみせる、腹に一物ある。腹は精神の象徴だった。

つねに、腹に力を入れるようにしないといけない。それを忘れることは、人間形成の機会を失うことと同じだという。

そもそも腹がでていることは、身体的にも好ましくおもわれていたはずだ。身体の中心であり、肉体の重心が存在する腹が立派であることのあかしが、腹がでていることだった。

だが、いつのまにか腹がでることは否定された。肥満という健康上の問題、列強との体格や体力違い。胸を張れ、腹をだすな。腹がでていることは不健康なたるみとみなされ、ひいてはこころのたるみとみなされるように変わっていく。

腹をだすべきか、引っ込めさせるべきか。腹について考えることは、日本人の身体観のみならず、日本人の健康や美にまつわる思想の変遷をもあきらかにするだろう。だが、残念ながらそれを語る準備がない。その一歩として、腹がでていることへのおもいをめぐってみた。

参考文献

朝日新聞社（編）『全日本より選ばれたる健康児三百名』東京朝日新聞社、一九三〇年
梅亭金鵞『妙竹林話七偏人』講談社、一九八三年
美座時中『誰でもできる美座式保健治病術』國民保健協會、一九三〇年
藤井百太郎『藤井物理療法の真髄』実業之日本社、一九三二年
藤村トヨ「十年計画独逸体操研究の第四年目の報告と第五年目の予定」『東京女子体育大学紀要』一九六七年
藤田祐慶『人は腹』調和出版、一九三四年
藤田霊斎『藤田式調和法前伝略解』養真会出版部、一九二二年
白隠禅師『遠羅天釜』春秋社、一九九九年
原省庵「夜光珠」『日本衛生文庫』教育新潮研究会、一九一八年
伊藤銀月『簡易嶄新実用的強健法』実業之日本社、一九一七年
伊藤博道『伊藤式入浴健康法』伊藤式入浴法普及會、一九三〇年
嘉納治五郎「日本体育協会の創立とストックホルムオリンピック大会予選会開催に関する趣意書」大日本体育協会、一九一一年
加藤美侖『廿大強健法：比較研究』誠文堂、一九一八年

カールフリート・デュルクハイム『肚：人間の重心』麗澤大学出版会、二〇〇三年
岸本能武太『岡田式静坐三年』大日本図書、一九一六年
村上辰午郎『精神統一　心理実験』明文堂、一九二九年
日本体育研究会（編）『各種実験研究心身健康法自在』岡村書店、一九一八年
大村芳樹『調息修養法：学生必読』金港堂書籍、一九一三年
大津復活『現代強健法の真髄』大同館書店、一九一八年
佐倉琢二『肚の人びと』冨士書店、一九四一年
高梨初治郎『現今大家呼吸静座法』春畝堂、一九一二年
竹島茂郎『家事教育と国民生活』目黒書店、一九二八年
手島儀太郎『文部省訓令に準拠したる最新学校体操法』内田老鶴圃、一九一三年
渡邊藤交『心霊治療秘書』日本心霊学会本部、一九一三年
「禅宗」編纂局（編）『禅門法語全集』貝葉書院、一八九五年

第6章　文明、身体、そしてオリンピック

——大森兵蔵『オリンピック式　陸上運動競技法』の周辺

牛村　圭

「文明」から始まる陸上競技指導書

近世文明の特徴の一は都会の急激なる膨張である。而して諸般社会的活動の都会を中心として行はるゝに至ると共に、都会に於ける民衆の生活が自ら激変を来し衛生上甚しく不利なる状態に置かるゝに至ることは、壮丁の健康が年と共に劣等に赴きつゝあるに徴しても既に一般に認められた事実である。

又近世文明の特徴の他の一は物質文明発達の要求より生ずる智的教育の勃興であつて、智的教育過度の負担が学生の不健康を来しつゝあることは、之れ又明白なる事実である。

一方都会生活を営みつゝ、或は過度の智的教育を負担しつゝ、然も他方にある特種の方法を講ぜずして、是等人々の健康を保持増進することは不可能である。(1)

近代の都市生活への言及から始まる社会学の論考かと見紛うばかりのこの一節は、日本初の本格的な

ストックホルムオリンピック入場行進
後列左が団長嘉納治五郎、ついで監督大森兵蔵。

陸上競技指導書として歴史に名を残す書[2]の冒頭部分に他ならない。著者は、大森兵蔵《ひょうぞう》（一八七六～一九一三）、日本が近代オリンピックに初参加した折（一九一二〔明治四五〕年六月の第五回ストックホルム大会）には派遣選手団監督の任にあり、入場行進で国旗を持つ三島彌彦、NIPPONと記されたプラカードを掲げる金栗《かなくり》四三《ぞう》両選手の直後を、団長の嘉納治五郎とともに並んで歩いた写真が知られている。日本での学業を中退し[3]、一九〇一（明治三四）年秋渡米してまずスタンフォードで経済学を、その後スプリングフィールドのYMCAの体育指導者養成課程で体育学を修め、一九〇八年の帰国後はバスケットボールの移入をはじめ近代スポーツの日本での普及に尽力する傍ら、啓蒙を企図する体育論や陸上競技論を国内諸雑誌に少なからず寄稿した[4]。病を得てストックホルム大会の翌年一月、妻の母国アメリカにて三十代で没したため、単行著作はこの『オリンピック式　陸上運動競技法』（運動世界社、一九一二年六月）[5]一冊となったのが悔やまれるが、理論と実践両面の指導[6]で、近代スポーツ草創期の明治日本に果たした貢献は大なるものがある。

総計八四ページという簡にして要を得た本書は、最後の六ページほどを競技会のルール紹介に充てる。

中核をなす「競技練習法」は九ページ目の途中から始まる。それに先立つ数ページは、「綱領」と題され、さらに、「運動の必要」「運動選択の標準」「練習量の遞増」「健康の養成」「走速力養成の必要」「姿勢の構成」「運動家気質」の順で小見出しが立てられている。すなわち、総ページ数の一割以上を費やして、都市生活に触れ文明にも言い及ぶことから始まる序言に相当する部分を提示しようと努めていることが判然とする。

試みに、同様に日本陸上競技草創期の指導者の一人として令名高い野口源三郎(7)による『オリムピック競技の実際』（大日本体育協会出版部、一九一八年）を参照すれば、全六〇六ページ中、「緒言」は四ページにとどまる。そして「近頃、競走や跳躍技や投擲技等の、所謂アスレチックゲームが国民的の競技運動として一般に普及され、従つて其の競技者の練習方法も、従来の旧套を脱して、余程組織的になつて来たのは、寔に運動競技界の一進歩であります(8)」で始まるこの導入部分は、「翻つて我が国の状態を見ますのに、遺憾ながらその道の先進者と後進者との間に連絡が無く、従つて後進者はいつでも、其の基本から研究を始めねばならぬと云ふ有様であります、これでは何時迄たつても世界の檜舞台に立つて縦横に活躍するやうな進歩を見る事は困難であらうと思ひます。著者が不肖を顧みずして、此の著を公刊したと言ふ動機は、実にここに存するのであります(9)」というように、当該書執筆の意図を明示して結ばれている。大森著のように社会学の論考を思わせるような件りはない(10)。執筆時期の違いがわずか六年ということをも考えれば、『陸上運動競技法』の導入箇所にうかがえる、まず文明に言い及ぶという類のない特徴が一層際立ってくる。

『陸上運動競技法』が陸上競技の指導書として先駆的価値をもつ一書とするならば、同書の冒頭に敢えて掲げられた著者の文明論の意図をも検討してみなければなるまい。さきに記したように、大森のこの著は遺著となった。つまり、少なからぬ数の体育論や競技論を諸誌に掲載してきた著者にとり、『陸上運動競技法』の「綱領」箇所は、期せずしてそれまでの諸論考の延長線上に位置する集大成の論考にもなり得ている。

戦争と文明と体育

大森による文明への言及は、『陸上運動競技法』刊行に六年先立つ一九〇六年に日本体育会の機関誌『体育』所収の論考に既に見てとることができる。筆者の肩書きに「在米國」と記されていることから明らかなように、大森は一九〇八年の帰国前に、すでに私見を故国宛に発信していた。『体育』四月号掲載の論説「戦後の体育」は、その前年に勝ち戦で終わった対ロシア戦争後の日本へ向けた体育の重要性を説く啓蒙の一文である。対露戦の勝利が日本の国威を発揚する機会となったなか、「国民体質の強弱如何は、国家強弱貧富の因りて岐る、所なれば、体質強壮の基本たる体育の必要」[11]に皆が首肯するに至っているという現状をまず指摘する。対露戦は規模の大きな戦だったため、復興のための戦後経営において工業、商業、教育等が注目されるのと同様に、体育をも重視する必要があると指摘したうえで、論を展開していく。

生物の進化は、「優勝劣敗適者生存の理法」によると大森は書く。ダーウィンの進化論（『種の起源』原著刊行は一九五九年のこと）が、発表からほぼ半世紀を経て日本でも既に広く言説化していたことをうかがわせる一節でもある。「優勝劣敗適者生存の理法」とは言うものの、太古の種族的生存競争の時期でもない現代では、この理法が人類にもはや当てはまることはない。「文明の進歩は社会組織の複雑なるを意味」するため、「個人間の競争」であっても「単に体力或は智力のみにて其の勝敗」を決するのではない。したがって、「体育法を研究奨励し積極的方法に依りて国民体質の改良」をはかる必要があると明記して説くのである。[12]

ここで問題となってくるのは戦争との関わりだった。というのも、戦争はその不可避的な成りゆきとして「体幹強大に精神健全にして生殖力に富める青壮年」という「第一流の国民」を犠牲にして、国家を「第二流の国民」の手に委ねることになるからだった。長引く戦争から蒙る損失は、商工業分野ならば比較的容易に挽回できるが、「第一流の国民」を失うことに起因する「国民体質上の損失」は早晩に修復するのは難事であると記す。大森のこの所論は、本人はまったく予期していなかったであろうが、その四十年後の大東亜戦敗戦時の読者には一層説得力をもって迫ってきたに違いなかろう。

対露戦は兎も角も勝ち戦であった。それを踏まえて大森は戦勝国民の心構えを記した――「我が日本民族は戦勝国民として天与の大権を有すると共に其の任も亦重且つ大なるものなれば、此の大国民たるの資質を全ふせんか為めに、果た又た国家富強の基礎を強固ならしめんが為めに体育の必要を感ずる」[13]ことは一層強大である、と。

こうして戦争と体育との関わりを記しつつも、これは体育の必要性にとっては「消極的理由」にとどまると大森は書く。では、対する「積極的理由」とは何か。ここにこそ『陸上運動競技法』の劈頭にうかがえる文明論が詳述されていくのである。「機械工業の発達、商業の発展、人口の市府集中的移動」こそが、近代文明の特徴である、とまず確認する。爾来農業を「国富の大本」としてきた日本では農業はもとより工業従事者であっても、分業未確立の時代には「労働は身体各部の筋肉の運動を助け」ることに寄与した。それを一変させたのが近代文明だった。「機械の発明、蒸気力電気力の使用、工場生活の必要等」が村落から都市への人口の流入を生み、健康に宜しからざる「市街的生活」を送らせることにつながった。この都市生活で行なわれる労働については、機械工業の分野では分業が進行し一部の筋肉のみを用いる事を余儀なくされるので「全身の発達は不均一」となる。また「精神的労働者」、つまり所謂ホワイトカラーは「其の神経に衝動を蒙ること殊に著しくて筋肉を使用する事は稀」となる、とも記す。以上をふまえて、大森は以下のように読み手に訴え、論を結んだ。

近時文明の進歩は人類を駆て不自然不衛生的なる境遇に生存せしむるものである……近世の文明が体育を要求する事は又甚だしいではないか。

帝国の国威を発揚し膨張的国民の発展を計らざる可からざる我が国民は、戦後に重大なる諸種の負担を有せり。而して其の大任を全ふするに先ち成就す可き国民の体育とは単に運動遊戯を意味するに非ずして、広義に解す可きである、吾人はこの体育なるものに就ては、さらに読者と共に研究せんと欲する所である。[14]

対外戦争は、いったん勝利を収めれば国威発揚の好機となる一方、体質すぐれた有為の若者を戦地で失うことを不可避に伴う。その回復のために体育が必要なことを確認するにとどまらず、近代文明の宿命とも言える機械化工業化の分業が引き起こす不自然な生活を克服するためにも体育は一層求められるのである、と太平洋の彼方から、戦勝国となった故国へ大森兵蔵は訴えたのであった。もっとも、その「体育」とは初等教育で実施されているような「運動遊戯」ではない、とも記し、自らが説く「体育」の内実については、稿を改めて説くという予告を付したのだったが。

「瑞典式体操法」をこえて——高等教育にもとめられる体育

論説「戦後の体育」において、戦後の復興といえば工業力や経済力の回復を念頭に置きがちだが、戦争の結果失われた「体幹強大に精神健全」な「青壮年」を回復するために国民全体に体育がいっそう必要なことを説いた大森は、その数か月後「瑞典式体育法に就きて」と題する八千字に垂んとするかなり長めの「学説」[15]を『体育』誌九月号に掲載した。四月号掲載「戦後の体育」の末尾で、「吾人はこの体育なるものに就ては、さらに読者と共に研究せんと欲する所である」と記したことを受けるような一文となった。

論考の前提となっているのは、普通教育の場での「体操遊戯」として「瑞典式体操」の採用が相応しいという体操遊戯取調委員たちの報告である。大森の「学説」は、この報告が発表されてほどなく草されたと解してよいだろう。近代日本の体育史を繙けば必ず目にするスウェーデン体操とは、スウェーデン人のリング（Pehr Henrik Ling 一七七六〜一八三九）が考案した体操であり、日本へは二〇世紀になって間もないころ、川瀬元九郎[16]、井口阿くりたちによって本格的な紹介をみた。内容は徒手体操が中心だったが、体育館等に設置の肋木を用いた姿勢の矯正を企図する体操も含まれていた。創始者のリングは同時代の生理学や解剖学に通じており、その学識に基づいた体育法と解された。この「瑞典式体操」採用が決まるや、日本国内では「リング式或は瑞典式等の文字を冠せる」新語の流行を見るに至っている、と大森は記す。これは「由来新奇を愛する我が国民特有の性情」であるゆえ致し方ないが、「軽挙を謹《ママ》み、慎重の態度」をとって研究することが肝要と冒頭に明記している[17]。舶来の新しいものに飛びつくという、やや軽薄な国民性への揶揄を感じさせる一節でもある。

続く箇所では、大森自身によるスウェーデン体操の紹介、そして変遷や改良、さらに利点欠点が詳細に記される。とりわけ目を引くのは、以下の所論であろう。すなわち、スウェーデン体操とかリング式体操として世の中はもてはやすが、創始者リング自身は一八〜一九世紀の人である。したがって、その後の改良の歴史に目を向けることなくスウェーデン体操を絶対視するような姿勢は再考の要がある、という見解である。リングは生理学や解剖学に基づいて体操を創始したものの、「近世の意味に於ける生理学が発達し始めたるは千八百六十乃至七十年以来」なので、「リング氏体操法に多少の誤謬あるは免かれない所である」と大森は躊躇なく書いた[18]。スプリングフィールドのＹＭＣＡの体育指導者養成課程に籍を置き、運動生理学等についても学んでいた大森の面目躍如たるさまを感じられる記載がここにある。なお創始者リングに対しては「体育史上最も顕著なる一偉人として尊敬を払」うが、「リング式とは氏に依りて編成されたる其儘のもの瑞典式とは現今世に行はるゝ所にして日進月歩改良を加へられ遞次完全の境に達しつつあるものと認めて両者の相混同せざらんことを注意せば研究上大に便益ある[19]」と指摘している。学問の進歩を考慮せずに舶来の理論や知識を信奉する向きへの警鐘とも解しうる一節であろう。

大森の「瑞典式体育法」は、体育に通じた指導者がいてこそスウェーデン体操の効果が期待できるであろうという真っ当な論をもって締め括られる。『陸上運動競技法』冒頭に記された文明への言及を考慮に入れるならば、ここで注目しておきたいのは「結論」と小見出しの付された論考最後の三五〇字ほどの部分である。

> 国民教育には普通教育、中等教育、高等教育の設備を要する如く、国民体育に於ても其三階級に適合せる設備を要す可きは明である。我国既に普通教育に於ける体操遊技の大体の方針を定たり。吾人は更に中等、高等の教育に於ける教育法の撰定を当局に望まざるを得ない。余は……単に普通教育に於けるのみならず高等教育に於ける体育法の特に急務なるを感ずる次第である。吾人は瑞典式体操法の採用せられたるを歓迎すると同時に、是に依りて我国民体育は解釈されたりとなす早計

を警め、将来の大成を希望せざるを得ない[20]。

「瑞典式体操法」が採用されたことを歓迎はするものの、その体操法は普通教育の場、つまり学童を対象とした初等教育の一環で実施されるにすぎない。したがって、中等・高等教育の場の体育法として相応しいのは何か、という疑問が当然生じてくる――「余は……単に普通教育に於けるのみならず高等教育に於ける体育法の特に急務なるを感ずる次第である」。その体育法の採用は「急務」であると大森は記して論を結んだのだった。

競技運動こそ講ずべき方策

日露戦争勝利の翌年に大森が寄稿した二つの論考に目を通すと、『陸上運動競技法』劈頭の問いかけ、すなわち近世文明は智的教育の勃興を生んだ一方、智的教育の及ぼす過度の負担が不健康を引き起こすこととなった、ではそれにどう対処すればよいのか、へつながる背景が明瞭となってくる。二〇世紀初めの合衆国で体育指導法や理論を学び修得した大森にとり、故国の体育教育の遅れは歴然としていた。ようやく初等教育の場で「瑞典式体操法」の正式採用が決まったものの、高等教育の場での対策は皆無と言ってよかった。勉学のために上京してきた青年が脚気や結核になることもめずらしくなく、夏休みが明けると三〇人ほどの級友のなかで一～二人は姿を見せなくなることもあった時代だった[21]。

都市生活が与える負の側面については、『陸上運動競技法』刊行直前に活字となった大森の「都市膨張の危害」が詳述する。「我東京市挽近の膨張は非常なる高潮を以て進んで居る、此事実は世界各国の文明の大勢から見ても、国運の発展上歓迎すべき事柄である」[22]で始まる大森の都市論は、産業革命以後の商工業の発達が都市への人口の大量流入を招いたという既成事実を確認したのち、都市の生活に及ぼす影響は「不健康である」と断言する。都市の死亡率は農村部を上回るという具体的数値を出したのち、「都市が不健康なる原因」をいくつか挙げる――室内での職業が多く、しかも室内の空気が不潔、座職が多く筋肉労働が少ない、工場などでの塵芥や化学品の毒素を吸入することが多い、睡眠や栄養の不足、情欲を挑発しやすい、郊外生活が少ない、等である。大森のこの論考は都市論に終始しており、対策としての運動に言及することはなかった。

「瑞典式体育法に就きて」で高等教育における体育の重要性について触れた大森は、文明が進んだ都市生活の中で学業に励む若者については、稿を改めて次のように記していた。これは一九〇九年、つまり帰国の翌年の観察・分析である。

> 高等の学校に入らんとせば先づ入学試験なるものありて学生の精神を刺激すること甚だしく、此試験に準備せんか為めに都下に集まれる学生に付て見よ彼等は日光の不足、空気の流通宜しからざる、又暗き灯火に更を徹し、粗食にして活動の余地を存せざる、実に不健全なる生活を営む者多し。[23]

かかる現状を目の当たりにして、高等教育の場での体育の導入は急務である、との思いはますます堅固なものとなったであろう。以上の諸論考をふまえて、『陸上運動競技法』に戻ることとしたい。そこでは「都会生活を営みつゝ、或は過度の智的教育を負担しつゝ」ある者にとり、「競技運動が此他方に講ずべき特種の方法の一であることは既に世の定論である」[24]と大森は確信をもって書いた。高等教育の場で講ずべき方策は「競技運動」である、と説いたものの、留保を付すことを忘れてはいない。

生来虚弱なる者は到底之れに堪え得られない。故に医師に問ふて健康の保証を確かめた上でないと危険で……競技を目的とせず単に運動として興味の中に其効果を収むべきである。
身体の健康が普通であつて練習に堪え得る青年学生の、競技運動に依りて得る利益は実に多大なるものであるから。是等運動の方法を以下本書に於て述べんとするのである。[25]

運動こそ不健康を克服するための方策ではあるが、虚弱体質の者は競技としての運動を実施すること、すなわち激しい運動は控えることを助言したのち、健康状態が普通の「練習に堪え得る青年学生」には競技運動がもたらす利益は計り知れない、と記す。ここに漸く「競技運動」の実際を紹介する準備が整ったことになる。

「運動選択の標準」――競技種目と身体へのまなざし

以後『陸上運動競技法』叙述の力点は、「運動競技」から「運動競技」へと次第に移行する。当該書が陸上競技の指導書であることを考えれば納得いく。「運動の必要」を力説し、練習にたえられる若者に向けては「自己の体格が競技の要求に適応する、特別なる長所を備へてゐる種類のものを選択しなければならない」[26]と記す。競技種目に相応しい「自己の体格」によって種目を選ぶのが肝要と説いた。大森が掲げるその「運動選択の標準」とは、以下の通りである。

短距離走者　短軀肥満は不適当
長距離走者　短軀必ずしも不適当でないが肥満は不利
高跳び幅跳び　腓の大なる者は不適当
竿跳び　肩張り腕力強き者　身長はあまり関係しない
槌投げ鉄弾投げ　長軀肥満体量多く　肩と腕の発達した者
ハードル競走　長軀の者[27]

ちなみに竿跳びとは、棒高跳び、槌投げ鉄弾投げとは、ハンマー投げ、砲丸投げにあたる。大森がここまで細かに種目ごとに理想的な体格を記すことができたのは、合衆国滞在中、陸上競技の練習に励む、あるいは競技会で活躍するアスリートたちを数多く観察してきたという経験があったからに相違ない。日本には本格的な陸上競技会はまだ存在しなかったし、帝大の運動会のようにレコードを重視する陸上競技大会に近い場合でも一参加者が多種目にエントリーするのが普通だったため、アスリートの専門化、あるいは分業は進んでいなかった。

『陸上運動競技法』が掲げるこのカテゴリーはまず納得いくものではあるが、そのなかで一寸不可思議に思えるのは、ハイジャンパーやロングジャンパーには「腓の大なる者は不適当」と記載がある点である。滞米中の観察が諸刃の剣となっているのではないか、と感じられる。西洋諸国のジャンパー、とりわけ走り高跳びを専門とする者は身長が一九〇センチ以上あることは珍しくない。脚部が長くなると下腿の筋肉であるヒラメ筋は下腿の上半部に目立つようになり、アキレス腱に向かう下部はほっそりして見えるのが常である。すなわち、身長が高く脚が長い競技者の下腿では、ヒラメ筋はあまり目立たない。「腓の小なる者」に見える。そういう長身のジャンパーの多くを目の当たりにしていたからこそ、大森はジャンパーには「腓の大なる者は不適当」と自信を持って書き得たのだろう。

本書刊行の翌年客死した大森には知る由もなかったが、日本初の金メダリスト（一九二八年のアムステルダム大会・三段跳び）となった織田幹雄は、身長一六七センチながらも跳躍三種目はもとよりハイハードル（一一〇ｍハードル走）や十種競技も器用にこなす万能選手だった。今日に伝わる写真を見れば、見事な下腿の筋肉の持ち主なのが分かる。大森がジャンパーには不向きとした「腓の大なる者」の典型だった。加えて右に引いた大森のカテゴリーに疑義を呈するならば、今日では短距離走に身長の高低はさほど関係ないと言われている。スプリンターに求められるのは、何よりも瞬発力と前進運動を無駄なく生み出す動きの良さなのである。

総じて大森の提言は滞米中の観察に依拠していると思われるが、陸上競技種目の選択にあたっては、体格すなわち身体を考慮するのが成功への道につながるという助言と捉えるならば、斬新な提言と解することができる。西洋発祥の運動競技である陸上競技に目を向けることは、必然的に西洋のアスリートたちの身体を意識することになる。この身体へのまなざしが、西洋人アスリートを参考にしての種目への適性判断基準の検討にとどまらず、やがては日本人競技者が彼我の体格差、つまり身体の異同をも意識する段階へとつながるにはまだ時間を要した。というのも、国内で日本人同士競い合っているだけでは、その段階に達することは難しかったからである。『陸上運動競技法』の読解からやや外れることとなるが、続く世代が残した別の身体へのまなざしについて少々触れておきたい。

明石和衛『ランニング』が説く「理想的体格」

一九一二年のストックホルムオリンピックへの派遣選手選考会（一九一一年一一月）では、大森が競技会の規則を明文化し、競技場を設営し、競技会運営の中心となった（審判長を務めたのは嘉納治五郎）。この選考会を事実上の嚆矢[28]として、日本での陸上競技会は始動した。以後、指導書も順次刊行されていく。

本稿初めに触れた野口の『オリムピック競技の実際』に続く指導書として広く読まれたのが、明石和衛、金栗四三共著『ランニング』（菊屋出版部、一九一六年）だった。[29] 明石は右の派遣選手選考会でも好成績を収めた[30]東京帝大陸上運動部きっての理論家であり、金栗は東京高等師範学校の生徒としてストックホルム大会へ参加した経験を有しているという、ともに当代一流の若きアスリートであった。指導者ではなく、未だ現役競技者として活躍しているふたりによる指導書という点では、大森の一書とは性格を異にしていた。

明石金栗共著『ランニング』は、前半「長距離　競走練習法」（総ページ数百三十二）を金栗が、後半「短距離中距離　競走練習法」（総ページ数百五十二）を明石が、それぞれ担当する共著の形をとる。題字は、金栗の学んだ東京高等師範学校長であり大日本体育協会会長でもある嘉納治五郎が書いた。明石が担当した後半部は全部で十八章からなり、「百米《メートル》突競走」「二百米突競走」「四百米突競走」「六百米突競走[31]」「八百米突競走」「千五百米突競走」「団体競走」という種目別解説の計九章に「理想的体格」「練習の方則」「食物其他健康上の注意」「競走靴と服装」の四章が先立ち、そして「競走に就ての心得」「発走法」「競技場の設計」「出発合図法」「競走に関する規則」「レコードの比較」の七章が後置されるという構成を取る。用具にも研究心旺盛だったという明石の「競走靴」すなわちスパイクシューズの解説などは、たいへん興味深いのであるが、本稿の主旨に鑑みここでは冒頭の「理想的体格」に絞ることとする。

「駈る事の速い遅いは生れ付き」だとか「短い距離の速い人は必と長距離も速い」というのは過去の

ことで、今では科学的研究により「適当なる訓練をさへ経れば、何人と雖相当の走者となり得る事が証拠立てられた」と冒頭に明記したのち(32)、人には「天与の体質なるもの」があるのでそれを考慮することの要を説く。つまり、競技種目と体質・体格との向き不向きを検討することを強く勧めたのだった。

二百米突《メートル》以下の短距離　身長と体重の相当にある、脚殊に膝から上の長い、関節の自由な、どちらかといへば足の小さい、甲の高い人
腿は横が平たくて前後に厚みをもった者

四百米突　脚は長く目方は中若は少し重い位の人がよい
二百米突までだと、股幅の小さい不利益は脚のかはし方で打消す事も出来るが、四百米突ともなるともう之が出来ない

八百米突　脚の長い事は依然として必要
四百米突より少し痩せ気味がよい
脚はよく緊つて脚頸が細く、腿に行くに従つて太くなっているのがよい(33)

これ以後、長距離からマラソンまでの理想的体格の記述が続くのだが、一読して分かるように著者に

は原因と結果を混同しているところがある。ある種目に秀でたアスリートの体格、とりわけ脚の特徴は、生来のものということもあろうがその種目に習熟して得られた結果の可能性も多分にあるからである。また、純スプリント（一〇〇m、二〇〇m）走者の理想として「足の小さい、甲の高い人」を挙げる根拠も判然としない。走運動は地面に接地している足部のみが地面にエネルギーを伝達出来る箇所であることを考えると、足部はむしろ大きいほうが理想的と考えられる。さらに甲の高低は走運動におそらく関わりはないであろう。著者の明石自身が、自らを含めた周囲の旧制一高や帝大の競技者仲間という集団を観察して得られた「成果」を記していると推察できる。「（科学的研究によって）適当なる訓練をさへ経れば、何人と雖相当の走者となり得る事が証拠立てられた」との記載がある一方で、この「天与の体質なるもの」への分析は、印象論の域を脱していないという思いを否めない。

さきに引いた大森の「運動選択の標準」と比較してみれば、理論家として名高い明石和衛にして、身体へのまなざしに関しては大森兵蔵に及ばないという感を禁じ得ない。換言するならば、合衆国滞在中に得た米人アスリートに関わる貴重な見聞や経験が、大森の著述に当時としては類を見ない大きな寄与を果たしていたことを再認識するのである。

クラウチングスタートのナラトロジー

近代オリンピック第一回大会は、古代オリンピックに敬意を表してギリシャのアテネの地で一八九六年に開催された。主催国ギリシャの選手がマラソン競走で優勝したことは、マラソンの由来である紀元前四九〇年のペルシア戦争時のマラトンの戦いを想起させ、国中が熱狂したことはオリンピック史上有名な「事件」になっている。このアテネ大会では、また別の「事件」もあった。一〇〇m競走決勝において、合衆国代表選手であるボストン大学学生トーマス・バーグ（Thomas E. Burke）はただひとりクラウチングスタートで臨み、一位でゴールラインを駆け抜けた。短距離競走といえどもスタンディングスタートだった当時、奇異な発走法で月桂冠を得た若者の姿は観る者を仰天させた。おそらくその衝撃は、一九六八年のメキシコ五輪時に、同じ合衆国ハイジャンパーのディック・フォスベリーが、ベリーロールではなく見慣れぬ背面跳びを披露して一位を手にした時にまさるとも劣らないものだっただろう。

1896年アテネオリンピック100m 決勝
優勝者のクラウチングスタートが注目されたレース。

その後、短距離走のスタートはクラウチングスタートが主流に、そして当然となっていくが、日本での普及は遅かった。さきに見た野口の『オリムピック競技の実際』にもクラウチングスタートとスタンディングスタートとは「蹲踞法と直立法の優劣論」の項目で扱われ、スタート時に「蹲踞法」すなわちクラウチングスタートが脚にもたらす疲労に触れている。野口は「所詮は其の人々の体躯の大小、其の構造の如何によつて、何れの方法が良いかは異なる筈で、目下の処は実際には蹲踞法が広く流行つてをるが、直立法の復活によつて何れが良いかは問題となつてゐるのである[34]」と当たり障りなくまとめた。今では当たり前のクラウチングスタートが日本に根付くまでには、先人たちの試行錯誤があったことが分かる。

その一方で、短距離走のスタートはクラウチングスタートに限ると主張し、紹介に意を注いだのが大森兵蔵だった。数年間の滞米時にスプリント競技ではクラウチングスタートが当然という認識ができていたに相違ない大森にとり、いまだスタンディングスタートが短距離競走でも幅をきかせていることに苛立ちさえ感じたことであろう。右の野口の所論に遡ること七年、一九一一年秋『運動世界』に寄稿した一文「オリンピックゲームに就て」のなかで「スタートを練習せよ」の小見出しのもと、以下のように記した。

最後に練習者の為にスタートの事を説明しやう。四百米突以下の競走は勝敗の大部分、此スタートに依つて決せらるゝと云はれてる位だから、是非スタートに就て充分な研究をして置かねばならぬ。夫には是非共 Crouch と云ふスタートを必要とする。之は始め出発線内に深さ三寸程の穴を掘り（之は許されて居る）、其処に左膝を突込み足を折つて爪先で支へ、右膝は左足の内踝《うちくるぶし》辺に軽く付け、宙に浮く位にし又右足の届く地面をVの形に掘り、右足を其垂直線に当てる。『用意《ゲットセット》』の令が懸つた時、両手を軽く地上に付け、体は少し前屈みに左膝を以て体重を支へ、目は同じ高さの正面を見る位にして心静かに出発（Go 或は Off）の号令を待つ。号砲一発するや、右爪先を以て烈しく穴を蹴るやうにして前方に飛出すのである。此場合右足を余り早く出すと体が立過ぎる損があるし、又小さく出すと跌づく危険があるから、始めの四五歩は普通より稍小股に走り出して、後普通に復する方がいゝ(35)。

スポーツの解説書・指導書は、その「テクスト」を読むことで場面が脳裏に過不足なく描かれなければなるまい。書き手には、ことばを介して、つまり語りで、読み手に技術を伝授することが求められている。大森が描出するクラウチングスタートは、おそらく日本初の本格的な解説だった。丹念にこれをたどれば、明治末年当時の最も先進的な陸上競技指導者がどういう「発走法」を理想と考えていたのかが分かってくる。また、読み手の立場に立ったとき、これを「テクスト」として読解するのは難事ではないことにも気づく。具体的な説明が付された巧みな解説と評してよい。

当時はスターティングブロックと呼称される用具はなく、走者は皆スタートライン後方に穴を掘って出走時の足の支えとしていた。この「故事」に通じていれば、大森の解説の上手さを堪能できよう。もっとも、「其処に左膝を突込み足を折つて爪先で支へ」の箇所は、「其処に左足を突込み膝を折つて爪先で支へ」となるはずで、組み版時の誤植と思われる。今から百年ほど前のクラウチングスタートでは、「位置について（On your mark）」の際には、まだ両手を地面に着けなくてよく、「用意（Set/Get set）」の合図があって初めて着ければよかったという事実も興味深い。その他のアドバイスについては、概ね現在と変わらないが「目は同じ高さの正面を見る位にして」の部分に関しては、無理に前方を見る必要はないだろう。前方に目を向けることは頸部に不必要な緊張を強いるためである。

クラウチングスタートについても詳述した大森の一文「オリンピツクゲームに就て」は、時宜を得た論考となった。すでに記したように、一九一一年十一月十八、十九日には東京羽田に設営された競技場を舞台に、翌年のオリンピック派遣選手選考会が開かれたからである。一〇〇m走はセパレートコースで、それ以上の距離の種目はオープンコースで実施された。一〇〇m走決勝では、全走者がクラウチングスタートを採用したというが、選考会の場で大森が、参加選手に直接助言を与えた結果なのかもしれないという推測を禁じ得ない。一位となり派遣選手に選出された三島彌彦でさえスタートを苦手としており、ストックホルム行きが決まったのち、陸上競技の心得のある在日本米国大使館のキルジャソフ書記官からクラウチングスタートの教授を受けたという(36)。

『陸上運動競技法』で再説されたクラウチングスタート

クラウチングスタートは『陸上運動競技法』で再説された。同書では「偉大なる速力をスタートに於て現はさうとする方法にして、現今欧米競走界に通則として採用されてゐるもの」が「クラウチ式」である、とした上で、その「施設及姿勢の要旨とするところ」が詳しく説かれた。

出発線《スターティングライン》の後方約四寸の地上に、滑走を防ぎ適当なる足掛りとするために大いさ《ママ》趾《つまさき》を容るゝに足るべき浅き孔を穿ちて踵を地に付けずに左の趾を之れに置く。右脚は膝を曲げて脛が左足土不踏《つちふまず》の右側に来るやうに構へ、其趾の触れる地上に右足全長の約半分を縦に容れるに足る、深さ約四寸の図のやうな孔を穿ち後崖は之れを踏固めて抵抗力を強くしたものの孔底に右趾を触れ、蹠《あしのうら》の前半を後崖に当てる（右足は出発のとき専ら後崖を蹶って全身を前に突進させる用をする、決して体重を負担せしめない）両手は出発線に触れない範囲で近く内方の地上に肘を伸ばして突き、全身の重量を両手と左趾の三点で等分に支へ、腰を上げて背部を地面に平行即ち水平にし、頭を高く上げて眼を同高の正面前方に直射する。(37)

大森兵蔵『オリンピック式　陸上運動競技法』に掲載されたクラウチングスタート写真
国立国会図書館デジタル資料

これをさきに引いた一年前の『運動世界』掲載の「テクスト」と比較してみると、語りがより詳細になっていることが判明する。ここでは、明らかな誤字誤植等を訂正した上で、両足の扱いを記した箇所を並置して比較してみたい。

「出発線内に深さ三寸程の穴を掘り」（「スタートを練習せよ」）
「出発線の後方約四寸の地上に、滑走を防ぎ適当なる足掛りとするために大きさ趾を容るゝに足るべき浅き孔を穿ち」（『陸上運動競技法』）

「其処に左足を突込み膝を折つて爪先で支へ」（「スタートを練習せよ」）
「踵を地に付けずに左の趾を之れに置く」（『陸上運動競技法』）

「右膝は左足の内踝辺に軽く付け、宙に浮く位にし」（「スタートを練習せよ」）
「右脚は膝を曲げて脛が左足土不踏の右側に来るやうに構へ」（『陸上運動競技法』）

「右足の届く地面をVの形に堀り、右足を其垂直線に当てる」（「スタートを練習せよ」）
「其趾の触れる地上に右足全長の約半分を縦に容れるに足る、深さ約四寸の図のやうな孔を穿ち後崖は之れを踏固めて抵抗力を強くしたものの孔底に右趾を触れ、蹠の前半を後崖に当てる（右足は出発のとき専ら後崖を蹶って全身を前に突進させる用をする、決して体重を負担せしめない）」（『陸上運動競技法』）

クラウチングスタートでは、通常利き足を前に置く。大森の記述では、左が利き足という前提になる。『陸上運動競技法』は、その前足をスタートラインからどのくらい後方に置けばよいのかを新たに指示する。また、もう一方の足（右足）の扱いについての説明がかなり増していることも分かる。とりわけ、右足には「決して体重を負担せしめない」の記述は重要だろう。両足に均等に体重を配分していては、すばやくスタートを切ることはかなわない。察するに、選手選考会開催の直前『運動世界』誌でクラウチングスタートを「テクスト」として教示したのち、選考会の場で選手たちを実演で指導してみて得られた感触を、『陸上運動競技法』執筆に際して加えたのではないか。

語りはより詳しくなったものの、大森は、他説は認めないという姿勢ではない――「右は競走者がコースの順位を定められた後、各自の定位置に対して施すことの出来る設備と、用意の合図によりて採るべき出発準備姿勢との標準である」[38]。記載はないが、腕力に自信がある走者なら前足の位置を下げ両足の間隔をより狭めれば、所謂ロケットスタートにつなげやすくなるし、長身で痩身ならば両足の間隔を更に広げるほうがうまくスタートを切れる、という事実も心得ていたのかもしれない。陸上競技先進国である合衆国での豊かな見聞が記述の背後にうかがえる、柔軟性をもった追記といってよい。

クラウチングスタートでの発走時、スターターは「位置について（On your mark）」と声に出し全走者が両手両足を地面に付けて静止したのち、「用意（Set）」と口にする。そして全走者が腰を上げて静止したのを確認して号砲をならす。その間、およそ一・三〜四秒ほどになる。つまり、全走者が腰を上げ静止しなければ、号砲へと移ることはない。これを前提にして以下の大森の記述を読むと、やや隔世の感を覚える――「凡そ出発準備姿勢なる者は、最短少時間に且つ出発合図の銃声を聞く直前の瞬間に之れを取り終るやうに習熟するときは、準備姿勢の完成に長時間を要したり或は徒らに長く準備姿勢を持続するために疲労したりして準備姿勢の真価を失ふやうになることを免れることが出来る……完全なる姿勢は実際上短少時間を以て実現せらるべきものなのである[39]」。

「用意（Set）」の姿勢を長く続けると疲労が出る、また腰を上げるときの動きがそのまま発走の動きへとつながるのが好ましい、という観点から、号砲の直前に腰を上げることを勧めている。右に記したように全走者が腰を上げ静止したのを確認してはじめてスターターは号砲を鳴らすのだから、ここに勧められているテクニックでは現在では必ず警告を受ける。もちろん、号砲が鳴る前に発走してはいけないことは今も昔も変わらないが、それ以外は容認されていたことをこの語りの行間から読み解くことは可能だろう。図らずも、技術だけでなくスポーツのルールもまた進化する――この場合は厳格化する――ことの実例を知り得る記載になっている。

ビデオはもとより写真さえ珍しかった明治末年、大森兵蔵は言葉をもって、つまり「テクスト」を書くことで、陸上競技の諸技術を日本の競技者や指導者に伝授しようと努めた。幸い『陸上運動競技法』は、種目によっては多少の写真を挿入してはある、しかし、写真は動きの一瞬間を捉えたに過ぎず、写真を活かすためには、何よりも大森の展開する「テクスト」を介しての語りが不可欠だった。刊行から一世紀以上を閲した今日、それを丹念に読みかえして「テクスト」の発することばに耳を傾けてみれば、大森の語りは成功を収めていると断言してよかろう。

結びにかえて——オリンピックに参加してこそ文明国

「スタートを練習せよ」を含む大森の論考は、さきに見たように「オリンピツクゲームに就て」と題されている。「スタートを練習せよ」の前に、「国際競技会の復活」「第一回競技会の状況」「費用七千余万円」「我国加盟の径路」「注意すべき競技規則」の見出しで始まる各節を置く。つまり「オリンピックゲームに就て」の主旨は、翌年スウェーデンで開催予定のオリンピックに日本が初参加するにあたり、その歴史から説き起こす紹介にあった。近代オリンピックの祖であるクーベルタンがこの「国際競技会」を復活させるに至った経緯については、以下のように記した。

此人［クーベルタン］は、近年仏国の人口が漸々と減少し、国民の体格が虚弱になつて来る傾向のあるのを見て大に之を慨き、何か救済の方法もがなと頻りに苦心して居た。処が丁度仏国に教育改革会が起り、男［クーベルタンは男爵だった］は其会を代表して米、独、英の社会教育視察に出かけたが、其行に於て最も深く感じた事は、是等の諸国が何れも体育の隆盛であつた事で、男は之ぞ仏国の社会が要求する所のものである、仏国を救ふは此運動を措いて外にないと、帰来盛んに自転車、乗馬の倶楽部を起し運動の振興に力を尽した……どうも思ふやうに発達しない。之ではいかんと更に思を廻らした末、一八九四年欧米の十数ヶ国に通牒して代表委員を招き、各国連合の運動大会を開かん事を諮つた……(40)

すでに見たとおり、大森は日露戦役直後、戦場で斃れた「体幹強大に精神健全」な「青壮年」を回復するためには、国民全体に体育がますます必要なことを「戦後の体育」の中で強く説いた。そういう大森にとり、対プロシア戦争敗北ののち「国民の体格が虚弱になつて来る傾向」を見てとったフランスの教育者のクーベルタンが、他国を視察して得られた成果は興味深いものだったに相違ない。というのも、その外国視察の折、クーベルタンはいずれの国でも体育が隆盛であることを目の当たりにし「仏国を救ふは此運動を措いて外にない」と思い至り、ついには欧米の十数か国による「各国連合の運動大会」の開催を諮ることにまで尽力したからだった。かかる経緯は、大森には大層心強く思えたことであろう。クーベルタンの苦心の軌跡を紹介する大森の筆致の行間からは、この先駆者への敬意が伝わってくるように思えてならない。

ちなみに、日本のオリンピック初参加が決定したのちに草された論考「オリンピツクゲームに就て」とは対照的に、未だ参加が決まっていない時点で書かれた論考に目を通せば、そこには、当然ながらオリンピック参加の意義を強く訴える内容が含まれていた。

凡べて文明国相互の間には学術界に於ては殊に然りであるが、各国際的の協会は種々の方面に運動活躍して、医学にあれ、監獄にあれ、衛生にあれ各方面に発達し、文明国にして之れに参与せねば国辱の如くに心得られて居る而して陸上運動が欧米のみ鳴らず世界一般に亘つて十数ヶ国の間に同盟が成立したのである。これに対して我国独り関与する所なきは、啻に我運動界のみの恥辱ではなからう。この事実たる豈喟然慨嘆に堪えぬ事ではあるまいか。而して今少し委細にこの国際的同盟に就て云はむに、抑も現今行はるゝ国際同盟とは即ちオリムピックゲームがこれである。(41)

文明国なら学術の世界において「国際的の協会」に参与（参加）しなければ「国辱」と解されるが、それは陸上運動においても当てはまる。もし日本が「欧米のみ鳴らず世界一般に亘つて十数ヶ国の間」に成立した同盟に関与しないならば、それは日本の運動界の恥辱にとどまらない。すなわち、文明国である日本全体の恥辱となろう、と指摘した上で「オリムピックゲーム」という国際的同盟に加わる意義を訴えた。幸い、大森の願いはまもなく現実のものとなる。そして、常に「オリムピックゲーム」を意識し、またその「オリムピックゲーム」へ監督として赴くことが決まった大森が、日本初の本格的陸上競技指導書を上梓するとき、その題名に「オリンピック式」と加えたのは宜なるかな、と思う。

大森兵蔵にはさらに夢があった。それはまだ、故国がオリンピックに参加するのがいつのことか皆目見当も付かなかったころ書き綴った夢だった。

吾人は大に我が国の青年が、万国体力競争場裡に立て、優等の地歩を占め、月桂の冠を頂いて祝勝行列の先導をなし、旭日の旗章をして、空高く翻々たらしむるの日至るを鶴首して待つものである。(42)

日本の青年アスリートが「万国体力競争場」で一位を占め、旭日旗を競技場に翻すのは大森の死から十五年後のことだった。この夢の実現にはまだ時を要した。だが、ふたりの日本人アスリートとともにオリンピックという舞台で初めて入場行進を果たした初代監督として、大森兵蔵の名は近代日本の歴史に刻まれることとなった。その大森が、つねに文明を意識して体育の重要性を訴え、身体を語り、そして陸上競技を語ろうとしたことも、また覚えておく価値は十分あるであろう。

（1）大森兵蔵『オリンピック式　陸上運動競技法』運動世界社、一九一二年、一―二頁。
（2）「外国に於ける実況を知らしむるために、多くの写真版を挿入して在る点と、簡潔にして要を得た叙述振りとは、幼稚であつた当時の運動社会を、指導するに充分なる価値のあるものであつた」（真行寺朗生、吉原藤助共著『近代日本體育史』日本体育学会、一九二八年、一九〇頁）。
（3）高等商業学校（現・一橋大学）に一八九七年九月に入学したものの一九〇一年九月に退学している。大森の略歴等については、水谷豊の先駆的業績「バスケットボールの歴史に関する一考察（Ⅷ）――大森兵蔵略伝――」（『論集』第二三号、青山学院大学、一九八二年）に詳しい。本論考は、これに依拠している。

（４）日本体育会の機関誌である『体育』、基督教青年会の機関誌『開拓者』、『都市教育』、そして『運動世界』が論考発表の場となった。
（５）大森が夫人のアニーを伴い、三島、金栗両選手とともに東京新橋駅を発ってストックホルムをめざしたのは、一九一二年五月一六日だった一方、同書の奥付には刊行日として同年六月（何日かは記載なし）とある。著者大森が刊行直後の同書を手にできたのかどうかは定かではない。なお、以下本論考では、同書を『陸上運動競技法』と略記する。
（６）一九〇八年三月の帰国後、東京ＹＭＣＡの初代体育部主事として活動を始めるに加え、同年七月からは、日本女子大学校（現・日本女子大学）の体操講師をも勤めた。
（７）野口源三郎（一八八八―一九六七）埼玉師範学校を経て東京高等師範学校へ進む。一九一一年十一月、翌年のストックホルムオリンピックのための国内選手選考会では、マラソンの部に出場。後にフィールド種目に転じ、一九二〇年のアントワープ大会では主将として参加、十種競技に出場した。第二次大戦後は東京教育大学で教鞭を執り、同大学陸上競技部の初代部長を務めた。日本初の金メダリストである織田幹雄（一九〇五―一九九八）が広島一中時代、野口の講習会に参加し、陸上競技の道へ本格的に進む決心をしたという逸話がある。
（８）野口源三郎『オリムピツク競技の実際』大日本体育協会出版部、一九一八年、一頁。
（９）前掲、三―四頁。
（10）一方、大森の著作になく野口著にある内容は、古代オリンピックに始まる歴史の紹介や競技者向けの栄養学初歩の類である。これは、六〇〇頁を越す分量ゆえ可能だったことでもあろうが。
（11）大森「戦後の体育」『体育』一九〇六年四月号、三頁。
（12）前掲、四―五頁。
（13）前掲、六頁。
（14）前掲、八頁。

(15) 前出の「戦後の体育」には「論説」、この「瑞典式体育法に就きて」には「学説」とそれぞれ冠してある。これは掲載誌の編集部が付した区分であろう。
(16) たとえば、川瀬元九郎、手島儀太郎編『瑞典式体操初歩』大日本図書株式会社、一九〇六年。
(17) 大森「瑞典式体育法に就きて」『体育』一九〇六年九月号、二五頁。
(18) 前掲、二六頁。
(19) 前掲、二六―二七頁。
(20) 前掲、三三頁。
(21) 山本邦夫『近代日本陸上競技史』(上巻) 道和書院、一九七四年、四〇頁。
(22) 大森「都市膨張の危害」『都市教育』一九一二年四月号、一九頁。
(23) 大森「体育必要の根本的意義」『体育』一九〇九年四月号、三頁。
(24) 註1前掲、大森、二頁。
(25) 前掲、二―三頁。
(26) 前掲、三頁。
(27) 前掲、三―四頁。
(28) おそらくこの選考会が契機となって、陸上競技の第一回日本選手権は一九一三年に開催されるにいたった。
(29) 「本書は陸上競技の啓蒙期ともいふべきときに際して、著者自身の体験を織り込んで書かれたもの、嚆矢である。今日から見れば幾分不備の点も少くないが、多くの競技練習者に読まれた好著である」(前出『近代日本體育史』二七六頁)。
(30) 明石は一九一一年の選考会の折には東京帝大工学部の二年生であり、先輩の三島同様に多種目に出場し、二〇〇mでは三島を抑えて一位となった。代表選手には三島が選出されたが、もし短距離からさらにもう一人というのなら明石だったと思われる活躍だった。心中、次回のオリンピックを目指す強い思いが生まれたに相違なく、これ以降短距離にとどまらず走り幅跳びや混成競技でも次々と記録を更新していった。

目標としたであろう一九一六年のベルリン大会が、第一次大戦で中止となったことが悔やまれる。
(31) 当時は帝大運動会の高校生招待レースなどで、六〇〇m走は正式種目として採用されていた。
(32) 明石和衛「短距離中距離　競走練習法」明石和衛・金栗四三共著『ランニング』菊屋出版部、一九一六年、一頁。
(33) 前掲、三―四頁。
(34) 註8前掲、野口、一三四頁。
(35) 大森「オリンピックゲームに就て」『運動世界』一九一一年十一月号、八二―八三頁。
(36)『大日本體育協會史』上、大日本體育協會、一九三六年、一七四頁。日本派遣チームの監督に就任した大森に指導することが求められたのだろうが、この頃から結核の病状が進んでおり、直接グラウンドへ出て指導することはかなわなかったと思われる。
(37) 註1前掲、大森、一〇―一一頁。
(38) 前掲、一一頁。
(39) 前掲、一二頁。
(40) 註35前掲、大森、七八頁。
(41) 大森「運動会に対する吾人の希望」『運動世界』一九一一年一月号、一五頁。
(42) 大森「希臘競技の復興」『体育』一九〇六年五月号、四七頁。

第7章　清潔な身体
――水にまつわる文化的一考察

福田眞人

はじめに

清潔とは何だろうか。人間のどのような状態を指し示しているのだろうか。

さしずめ、すぐさま思いつくのは、整理整頓された匂いの少ない家で、毎日のように入浴し、よく洗濯された服を着て、手を石鹸で洗ってから食事をしている人たちの集団という風景である。あまりに当たり前すぎて、もう注意さえ引かないかもしれない。これは、この二十年、三十年の日本の現実そのものではないだろうか。(1) もちろん、提供されている食料は、よく洗われ、きっちりと料理されていて、およそ不純物は少ないだろう。(多少、化学調味料が多いのは大目に見よう。)まさに今、都会で暮らす日本人がイメージする清潔も、おおよそこうしたものであろう。世界中どこにでも同じファスト・フード店ができ、同じ種類のカフェが繁栄する今日この頃、清潔もまた同様に同じ水準が求められている。

しかし、こんなイメージが出来上がったのは、歴史的に見るとついこの間のことであって、それまでの長い間、何千年にも渡って人々はそんなに清潔な生活を送って来た訳ではない。今日的な感覚から言

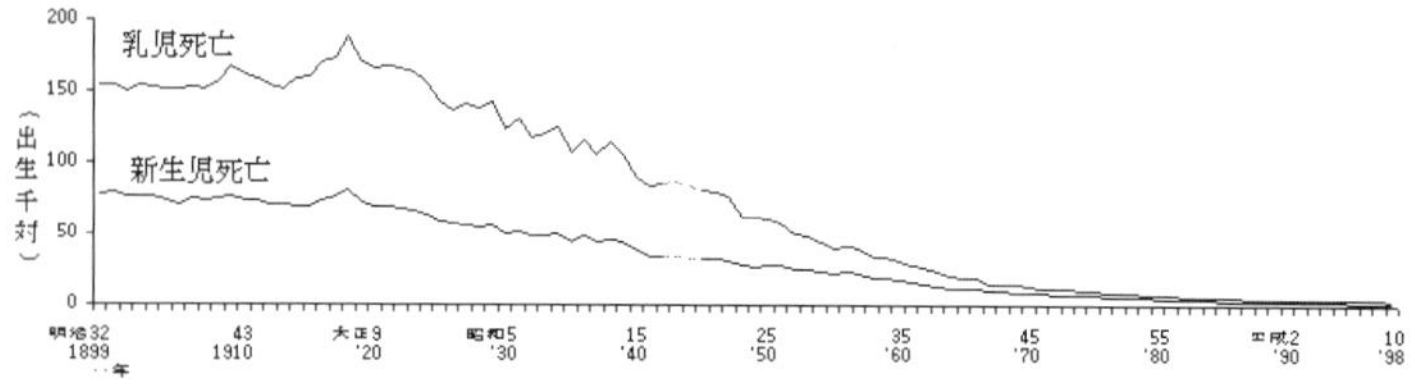

図１　乳児死亡率、新生児死亡率のグラフ
http : //www1.mhlw.go.jp/toukei/10nengai_8/images/graph132.gif

うと、恐ろしく不潔な環境にまんじりともせず、ごく平然と人々は生きていたのである。いや、生存競争の中で生き抜かねばならなかった。それは、人々の間で今日我々が抱いている清潔や衛生観念が育まれたのが、ついほんの最近のことであることによる。それは、昔なら自然淘汰されていた未熟児、成長不良の子供たちが、今日格段の医学・医療の発達によってほとんど死ぬ事がなくなったことと類似している[2]。

清潔の定義は、時代と国、人種、場所によって意味合いが違う。

例えば、高温多湿の日本では、毎日風呂に入らないと、垢がたまり、皮膚が不清潔になって傷むと考えられる。まず第一に匂いが強く、人々は耐えがたい思いをするだろう。風呂が普及していなかった頃には、庭に盥《たらい》か桶を置いて、そこに水を張り、行水、水浴びをしたのである。あるいは、手拭いを濡らし、肌を拭いただけだったかもしれない。江戸の浮世絵はその情緒を今に伝えている。

しかし、肌を汗をかいたまま、あるいは濡れたままにしておくことはほとんど考えられなかったのである。そうであるにはしても、食事は淡白なものが多かったので、体臭は少なかったはずである。肉などのタンパク質を摂取するよりも、野菜と魚肉の多い日本人には、そもそも体臭の付きにくい状況だった。

　それは身体の清潔、清浄という問題だったが、それでは今、我々が当然のように思いなしている毎日入浴、洗髪という概念は、本当にその通りだったのだろうか。民俗学者宮本常一（一九〇七～一九八一）が日本全国を隈無く回って入浴回数を調べた所、興味深い結果が出ている。東日本では三～五日に一回、西日本では時に月に一～二回と言う所もあったという。さらに、洗髪ということに限ると、もっと回数が減る傾向にあったという。特に女性は、髪が長く、手入れに手間ひまがかかるということで、主に梳《くしけず》る（櫛《くし》で梳《す》く）ということが行われていたようで、それは髪のほつれや髪型を整えるためと言う事もあったが、それと同時にふけ（雲脂）を落とす、汚れを落として長く洗わなくても済ませるためだったのである。

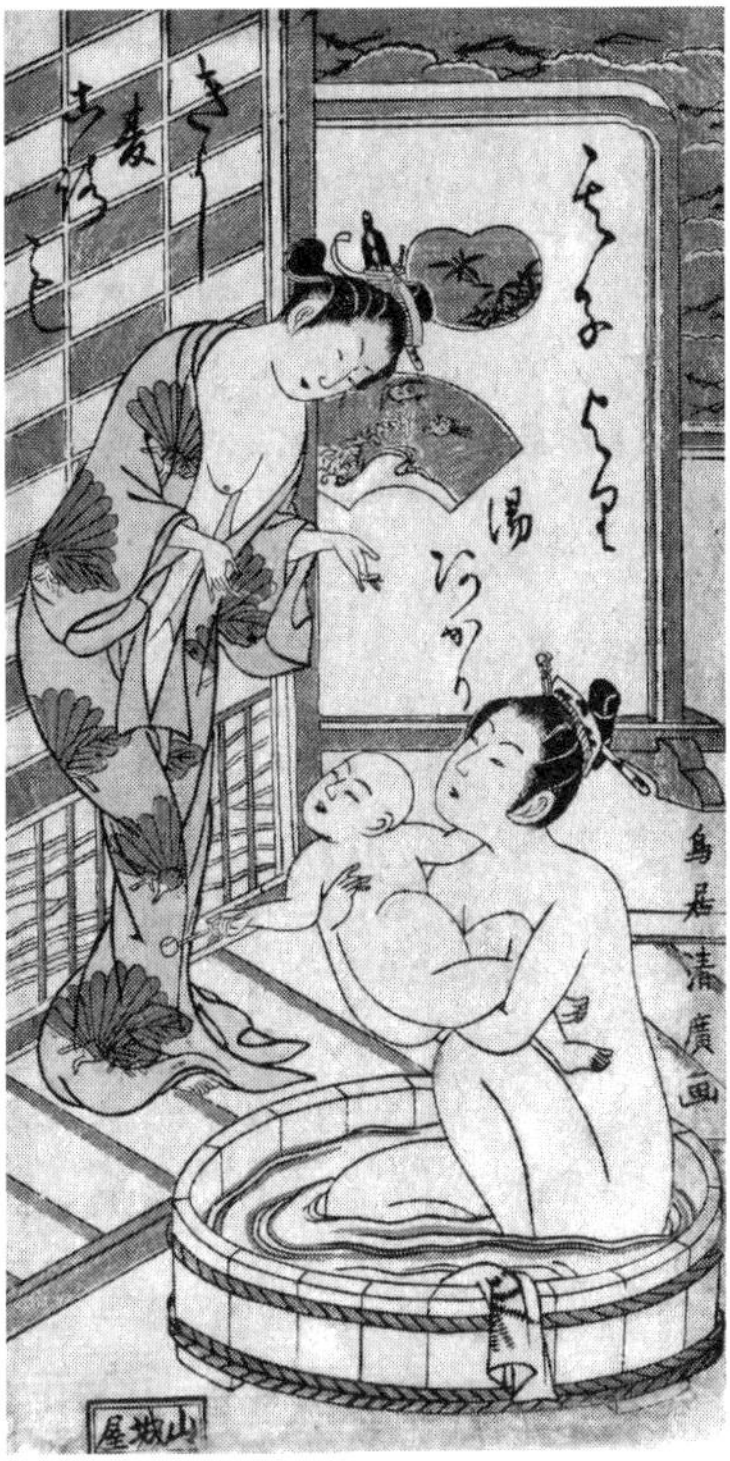

図2　鳥居清廣水浴図

　一方、ヨーロッパは大概乾燥しているので、人々は大して入浴の必要を感じなかったのかもしれない。空気が乾燥しているので、垢もまた乾燥しやすい。それは湿気で発酵していく垢よりもはるかに臭気を帯びないであろう。よっ

図3　アンドレア・デル・ヴェロッキオ作の「キリストの洗礼」

て、入浴や身体を洗うことの必然性は低かったに違いない。しかし、動物性蛋白の摂取が多かったので、当然、体臭はあったはずである。さすると、体臭を洗い流さない彼らの匂いは、それなりにあったに違いない。しかし、それも一人ではなく、集団の構成員の皆が匂えば、誰もその臭さを認識できないので、問題にならないのである。

かてて加えて、宗教的な儀式も大きな意味を持つようになった。それがキリスト教の洗礼（baptism）であり、イスラム教の沐浴（Ghusl）である。どちらも聖なる儀式であったが、その意味合いは自ずと異なっていた。また、ユダヤ人が激しい差別に晒されていたのには、その独特の風習、特に清潔を重んじる習慣があったのではなかったのか。（その彼らが、例えば十四世紀の黒死病の流行に際して、井戸に毒を撒いたなどとの噂を立てられて、襲撃されたり差別的扱いを受けたのは不思議なことではあった。清潔の観念と、人種的差別はまた別次元で論じる必要があろう。）

清潔の観念の流れを歴史的に概観しておくことには意義があろう。

近代英国とインド、日本を幅広く俯瞰しながら、清潔と身体、水の問題を考えてみることにしたい。

インド――清潔と不潔、神聖と清浄

さて、今日のインド。

インドでは、約六百種類のペットボトル水が販売されているが、某国大使館の科学的調査では、一種類を除いて全ての水で雑菌が発見されたという。その一種類のペットボトルも、実は不純な浮遊物が浮いていたが、少なくとも雑菌はなかったという結果だった。つまり、いわゆる先進国が飲料水に課している最低水準をインドの水は満たすことができなかったというのである。旅行者のみならず、仕事や事業の関係で滞在している外国人にとって、水は一つの重要な問題である(3)。

それは、何よりも日々の飲料水がすぐさま胃腸炎、下痢の症状をもたらすという問題であり、それが身体を弱らせ、日常生活に支障をきたすということである。もちろん、フィルターを通したり、煮沸消毒して飲用する限りは、大概が大丈夫であるが、それ以上に、肝炎や胃腸炎の危険性が高い。とりわけ肝炎はその型（A型、B型、C型、D型、E型、G型……）によっては、将来、慢性肝炎、肝硬変、さらには肝細胞癌へと進行する場合もあるので注意が必要である。

しかし、インドでは、疾病（病気）に関する独特の意味付けがあり、また宗教的問題があって、日常生活において使用する水の清潔さ（cleanliness）を問う事はなかなか難しい。

いやそれどころか、インドの現実は何千年と不変の宗教的儀式の中にこそ、身体の病気、清潔に関す

図４　ベナレスのガートに於ける沐浴

る問題が潜んでいると言わなければならない。ヒンズー教徒、ジャイナ教徒、シーク教徒、イスラム教徒にとって等しく聖地としてその名を世界に馳《は》せているベナレス（Benares、バラナッシVaranasi）では、八十四ある沐浴場ガート（Gaht）で、人々は老若男女、等しくガンジス（River Ganges, Ganger）に漬かり、身体全体を洗い浄めるのみならず、口に川の水を含んで嗽を行う。それも集団毎に、早朝三時、四時から旗印を押し立てて行進を開始し、ガートに一路向かう。そして一斉に川に身を投じるのである。

驚くべきことに、このガートの群れの真ん中に死人を焼く焼却場があり、そこでは遺族は、然るべき料金（例えば七千ルピー、約一万一千円）を支払って遺骸を祈りの中で焼いてもらう。この貧者にとっては高価な焼却料を支払えない人はどうするかと言うと、金持ち同様に聖なる川に還るために、遺体をそのまま人目につかないようにガンジス川に放り入れる。つまり、遺体の遺棄である。しかし、聖なる川に還ることに変わりはない。単に死人が運び込まれるだけではなく、無数の死を待つ人々がガートに一族郎党を従えて並んでいる。死を従容と待っているのである。死はここでは恐ろしいことではない。むしろガンジス川に還れないことの方が、はるかに恐ろしいことである。なぜなら人々は、焼かれその遺灰は聖なる川ガンジス、母なるガンガー様（Ganger）に投じられれば、輪廻《りんね》（人が転生すること）から、最高の境地である解脱《げだつ》（自由の境地に到達する事）さえ至ることができないと信じているからである。(4)

ヒンドゥー教徒は「穢れ」を忌み嫌うため、穢れを浄化するための儀式である沐浴が非常に重要である。それも、単に入浴するだけでは浄化できないらしい。流れる水であることが肝要なのである。よって、自宅であっても風呂桶に湯をためてどっぷり浸かるような背信的行為は取れないのである。そうした理由で、インド人のヒンドゥー教徒は、大概バスタブの湯に浸かるという代わりに、シャワーで身体を洗い流す。まるで日々罪を流すように。解脱を日々小さく味わうように。

そのことは中国でも大して変わりがない。中国の人たちは、日本人のように風呂桶（つまりバスタブ）に拘泥しない。彼らも堂々とシャワーの清潔さを主張する。これは人によって違うかも知れないが、流れる水（湯）で洗うことこそ清潔で綺麗だと考えられているからである。

生活の水

しかし、身体を洗う、濯ぐ水と共に日常生活に必要なのは、飲料水である。料理にも欠かせない。それどころか、食後の皿を洗うのにも、水が不可欠だ。（砂漠で砂で代用するという事はあっても。）要するに水は生活の最低必需品なのである。

水の確保が、いつの時代、どこの国、どの政府であっても、為政者の仕事であり、おそらく連綿と続いたインドの王国の中でもその勤めは普遍であったろう。実は、デリー（Delhi）は、インドの歴史の中で七回王国の首都になっている。その度ごとに、水の供給は一大関心事だった。水が無ければ帝国は維持できなかったからである。

例えば一三二〇年に開かれたトゥグルク朝の首都トゥグルカバード（Tughlakabad）の大要塞は未完成のまま打ち捨てられ、今日、首都ニュー・デリーの南東に位置するこの膨大な遺跡は、ほんとんど遺跡らしい遺構を残していない。ただ茫漠と荒地の中に、二、三の階段井戸風の遺跡が散見される。そのトゥグルク朝の二代目は、父帝の造営した城塞の地を去って百万の臣下を連れてはるか南方彼方のデカン高原に新しい首都ダウラタバード（Daulatabad、「繁栄の町」の意味）を一三二七年に築いたのである。しかし、現地では王朝の首都は、政治的不安もあってあまり歓迎されず、また水の問題もあって再び百万の臣下と民を引き連れて一三三四年にはデリーに戻ることとなる。ダウラタバードは、今日、巨大な

図5　ファティプール・シクリ

遺跡として打ち崩れ、放置されている。

しかし、もう少し時代が下がって、ムガール帝国（Mughal Dynasty）の第三代皇帝アクバル（Akbar I, 1542–1605）が王子サリーム（後に妻たる王妃の墓所ダージ・マハル（Taj Mahal）を造営することになるジャハンギール帝（Muhammad Jahangir, 1569–1627））の誕生を記念して新しい都ファティプール・シクリ（Fatehpur Sikri）を一五七四年に造営し、遷都した。しかし、新首都は水の便が悪く、十年後の一五八四年には首都はラホール（Lahore）に移されて、ファティプール・シクリは放棄された。宮殿を始め、イスラム教のモスクも含めてその当時の建造物がそのまま砂漠の中の無人の都に残されている風景は異様である。そのラホールも一五九八年には再びアグラ（Agra）への遷都が行われ、ムガール帝国の首都は元の鞘に戻ったことになる。

いずれの試みにおいても、壮大な遷都が実施されたのだが、ただ水利が悪いという点で、持続しえなかったのである。実は、今日でもこの水の供給はインドでは大問題で、日常の生活用水の提供、清潔な飲料水の提供という課題はなお解決されていないのである。首都ニュー・デリー（New Delhi）でさえ、一日に数時間は水道が途切れることがある。裕福な人々は、それゆえに、自宅に地下水を汲み上げるためのポンプを設置しているものが少なくない。

病気の宝庫としてのインド

インド四千年の歴史は、また疾病との戦いであったと言われている。確かに、近代を隈取ったコレラは、アジア型コレラ（Asiatic cholera）と呼ばれて、それがおおよそガンジス川周辺から世界に発散したものであると考えられている。コレラには大きく分けて六次の世界的流行（pandemics）があり、それ以前にインド全土アジアに広がる大流行（epidemics）となっていた。さらにそれ以前は、インドの地方に限定されて風土病、地方病（endemics）として猛威を振るっていたのである。それは、今日なおインドではライ病患者が少なくないこと、結核の感染は広く広まっていて、世界の三分の一の死者をインドが輩出していることからも頷ける。また狂犬病という観点からすれば、年間八万人が命を落としていることからも、まだまだ医学後進国、あるいは衛生的観念からひどく遅れた国であるという思いが強い。

実際に、一八一七年から始まったコレラの世界流行は、まさにインドのベンガル地方カルカッタ（コルカタ Kolkata）から始まったとされ、一八二三年まで続いた。この第一次コレラ流行は、ついに朝鮮半島と琉球（沖縄）を通じて日本の九州にも一八二二年（文政五年）伝播した。幸いこの流行は東海道を東上したが、江戸には至らなかった。

しかし、次の第二次流行（一八二六〜三七）は、アジアのみならずヨーロッパ、さらに南北アメリカにも波及し、世界的流行となった。

第三次流行（一八四〇〜六〇）には、再び日本に飛び火して、一八五八年（安政五年）から三年にわたって、大流行し、ついに江戸で十万人の死者を出したとする史料がある。当時のコレラの惨状を描写した書物に『安政箇労痢流行記概略』があるが、ここでコレラは、「虎狼狸」と書いて「コレラ」と読ませたり、また「箇労痢」、「虎列剌」などの用語が用いられた。もちろんそこには、「コロリ」と死ぬ病であると言う意味も込められていた。

他にも江戸時代には人々は病に無力で、「疱瘡は命定め、麻疹は見目定め」と言われて恐れられた。疱瘡は、今日言う所の天然痘（Smallpox）であり、平安時代には死病であったが、時代が下がるにつれ、徐々にその毒性が薄められたのか、なかなかには死ななくなった。その代わりに、疱瘡として痘痕（あばた）を肌に残すようになり、次第に江戸時代の侍や婦女子に膨大な凸凹を人々の表情に刻んだのである。例えば江戸末期の武士の写真等見てみると、その殆どの顔が痘痕で覆われていたのが分かる。夏目漱石も、幼児に受けた種痘がもとで疱瘡になり、その顔に痘痕が残ったと言われている(5)。

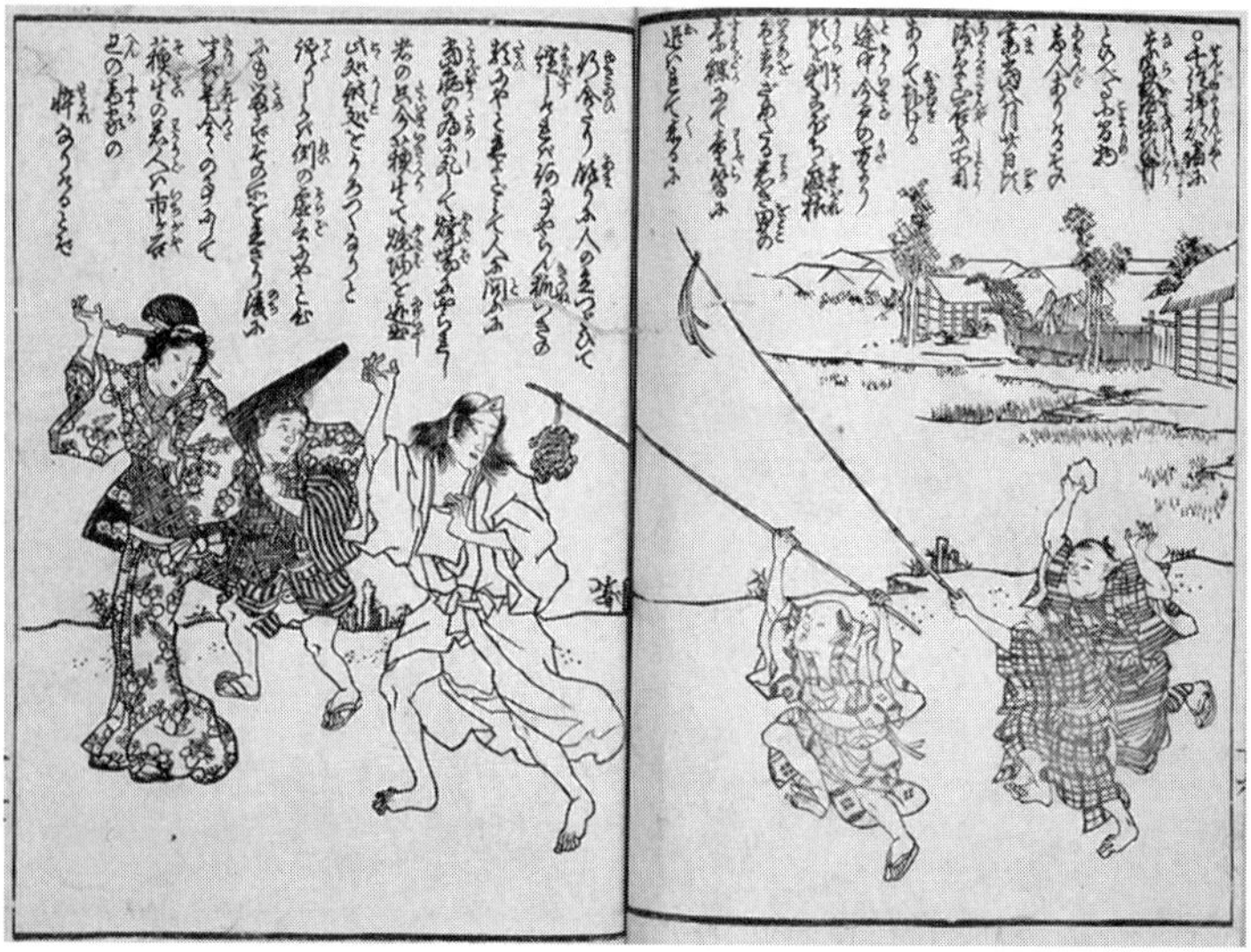

図６　『安政箇労痢流行記』国立公文書館

このコレラの第二次世界的流行に際して、英国本土に初めてコレラが上陸して大騒動になった。それが一八三二年のコレラ騒動である。この時は、ただ東方から恐怖がやって来たという騒動だったが、また色々面白い反応も出た。例えば、防御のために考案された様々な衣装もあったし、またロンドンの水を検査しようという動きもあった。それはコレラがイギリス本土に襲い掛かった一八三一年の事である。この当時、コレラの空気感染説が唱えられていていたが、医師のスノウ（John Snow, 1813–1858）[6]は、一八五四年のコレラ流行に際してロンドンの居並ぶ家々を全て感染させたのではなく、何軒か飛んで感染が及んでいることに目をつけて、空気感染説を排し、むしろ汚染された井戸水を飲むと感染すると、疫学的研究（epidemiological research）から結論づけた[7]。

図 7　水道水の顕微鏡写真

図 8　婦人のコレラ対策服

当時、疫病の原因として医師が提供していたのは、昔ながらの神罰説、宇宙の星座の運行の不行き届き、そして悪い空気としての「瘴気」（miasma）[8]だった。もちろん医師たちの主要な関心は、ギリシャのヒポクラテス（Hippocrates, c.460–c.370BC）が唱え、ローマのガレヌス（Galen, Galenus, c.AD129–200）が称揚した液体病理学説による体内の四体液（four humours）[9]の不調和であった。この学説はその後ヨーロッパで一五〇〇年にわたり支配的な地位を保ち続けたのであるから、近代科学の勝利、細菌学の勝利、医学の勝利ということを喧伝する前に、長い蒙昧の日々があった事を想起する必要がある。

清潔の観念の東西の衝突

インドの水の問題に戻れば、インドで独自に発達した美しい建築物に、「階段井戸」というものがある。現地では、バオリ（baoli）とかバヴァディ（bavadi）、ステップウェル（stepwell）と呼ばれるこの雨水の保存法は、いろんな意味で伝統的習慣と近代衛生観念の衝突を象徴的に示してくれる。

首都ニュー・デリーだけでも、二、三の美しいほとんど原形を留めている階段井戸が見られるが、今日すっかり忘れ去られている。中でも流行の男女が練り歩く首都の繁華街コンノート・プレイス（Connaught Place）からほんの五分ばかりの場所にひっそりと立っているアグラセンキ・バオリ（Agrasen ki Baoli）は、最早利用できる生活用水を一切溜めていないが、かつてはこの周辺の地域の人たちの需要を満たしていたはずである。

このバオリは、なぜ必要だったのか。一つには、それは日々の用水のために雨水を集める雨水貯蔵方法（water harvesting system）であったし、それは同時に乾期に必要な生活用水を提供することだった。インドは歴史的に何度も干害を経験しており、田畑を耕すためにも灌漑（irrigation）が必要であり、また日常的に生活用水を確保するためにも、水の貯蔵が不可欠だった[10]。

インドには、基本的に三つの季節があるとされ、それらは「乾期」（十月から翌年三月）と「暑季」（四月〜六月）、そして「雨季」（六月〜九月）である。雨期は水が豊富だが、乾期と暑季には水が不足する程の乾燥期に当たる。

図9　アグラセンキ・バオリ

しかし、その乾燥期に備えるために、単なる溜池、貯水池を造るだけではなく、その上に特別の建造物が建てられ、そしてそこに芸術的造形が加えられたのである。それは、あるいはその地域の統治者の芸術的趣味を反映したものであったかも知れないし、あるいはまた権威の象徴のために見事な装飾を施した建造物であったのかも知れない。

それゆえに、多くの階段井戸が、単なる水汲み用の井戸ではなく、芸術的装飾を施された、偉大な建造物となっているのは不思議な姿である。

しかも、それらの多くの階段井戸は、その規模

図10　ランキ・バオリ

において、いわゆる水汲みの井戸ではない。完全に宮殿のような様相を呈しているのである。

この階段井戸が、実は存亡の危機に瀕している。それは、十八世紀からの英国植民地時代に、インド統治政府が、英国風の清潔観を振りかざして、水を貯蔵する人々の知恵としての階段井戸を閉鎖したり禁止したからである。

現在でも一日何時間かは水道の供給が止まり首都ニュー・デリーでさえ水不足に見舞われているのに、地方や田舎で不潔という理由だけで水の供給場所が閉ざされることは大変な痛手であったに違いない。

それでは、植民地インドの人々の生活の知恵としての階段井戸を不潔として禁じた英国人は、引いてはヨーロッパ人は歴史的に清潔な生活を送って来たのだろうか。

ヨーロッパでの清潔の観念と身体

おそらく、人類は最初、身近な水溜まりや川や泉で身体を洗った。ただ単に水浴びするだけだったかも知れないが、皮膚についた汚れや新陳代謝の結果による垢を落とした。近頃、冬場の寒さの中で、温泉に漬かって気持ち良さげに目を閉じている猿の集団を見ると、かつて人間もこのように憩いの時をもったのだろうと実感される。

ところで、以下の例文を見てみよう。

She looks clean=She is wearing a garment which is bright.

そのまま読めば、「彼女は清潔そうに見える」と訳すのだろうが、英国では十八世紀頃まで、「派手な色の衣装」という意味にも取れた。

それは、現在我々が感じる、［clean］という英単語が持っている清潔のイメージとはかけ離れていて、むしろ色彩感覚についての言及だった可能性が高い。

実は、入浴に励んだローマ人以降、風呂の使用の激減にも伴って、人々は不潔になっていった。決定的に十四世紀のペスト（plague、黒死病）以降、温水での入浴は毛穴（pore）を開放させ、外部から病原菌が入ると考えられて、一気に温水入浴が減り、また同時に冷水入浴させ忌避される事が多くなった。冷水に漬かったとしても、バスローブを着て入り、水を吸わせてバスローブの上から静かに叩いて垢を落とすと言う風な入浴の方法を取ったのである。さらに、キリスト教における洗礼を、入浴と見なすような考え方も広く信じられていた。

洗礼が果たした役割

宗派によって異なるが、キリスト教では概して、生後何日かで洗礼（baptism）をすることになっている。

元々、洗礼者ヨハネ（John the Baptist）がイエス・キリストにヨルダン川で行った儀式からきたもので、洗礼の根拠はすでに新約聖書の「マタイによる福音書」に見て取れる。

しかし、この洗礼が、身体を浄め、以後入浴が必要ないという考え方も出てきた。（スペインの女王イザベラを見よ！）

また、一三四八年以降ヨーロッパを席巻したペスト（黒死病）が果たした役割も大きかった。

医学的考え方の中で、毛穴（pore）が開き、そこから病毒が入るという説は、大変有力な考え方だった。そのため毛穴を開くような入浴、とりわけ湯に漬かる事は禁忌に等しかった。入っても冷水で、それも静かに腰浴をするか、もっと高貴な女性の場合は、バスローブを着て、その上から水をかけ、そしてローブの上から身体を叩くようにして垢を落とすという風であった。

つまり入浴と称しながら、その実、水であまり浴槽の中では動かないことが理想とされた。それは、あらゆる意味で、身体の毛穴が開き、外部から水（湯）を通して病毒が身体に入ると考えられたからである。

それ以上に、入浴を避ける事が望ましい事となった。他方で、入浴を遊興の一部と考える風潮もあった。さらに、梅毒が一四九五年以降ヨーロッパで流行すると、症状としての痒さを取るために、あるいは緩和するために、入浴する事が勧められた。

清潔でなかったのは、何も庶民だけではなかった。位の高い、王族や貴族まで、世の趨勢には逆らえなかったのである。

例えば、二人の女王を考えてみよう。最初に後にスペイン女王となるカスティリアの女王イザベラ一世（Isabel de Castilla, 1451–1504）の場合はどうだったのだろうか。イザベラは、後にコロンブス（Christopher Columbus, 1451–1506）に資金を与えてインド探検を試みさせ、アメリカ大陸発見に繋がるが、彼女は生涯二回しか入浴しなかったと言われている。それらは、洗礼の時と、結婚初夜の前日とである。

イングランドの女王エリザベス（Queen Elizabeth I, 1533–1602）も月一回くらいしか入浴しなかったと言われている。それもお湯ではなく、水に腰浴くらいである。あるいは、すでに書いたように、バスローブを着用し、その上から水をかけてローブの上から垢を落とすように軽く叩くのである。彼女はまた、英国で最初に水洗トイレを使用した国家元首として知られる。生憎その水洗トイレには、匂いの逆流や異物（ネズミ等）の出入りを拒む水溜の構造がなかったため、すぐその役割を終えた[11]。水洗トイレは、十九世紀に再び歴史に登場してくる。それは改良され、管を曲げて水を溜める方式で、匂いも不意の闖入者の登場をも防ぐものだった。

清潔と不潔

しかし、清潔が称揚されるどころか、不潔が賞賛されることもある。それは修行で、不眠不休に加えて、身体を洗わない、水に漬からない、身体を拭かない……という行である。匂いはさぞや激しかったに違いない。しかし、そこに聖性を人は見たのである。信仰はそこで頂点に達したといっても過言ではない。

そのようなおぞましい、とやや価値判断を含んだ書き方をすれば、習慣がいつ頃からどのようにヨーロッパ人に付いたのか？

風呂とか入浴の習慣は、ギリシャ、ローマ時代からあった。ギリシャ人も清潔好きだったが、ローマ人はそれを遊興、趣味の段階にまで高めた。しかし、例えば兵隊国家であったギリシャのスパルタに似て、初期キリスト教の時期から信者は、湯に漬かりのんびりする事は男を軟弱にすると考え、むしろ冷水浴を称揚していた。

今一つには、このような入浴を嫌う風潮は、イスラム教徒が中東で勢力を拡大し、ついにヨーロッパ文化圏に突入するようになってさらに明らかになってきた。ムーア人（Moors）が、七世紀以降北アフリカのイスラム化を進めた時に、まさに彼らはイスラム教徒のしきたり、習慣をそこに根付かせた。その最たるものは、礼拝であり、その礼拝と外部から都市に入る際に要求されていた沐浴の習慣がある。ムスリム（イスラム教徒）は、城門近くに設けられた浴場（ハマム）で身体を浄めたのである。身体を浄めてからモスク（イスラム礼拝寺院）に入るか、最低手足を濯ぐことが求められた。

そのムーア人が、イベリア半島に侵入し、そこにアラビア文化を根付かせたのであるから、それに対するキリスト教徒、キリスト教国の反感は、半端なものではなかった。

その思いは、七一八年から一四九二年まで続いたキリスト教国によるイベリア半島の失地回復運動(Reconquista)でも強くなったことであろう。

この清浄なイスラム教徒に対する強い反感が、キリスト教徒をして臭く垢まみれの習慣を植え付けてしまったと考えられる。それのみか、不潔な臭いが、却って信仰の証とさえなったのである。それがいわゆる「神聖の臭気」と呼ばれるもので、聖職者や求道者は競って不潔の極みに至る祈祷を修業したのである。

ややこしいのは、さらにこの時期にペストがヨーロッパ全土を襲ったことである。一三四七年、中東からイタリアの港メッシーナに入った船が、災厄をもたらしたのである。人間と一緒に乗ってきた鼠が、蚤を伴って、ペストを伝播した。それから欧州全土に広がった疫病は、その人口の三分の一とも、四分の一とも言われる二八〇〇万人を犠牲にした。

湯の熱が、また水が皮膚の毛穴（pore）を開いてしまい、ペストの毒が身体に侵入する可能性が高いと考えられた[12]。

極端な信仰心は、さらに高まりを見せて、あろうことか不潔を、また悪臭を褒めそやすような傾向までを生んだ。汚穢の聖人、汚濁の聖人の登場である。その典型は、排泄物の上に座した聖人の姿である。魂の洗礼は、身体の清潔さを不要とするかあるいは蔑視したのである。そして、浴場はむしろ淫らな場所として忌避、敬遠されたのである。汚さが、むしろ敬虔なキリスト教徒の清らかさを示すこととなった。逆に、清潔な身体と清潔を保たれた服は、不潔な魂の現れであるとも考えられたのである。

聖人たちの不潔さは「においのする敬神のしるし」とされ、生涯入浴をせず、頭も顔も手足も洗わず、歯も磨かず、着替えさえしなかったとか。

その一方で、聖人たちは、困窮する乞食や癩病の人たちの全身を隈なく洗ってやっていたのである。それら自分の置かれている状況と、彼らが貧者に施していた慈愛の発露としての洗濯、入浴の補助との違いは一体どのように解釈したら良いのか。他人に善を施すことと、自らの不潔を極限まで突き詰める宗教的修行とは、なんら矛盾がなかったのであろうか。

不潔な身体を保つということに聖性を見るということの他に、死後の肉体が腐敗しないこと（incorruptibility）を神聖な奇跡と捉え、賛美されたのである。キリスト教においては、死体の腐敗は罪の証であり、死は罪の結果であると考えられた。（小池寿子「マカーブル逍遥」p.130）

これは、キリスト教徒、とりわけイタリア周辺で信仰されてきた不朽体、聖人の遺体は腐敗しないという信仰と深く結びついている。

例えば、ルルドの聖水を見出したとされる聖バーナデット（Saint Bernadette, 1844–1879）は、その肉体

図11　聖バーナデット

が腐敗しないことを正式にローマ教会から認められて、一九三三年に列聖された。それは聖母アリアが一八五八年に彼女に約束したことを実現したことになる。「この世では貴女に幸福をもたらさないが、次の世ではもたらす」という言葉である。もっとも発掘の後は、腐敗があったことが認められた。

我々によく知られたアッシジの聖フランシス（Francesco d'Assisi, 1182–1226）は、小鳥の囀りきき、彼らと会話したとされるが、その一方で汚れを敬い、死後に蛆《うじ》の湧いた僧坊に現れて、修道士たちを慰めたと言われている。つまり、今日の感覚で言う清潔とは程遠い人物であり、行動であった。

ヨーロッパにおいては、やっと十一世紀頃から人々の暮らしが豊かになり、身体の衛生をなおざりにするという習慣は、不快なものとして徐々に影をひそめる様になった。つまり、衛生、清潔ということが生活の常識として少しずつ定着し始めたと言うことである。例えば、洗う、拭う、入浴する、磨くという言葉がそれなりの意味を持ち始めたということである。

しかし、例えば十八世紀のパリでも、上水道も下水道もなく、人々は水を瓶に入れて、必要な時にそこから汲み出していた。セーヌ川や井戸から汲んできた水は、瓶の中で汚物、夾雑物が沈殿し、使用に堪えるような水になっていた。しかし、明らかにロンドンのテームズ川の水と同じで、大変非衛生的だったことは間違いない。そして、上水道が整っていなかっただけではなく、下水道が整っていなかったので、人々はその排泄物を建物外の溝に流すか、近くの田畑に散布するしかなかった。さすがに昼間からそうする訳にもいかず、夕方以降、視界が悪くなってから、人々は建物の窓から外に向かって排泄物を放擲した。「水にご注意あそばせ」(Regarde l'eau!) と叫びつつ。夕方以降の散歩に傘が必要とされたのはこうした理由による。公共心という言葉はまだ機能していなかったのである。

ヨーロッパの中世を通じて、糞尿はごくありふれた置き去られるもの、積み上げられ放置されるものであった。あるいは、それらは川の流れにごく自然に流された。パリでは、人々はセーヌ川から水を汲み、生活用水としてしようしていたし、また排水もそのまま街路に流していた。ちょうど十九世紀の半ばで、ロンドンのテームズ川がそのような運命を担っていたように(13)。

流域に住んでいた人々は、テームズ川から、生活用水を引いて用いていたし、また炊事洗濯で出た排水、糞尿の放出にはうってつけの流れだった。英国王立調査委員会が行った衛生調査は、実に豊富な実例をあげてくれている。他の家族から出たあらゆるものの混入した排水口からほんの一メートルも行かない場所で、次の家が取水しているなどは、ごく普通の風景だったのである。

それどころか、清潔というのは、いろんな局面で面白い事象を生み出す。

例えば、クリミア戦争（Crimean War, 1853–56）で活躍した「白衣の天使」と称されるフローレンス・ナイチンゲール（Florence Nightingale, 1820–1910）のスクタリでの行動を思い起こしてみるといい。

看護用品の取り替え。一人の傷害や手術に使用したガーゼ（包帯、繃帯）は、使用後すぐさま廃棄処分にして、次の患者には用いないようにした。つまりそれまでの衛生兵（というのか従軍介護士？）は、一人の患者に用いていたガーゼを、もはやその患者に用無しになったら、すぐさまそれを次の患者に当てていたのである。今日の衛生の観念、細菌学の常識からすれば、問題外の行動である。清潔な新しいガーゼを常備し、使用後はすぐさま廃棄処分にするということは無かったのである。それと同時に、注射針も、かつては消毒も不十分なまま使用したであろうし、また何度もシリンダーと共に煮沸消毒したものであった。現在の使い捨てのシリンダーと注射針という時代とは、自ずから認識が違う。

ナイチンゲールはまた、換気を初めて陸軍の病院で導入した。瘴気説とそれに対する対応策（例えば、部屋密閉）への一種の反抗であろう。

彼女はまた、患者の身体を洗う、洗浄する。患者の生活習慣を守るということを実行した最初の人である。

清潔な身体を得て、我々は満足する。しかし、例えば何に清潔さを感じるかは、これまた精神のあり方によることが少なくない。ある人は、風景に清潔さを感じるかもしれないし、また別の人は、風潮や流行や文化に清潔さを感じるかもしれない。

破格の感性というものがあれば、あるいは墓石にさえ清潔を感じるのかもしれない。例えば、太宰治は森鷗外の墓に関して次のように『花吹雪』の中で書いている。

うなだれて、そのすぐ近くの禅林寺に行ってみる。この寺の裏には、森鷗外の墓がある。どういうわけで、鷗外の墓が、こんな東京府下の三鷹町にあるのか、私にはわからない。けれども、ここの墓地は清潔で、鷗外の文章の片影がある。私の汚い骨も、こんな小綺麗な墓地の片隅に埋められたら、死後の救いがあるかも知れないと、ひそかに甘い空想をした日も無いではなかったが、今はもう、気持が畏縮《いしゅく》してしまって、そんな空想など雲散霧消した。

鷗外の墓に似て、太宰の墓もまた瀟洒で肩書きがない。それは太宰が生前に鷗外の墓を見ていたく感動したからである。

確かに、森鷗外の墓石は、本名の「森林太郎之墓」と書かれているのみで、簡潔であり、余分な所がまるでない。その事は、鷗外が日々盥水を使い、決して湯に入らなかったこととは無関係であろう。また、最初の妻赤松登志子を離縁するに際し、彼女の唾や痰に含まれる結核菌を自らのミュンヘンで購入した顕微鏡で確かめ離縁したのかも知れなかった事とも無関係である。また自らの死に際しても、重度の肺結核であったために自分の喀痰は庭に出てその端で自ら焚き火に投げ入れていたことも、多分、無関係であろう。官位や富によって自らの権勢を誇るのではなく、純粋に石見人として生きた自分の生き様を堂々と示すことこそ、鴎外にも太宰治にも清潔に思われたのであろう。

清潔の守備範囲は、いつの間にか、物体、肉体から精神の方へまで高まっていたのである。

（1）朝シャン（朝にシャンプーする）のブームがあった。従来日本の習慣になかったこの生活様式が習慣化したのは、主に一九八五年発売のＴＯＴＯ「シャンプードレッサー」という洗面台にあった。
さらに一九八七年に化粧品会社の出した広告のフレーズにこうある。

「いま、新しい。朝のシャンプーが、新しい」。

このフレーズは当時の女子高校生たちに受け入れられ、朝にシャワーを浴び、髪を洗うのが流行した。この言葉は、一九八七年度の「新語・流行語大賞」の新語部門・表現賞に選ばれた。また、ＮＨＫの教育番組「お母さんの勉強室」でも取り上げられ、その時のタイトルは、「流行の中の子どもたち　朝シャンプーはかくし香水」。(https://www.nhk.or.jp/po/sorenani/1499.html)　朝、出校する前に女子高校生たちがいそいそとシャンプーに勤しむ姿が日本中に拡散したことが分かる。

（2）「わが国の乳児死亡率は一九九一年に出生千対四・四を記録し、世界最良の水準を達成したと言える。しかしながら、わずか四〇年前の一九五〇年の乳児死亡率は六〇・一、七〇年前の一九二〇年の乳児死亡率は一六五・七をしめしており、わが国の乳児死亡率は過去七〇年間にきわめて急激に低下したと言える。」

（p.293）

西田茂樹「わが國の乳幼児死亡率低下に医療技術が果たしたやくわりについて」*Bull. Natl. Inst. Public Health*, 45（3）: 1966. pp.292–303

（3）日本外務省のＨＰはインドの水事情について次のように書いている。

「インドは全土で水事情が悪く、上水道は1日に数時間程度しか供給されません。そのため多くの家庭ではタンクを設けて水をためています。蛇口から出る水道水をそのまま飲用とすることはできません。レストランで出されるグラスの水、ジュースの中の氷についても、どのように作られたものかわからなければ注意してください。飲用にはペットボトルやボトル詰めのミネラルウォーターやジュースを選び、開栓の際に密閉が確かであったか確認するようにしましょう。」（https : //www.mofa.go.jp/mofaj/toko/medi/asia/india.html）

日本のような清潔な国からやって来た旅行者に盲点となっているのは、何よりも氷。次に生野菜、果物。さらに、グラスに付いて出されるストローであろう。提供される食品を載せた皿、さらにナイフやフォークも、清潔かどうか確かめようがない。

（4）このガンジス川こそ、かつて世界で最高の骸骨供給源だった。

骸骨の歴史は興味深い。何時頃から人々は、骸骨を標本として使用するようになったのだろうか。医学的標本はさることながら、美術的標本もある。インドのガンジス川は、実は世界の骸骨標本市場の巨大な供給国である。また、インドが珍しい疾病の宝庫であるために、他の国では得る事の出来ない症状のある（つまり病痕のある）骨を入手出来る。

一九七〇年代までは、インドが人骨標本の輸出国だった。低いカーストの身分では火葬の費用が支払えず、そのまま死体を川に流すことが行われていたので、その死体を川底から拾い上げ、腐敗した肉を削ぎ落として綺麗に処理をして標本にした。

【恐怖】学校で四〇年以上使用された骨格模型、本物の人骨だった事が判明

二〇一五年一二月〇七日

イギリス・マージーサイド州にあるヘイドック高校では、科学や美術の授業で、その骨格模型を四〇年以上使い続けていたという。学校で大規模な物品整理が行なわれた折りに専門家に鑑定を依頼したところ「本物の人骨である」との結果が。

科学的鑑定で分かったのは、その人骨が、一九〇〇年頃に死亡したインド人の骨であること、死亡時の年齢は十七才～三〇才の間であること、そして、脊椎側湾症を患っていたことなどが判明した。

人骨が高校にどういう経緯でその高校に置かれることになったのかは不明だ。(https：//irorio.jp/sophokles/20151205/284576/)

インドでは一世紀以上も前から墓が掘り返されることが頻発していた。骨格標本を海外に売るためである。アメリカの骨格標本のほとんどはインド由来と言われている。しかし、一九八五年、インド政府が人体組織の輸出を禁じたため、骨を売買する業者の多くは廃業した。それでもなお法の網をかいくぐって活動を続ける業者がいるのは、インドでは墓の盗掘を禁じる法律がないからである。専門業者は、墓から盗まれた遺体や川に捨てられた遺体から肉をはがし、残った骨を磨き上げて標本を作る。(http：//www.afpbb.com/articles/-/2819741?pid=7630483)

現存する最古の骨格標本は一五四三年のものであるとされる。日本では「百鬼夜行」などの魑魅魍魎の世界を描いたが、全身を骸骨の標本としたのは明治以降西洋医学の影響であろう。ただ身体の中に強固な骸骨があることは認識されていた。それが科学の標本となったり、また医学教育のための資料として使用された例が少ない。日本最初の骸骨標本は、何時どこで作られたのか。

十九世紀まで、医学生たちは自分で盗んだ死体を解剖して学習していた。死体泥棒（body snatcher, resurrectionists）の中には、職業化していた者もいる。一八五一年のイギリスのある医学雑誌の特集には「医学生にとって、人体を解剖用メスで切り開いて入念に調べることの利点に比べたら、墓を暴くことのリスクは取るに足らない。知識を渇望する彼らの想いは、大酒飲みが酒を求めるのと等しく、真摯で熱いものだったのだ。われわれ医術を実践する者が人々の尊敬を集めるのはそのような高い志ゆえなのである」と書かれている。警察当局も、金銭目当てで盗掘する者に対しては厳しく対処したが、医学関係者の盗掘は生きている人間の健康を保つための必要悪と考えていた。

(http://d.hatena.ne.jp/okimune/20120829)

死体泥棒（body snatcher）、墓をあばいて死体を解剖者に売る者はごく普通に居た。英国の作家スティーブンソン（Robert Louis Stevenson, 1850–1894）はその小説『死体泥棒』（The Body Snatcher, 1884）の中で死体泥棒を描いているが、それは、実際には外科医ノックス（Robert Knox, 1791–1862）の周辺で起こったバークとヘア殺人事件（Burke and Hare murders, 1828）に準拠している。

外科医ハンター（John Hunter, 1728–1793）は、「近代外科学の開祖」とも呼ばれるが、同時に死体調達に奔走した人でもあった。

死体泥棒を防ぐために一八一六年には、墓の周りに重い囲いをして遺体を取られないようにする防御版（mortsafe）が発案された。

しかしこの制度も、一八三二年に解剖法が改正され、身元不明死体や遺言に拠る献体遺体解剖も始まり、死体泥棒が激減した。

英国の思想家ベンサム（Jeremy Bentham, 1748–1832）は、自分の死後、自分の身体が標本として展示されることを希望し、まさにそのようにロンドン大学のユニヴァーシティー・コレッジに、服を着て着座の状態で展示された。（その後、損傷もあり、現在は首は別置されている。これは「自己標本」（Auto-Icon）と呼ばれている。）

「人の骨ほどよく売れる（た）：〝骨格標本〟が浮き彫りにするタブーなき社会」の中で長野　光は次のように述べている。（二〇一五年二月二三日）

「米オクラホマ州、オクラホマシティにスカルズ・アンリミテッドという会社がある。創立者でＣＥＯ（最高経営責任者）のジェイ・ヴィルマレッテさん、一見穏やかな米国人だが、すべてはこの人の奇妙な趣味から始まった。

この会社が製作・販売しているのは、あらゆる生き物の骨格標本である。レプリカではない。本物の動物の死骸を白骨化させ、骨を組み立てて標本として販売している。それも、死骸を骨にするプロセスが凄まじい。なんと虫に喰わせて白骨化させるのだ。

この会社では年間約二万体の骨格標本を製作し、数百万ドルを売り上げている。骨格標本。本物の動物の死骸から骨を抜き出して作る。

骨の研究は医学や生物学をはじめ科学の基礎をなすものであり、専門的な研究レベルでは本物の骨が使われることが望ましい。しかし、レプリカではない本物の骨格標本は値が高い。死骸から骨を抜き出してスケルトンを組み立てるのは職人技。多くの専門知識がなければ作ることはできない。

スカルズ・アンリミテッドでは人間を含むあらゆる動物の死骸を引き受ける。

その動物の希少価値、サイズ、破損の状態、売れ行きなど様々な観点に基づいて値付けがなされる。本物の人間の頭蓋骨も販売されているが、およそ九〇〇ドルから二〇〇〇ドルのものまで様々だ。

死骸の売買や取り扱いに関しては、米農務省を始め複数の機関からライセンスを取っている。引き取って骨にすることは出来ても、販売することは許されない動物などもあり、死骸の取り扱い権利は一律ではない。

専門家ばかりではなく、一般消費者に対して堂々と何でも売ってしまうところに、タブーを恐れずビジネスに変えるこの国のメンタリティが垣間見える。」

(http://business.nikkeibp.co.jp/article/report/20150219/277730/)

（5）西洋の十九世紀までの療法：鍼と灸、または禅では呼吸法に重きが置かれた。一方、西洋医学では、主な治療法は、瀉血（放血、刺絡）であった。他に、排出療法としての下剤 purgative 飲用、軟膏塗布 ointment、安静療法 rest cure、大気療法 open air treatment、飢餓療法（身体を弱らせて病気そのものも同時に弱らせるという発想 starvation therapy）、阿片療法 opium therapy（痛み止め、苦痛止め）、運動療法（乗馬）などがあった。どちらの療法を受けたにせよ、完治するのは難しかったに違いない。むしろ、西洋の療法を施すと、患者は完治するというよりは、死ぬ事の方が多かったに違いない。日本の治療法は、灸と呼吸法であった。後者は特に禅坊主に主唱された。

（6）ヴィクトリア女王（Queen Victoria, 1837–1901在位）は、一八四〇年ドイツ人の従兄であるアルバート公と結婚し、四男五女を儲けた。八番目の子、四男のレオポルド・ジョージ・ダンカン・アルバート（Leopold George Duncan Albert, 1853–1994、オールバニ公爵）を、一八五三年に無痛分娩で出産した。

スノウは麻酔科医として、エディンバラ大学産科学教授ジェームズ・ヤング・シンプソン（Sir James Young Simpson, 1811–1870）が提唱していたクロロホルム（chloroform）麻酔で無痛分娩を行った。

世界初の無痛分娩は一八四七年のことであり、当時キリスト教の教えの影響もあって社会的にはまだ認知されていなかった。女王の無痛分娩での出産を契機に、英国国教会が正式に無痛分娩を認め、その後、無痛分娩が広まった。

この時使用されたクロロホルムは、現在麻酔薬としては使用されていない。発がん性が疑われ、肝臓障害が生じ易く、そして何より効果が一定ではなく、吐き気やめまいといった副作用が非常に強いため。

レオポルドは、オールバニ公爵、クラレンス伯爵およびアークロー男爵。両親の子孫のうちで最初の血友病患者として知られており、持病のために三〇歳で死去。また軽度のてんかんも持病として抱えていた。生まれてまもなく血友病の診断が下され、注意深く育てられることになった。

一八七二年にオックスフォード大学クライスト・チャーチ学寮に入学し、著名な古典学者だった学寮長ヘンリー・リデルの娘アリス・リデル（Alice P. Liddell, 1852–1934, ルイス・キャロル Lewis Carroll, 1832–1898. の『不思議の国のアリス』のモデル）と親しい友人関係にあり、一八八三年一月に誕生した彼女の次男の洗礼の代父を務め、自分の洗礼名「レオポルド」を与えている。

レオポルドは生後すぐに血友病の診断を受けて以来、アーノルド・ロイル（Arnold Royle）やジョン・ウィカム・レッグ（John Wickham Legg）を初め多くの医師たちに見守られながら生涯を送った。一八八四年二月、レオポルドは、イングランドの厳しい冬の気候のせいで、血友病の通常の症状である関節痛が深刻になり、体が弱っていたので医師からカンヌで転地療養をするよう言い渡された。三月二七日、レオポルドは滞在先で滑って転び、頭を打ったうえ膝からの出血が止まらず、翌日の早朝には息を引き取った。レオポルドが死去してから四か月後、未亡人ヘレナが長男チャールズ・エドワードを出産し、オールバニ公爵位は息子に引き継がれた。チャールズ・エドワードは一九〇〇年、伯父アルフレッドの後を継いで一六歳でザクセン＝コーブルク＝ゴータ公国の元首となった。スウェーデン王カール一六世グスタフはチャールズ・エドワードの外孫であり、レオポルドの曾孫にあたる。

レオポルドは当時、血友病患者でありながら子孫を残すことが出来た珍しい例だった。血友病の因子はX染色体に含まれるため、血友病患者の娘は全員が血友病の保因者となる（反対に、息子が父親から血友病の因子を受け継ぐことは無い）。レオポルドの娘アリスも血友病の保因者であり、その因子が彼女の息子トレメイトン卿を血友病患者にした。

（舟崎克彦・笠井勝子著『不思議議の国の〝アリス〟　ルイス・キャロルとふたりのアリス』求龍堂　一九九一年、トマス・ハインド編　別宮貞徳・片柳佐智子訳『アリスへの不思議な手紙　ルイス・キャロル　珠玉のメルヘン』東洋書林　二〇〇一年、参照）

(7) 医学がまだ未発達で、科学的見地も未確定だったので、コレラの原因も様々考えられていた。同様に、対策、治療法も様々だった。図版8のように、コレラ対策服もあれば、また通俗的療法もいろいろあった。

経口補液がもっとも有効な脱水症状を抑えるものとして使用されたが、日本では海水を薄めて使用する事もあった。またラムネが症状緩和に使用された。明治十九年（一八八六）は、コレラの死者（一〇万八四〇五人）がもっとも多かった年で、ラムネがコレラ予防に効くという噂が流れ、おおいに飲用された。ラムネは、レモネードがその語源だと言われている。

(8) 瘴気。Miasma。瘴気論は、miasmic theory, miasmatic theory, pythogenic theory と呼ばれた。基本的に人間に病気をもたらす可能性のある有害なガスで、地球の割れ目から吹き出していたり、あるいは死んだ動物の死骸から立ち上る有害なガスと目されていた。例えば、蚊を媒介とするマラリアも、長い間この瘴気による病気と考えられていた。それはその名称に如実に示されている。［malaria=mal+aria=Italian：bad+air］つまり、マラリアは「悪い空気」であったのである。それは「瘴気」を意味する。

例えば英国の『医学の医聖ヒッポクラテス』と称されるシデナム（Thomas Sydenham, 1624–1689）は、病気の原因を地球内部から吹き出した瘴気であると考えた。また英国で衛生対策に非常に功績のあった社会改革者チャドウィック（Edwin Chadwick, 1800–1890）の衛生的処置の基本的対応は、瘴気へのものだった。

（9）四体液病理学説、多少の異同はあるが、大凡このように理解されていた。

体液	気質	元素	器官	天行
血液 blood	多血質 sanguine	空気 air	心臓 heart	木星 Jupiter
粘液 phelgm	粘液質 phlegmatic	水 water	脳 brain	金星 Venus
黄胆汁 Yellow bile	胆汁質 choleric	火 fire	肝臓 liver	火星 Mars
黒胆汁 Black bile	憂鬱質 melancholic	土 earth	脾臓 spleen	土星 Saturn

（10）これら階段井戸は、単なる水溜ではなく、また同時に造営者の権勢と富を反映するものでもあった。例えば、筆者が訪れた西インド・グジャラト州の首都アフマダバード（Ahmedabad, Gujarat）にある二つの階段井戸は壮大であった。その一つは、市内にあるアダラジ・バオリ（Adalaj Baoli, 1499）であり、もう一つは少し離れたかつてハラッパー古代遺跡群の中、パタン（Patan, Gujarat）にあるもっとも大きな階段井戸ランキ・ヴァヴ・ヴァオリ（Rani-ki-Vav Baoli, 1050）である。（図10参照）

特にアダラジ・バオリは、ほぼ完全な姿で残っており、その芸術的意味、建築学上の意義も深いが、かつて東西に移動を繰り返した隊商（キャラヴァン）が立ち寄り、水の補給をした場所であって、まさに生活の場であった。しかも、この建物は五階建ての建物に相当し、その梁には装飾のみならず、溝が彫られていて、酷暑の際にはその溝に水を流して、自然のクーラーの働きをするように考えられていたらしい。つまり水の気化熱で周辺を冷やすと言う仕組みで、時に四、五度の温度差を生じて、天然の涼しさを提供したのである。（福田眞人「インドの階段井戸」中日新聞、二〇〇一年六月十九日号掲載。）

(11) 水洗便所 flush toilet の考案者は英国宮廷詩人ジョン・ハリントン（John Harrington, 1560–1612）、“A New Discourse of a Stale Subject, called the Metamorphosis of Ajax”（1596）で、英語の俗語で便所を意味する‘jakes’を用いたもの。アメリカで、男子便所を‘John’と呼び習わすのは、彼の名前から来ているという説もある。

(12) この頃、まだ病原菌、細菌の考え方はなく、人々は病気の原因をもっと別のものに求めていた。例えば、宇宙の運行の不適合、地球の割れ目から発生するガス状のもの、それが瘴気（miasma）と呼ばれるもので、病気全体の原因と考えられていた。これを瘴気病理学説（miasmatic/miasmic theory）は、宇宙運行の不具合等とともに、病気の原因として広く信じられていた。医者はもちろんそれらの病気の起源説を信じていた。

瘴気と夜気は結びつけられ、中世のヨーロッパ人は夜になると戸締りを厳重にし、また換気（ventilation）という発想もなく、酸素（oxygen）もまだ発見されていなかったので、部屋の中で暖炉を焚いて一酸化炭素中毒を発生したのである。清潔と衛生という両方の観点から、この瘴気説は人間の日常生活に大きな影響力を持っていたことがわかる。

(13) パリの古い下水道は、一三四七年に中央市場近くのモンマルトルに作られたものと言われている。一六〇五年には、暗渠式の下水道を造営した。ヴィクトル・ユーゴー（Victor Hugo, 1802–1885）の大作『レ・ミゼラブル』（Les Misérables, 1862）の中に、一七四〇年に二二六㎞の下水道が完成しているとの記述がある。一八〇二年にウルク運河の造営が始まり、一八二五年に完成。

ロンドンでは、上水道が先か下水道が先か議論の的だったが、結局、バサルゲット（Sir Joseph Bazalgette, 1819–1891）の提言において上下水道を同時に着工することになった。工事は一八五九年から一八六五年まで続き、三億個以上のレンガを使用して、上下水道七二〇km、細いものも含めると二万一〇〇〇kmにもなると言われている。

[参考文献]

アッシェンバーグ・K（鎌田彷月訳）『図説不潔の歴史』原書房、二〇〇八年。（Katherine Ashenburg, *The Dirt on Clean*, Knopf/Random House, Canada, 2007）
大森弘喜「一八三二年パリ・コレラと「不衛生住宅」」（http://www.seijo.ac.jp/pdf/faeco/kenkyu/164/164-oomori.pdf）
クセルブン・J（鹿島茂訳）『自由・平等・清潔―入浴の社会史』河出書房新社、一九九二年。
小池寿子『マカーブル逍遥』青弓社、一九九五年。
齋藤健次郎『物語　「下水道の歴史」』水道産業新聞社出版、一九九八年
鈴木則子『江戸の流行り病：麻疹騒動はなぜ起こったのか』吉川弘文館、二〇一二年。
スミス・V（鈴木美佳訳）『清潔の歴史―美・健康・衛生』東洋書林、二〇一〇年。
西田茂樹「わが國の乳幼児死亡率低下に医療技術が果たしたやくわりについて」*Bull. Natl. Inst. Public Health*, 45（3）: 1966.
Kelley, Victoria : Soap and Water : *Clendaliness, Dirt, & the Working Classes in Victorian and Edwardian Britain*（I. B. Tauris, 2010）

Ⅲ　文学の視座から

第8章　喜歌劇『ミカド』と日本人の身体

岩崎　徹

一八八五年にロンドンのサヴォイ劇場で初演された喜歌劇『ミカド』は、瞬く間に欧米に広がり、極東の島国日本にまで伝わった。そして、処刑マニアのミカドに周囲がさんざん振り回されるという物語なだけに、日本での上演は、その後さまざまな曲折を経て、二一世紀に入って新たな展開を見せている。本稿では、ロンドンでの初演をめぐる状況を踏まえた上で、日本でのおもな上演をたどりながら、演じられる役柄としての日本人の身体と、日本人を演じる役者の身体という観点から考察を加えてみたい。

日本ブームのロンドンで

ウィリアム・ギルバート作詞・台本、アーサー・サリヴァン作曲の一連のコミック・オペラは、上演された劇場にちなんで「サヴォイ・オペラ」と呼ばれる。中でも『ミカド』はサヴォイ・オペラ最大のヒット作品となる。この作品が誕生するまでの経緯を、綿密なリサーチに基づいて描いた興味深い映画にマイク・リー監督の *Topsy-turvy*（一九九九）がある。この映画によると、『ミカド』は大変な難産だった。サヴォイ・オペラの前作『アイダ姫』（一八八四）はことのほか不評で、興行師ドイリー・カートは契約に従って、ギルバートとサリヴァンに新作の制作を依頼するが、本格的なグランド・オペラの作曲をしたいサリヴァンとしては、ギルバートが相変わらず提案してくる、惚れ薬がらみの突拍子もない（topsy-turvy）物語にはうんざりしている。『陪審裁判』（一八七五）以来、数々のヒット作を生みだしてきたパートナーシップもこれであわや解消かと思われたが、この危機を脱するきっかけとなったのが、日本だった。新作のアイディアをひねり出そうと書斎で苦悶するギルバートは、壁に掛けていた日本刀が床に落ちたのを見て思いつく。新作の舞台はニッポンにしようと。

この映画では、これに先立って、気分転換にと夫人に誘われたギルバートがしぶしぶ訪れる日本人村の様子が丹念に描かれている。当時、*Illustrated London News* が詳細な挿絵入りで報じた会場が、[1]工芸品の製作・販売や、日本舞踊、撃剣、歌舞伎など、正確に再現され、職人や芸人を演じているのも日本人の俳優だ。倉田喜弘の『一八八五年ロンドン日本人村』によると、オランダ人興行師タンナケルが総勢約一〇〇名の日本人職人・芸人を引連れて、『ミカド』初演と同じ一八八五年の一月一〇日、ロンドンのナイツブリッジに開場した日本人村は、同年五月二日に火事で消失するまで盛況で、一日に四〇〇〇～五〇〇〇人の入場者があった。[2]『ミカド』が幕を開けたのは三月一四日だから、この映画のように、ギルバートが日本人村を訪れたことが直接のきっかけとなって『ミカド』の着想を得たと考えるのは、猪瀬直樹が『ミカドの肖像』で指摘するように無理がある。[3]しかし、着想のタイミングに劣らず重要なのは、『ミカド』が開幕した時点で、本物の日本人たちによる言わば「ライバル興行」がすでに大変な評判であり、安っぽい偽物のエンターテイメントでは勝ち目がないことをギルバートらが意識していただろうということだ。

ギルバートにはもともと、舞台装置や衣装についてのこだわりがあった。徹底的な考証をしなければ気が済まないのだ。すでに『軍艦ピナフォア』では、ポーツマスに赴いてネルソン提督が最期に率いたヴィクトリー号の精密なスケッチをして、セットを作り、海軍幹部からその精確さを絶賛されていた。[4]また、『アイオランシ』では、冠とローブで正装して颯爽と登場する上院議員たちの衣装を、英国王室御用達のメーカーに作らせたこともあった。[5]奇抜なストーリー展開は、限りなく現実に近い設定があってこそ際立つからだ。今回の舞台は日本だ。しかも、観客の身近に日本人村という本物がある。ギルバートとしては、安っぽい偽者だけは何としても避けたかったに違いない。そこでまず、おおぜいの登場人物たちが身に着ける着物は、東洋の品々を専門に扱うリバティー百貨店に特注した。[6]さらに、俳優たちに日本人らしい仕草、動きを教え込ませるために、日本人女性をコーチに招くことにした。ここで目をつけたのが、日本人村にある茶店の女給だ。話せる英語がお茶の値段だけなので、「シックス・ペンス・プリーズ嬢」と呼ばれたという。[7]映画 *Topsy-turvy* では、言葉の通じない彼女たちが、日本女性の歩き方や扇子の扱い方などの演技指導をする様子がコミカルに描かれ、次のシーンでは、目の覚めるような鮮やかな色の着物を着た三人娘が、本番の舞台で特訓の成果を披露する。西洋人の身体を日本の伝統衣装に包んで、日本人的な動きをする「日本娘」が誕生したわけだ。

『ミカド』の登場人物が舞台上でどのような日本人的な動きをするかを、テクストに即して見てみよう。まず、幕開きの男声コーラスでは、日本の美術・工芸品に描かれた絵から抜け出たような日本のジェントルマンたちが歌う。

Our attitude's queer and quaint–
You're wrong if you think it ain't, oh!

If you think we are worked by strings,
  Like a Japanese marionette,
You don't understand these things :
  It is simply Court etiquette.
(Act I, ll. 8–13)

壷や屏風、扇子の表面に描かれた静止画像は見慣れた観客も、立体化した人物の動きは「奇妙で古風」、操り人形のようにぎこちなく見えるだろうというのだ。文楽人形のしなやかな動きは念頭にないようだ。

次に、日本的な動作について言及されるのは、死刑執行長官のココが、「その他もろもろ大臣」プーバーに対して、婚約者に挨拶をしてくれと具体的に指示をする場面だ。"...any little compliment on your part, such as an abject grovel in a characteristic Japanese attitude, would be esteemed a favour."（ActI, II. 314–16）深々とお辞儀をするのは、『ミカド』の上演でもよく見かけるが、ここではさらに「日本人らしく這いつくばって」と言っている。中国式の叩頭をイメージしているのかもしれない(8)。

第二幕の冒頭では、結婚式当日の朝、髪を結い、化粧をして仕度をする花嫁ヤムヤムが、自分の美しさにうっとりして言う。"Sometimes I sit and wonder, in my artless Japanese way, why it is that I am so much more attractive than anybody else in the whole world."（Act II, II.26–28）「世界一魅力的」とは、とても謙虚とはいえないが、そう考えるときの仕草が純真、素朴で日本的だというのだ。

このように、台詞・歌詞に「日本的」とされている動作をたどってみて気づくのは、「日本風」を演じているとはいえ、西洋人の俳優は日本人になりきるのではなく、むしろ本当は日本人ではないことをほのめかしながら、日本人についてのステレオタイプを観客と共に面白がっている節があるということだ。俳優と役柄の距離を端的に示す、ト書き的な歌詞が第一幕フィナーレに見られる。集まってきたティティプー市民にココが処刑する候補者が見つかったと告げると、喜んだ市民たちは "The Japanese equivalent for Hear, Hear, Hear!"（ActI, l. 691）と歌う。「日本語で何と言うかは知らないが、英語の "hear, hear" にあたる言葉」という意味だ。「そうだ、いいぞ」という賛同、賞賛を表している。

『ミカド』の登場人物が口にする日本語らしき台詞（歌詞）となると、作品全体で二箇所のみだ。一つは第一幕フィナーレで、ナンキプーの正体を暴露しようとするカティシャの声をかき消すためにコーラスが大合唱する "O ni! bikkuri shakkuri to!"（ActI, l. 820）という不可解な言葉だ。もう一つは、ミカド登場の際に歌われる有名な「宮さん、宮さん」だが、これもいささかイギリス訛り(?)でこうなっている。

Miya sama, miya sama,
On n'm-ma no maye ni
Pira-Pira suru no wa
Nan gia na
Toko tonyare tonyare na?

(Act Ⅱ. Ⅱ. 292–96)

プッチーニのオペラの原作となったデーヴィッド・ベラスコの劇『蝶々夫人』(一九〇〇)では、主人公の話す英語は、黒人英語を思わせるような強い訛りと文法の間違いに満ちている。(9) これに対して、『ミカド』の登場人物は、上記の二例を除いて完璧な英語を話す。舞台上の人物たちは、視覚的には、日本風の着物を身につけ、ときおり日本的なジェスチャーもするものの、台詞に関する限り、日本人であることを印象付けるものはほとんどない。それはいつものギルバート調であって、『ミカド』以外のサヴォイ・オペラとなんら変わらない。衣装やメイキャップ(白塗りの顔で、やや腫れぼったい瞼)、ジェスチャーで日本人に扮してはいても、透けて見えるのはドイリー・カート歌劇団のおなじみのメンバーなのだ。たとえば、死刑執行長官のココを演じるのは、その重責とは裏腹に小柄で、相変わらず早口歌の名人芸を持ち（『ミカド』では、いざという時に備えて携帯している処刑候補者リストを読み上げるカタログ・ソングで披露される）、フットワークの軽いジョージ・グロスミスだ。「その他もろもろ大臣」を演じる恰幅のいいラットランド・バリントンは、“a Tremendous Swell”（ActI, l. 403）（大変なしゃれ者／膨れ上がった肥満体）と紹介されるところは、着物で正体を隠しきれていないことがわかる。

一八八五年三月一四日に幕を開けたドイリー・カート歌劇団の『ミカド』は、サヴォイ劇場で六七二回の上演記録を打ち立てることになるが、海外進出も早かった。英語圏はもとより、ヨーロッパ大陸の主要都市でも上演された。一八八六年一〇月一五日には、ドイツ留学中の森鷗外がミュンヘンで見ている。[10]日本はドイリー・カート歌劇団の海外公演リストにはなかった。しかし、横浜、長崎などの開港地は、多くのイギリス人が住む外国人居留地があるため、イギリスなどから比較的小規模の劇団や歌劇団が巡業する東回りのルートの終点に位置していた。[11]だから、イギリスで大評判になっている上に、日本を舞台とする『ミカド』を日本で上演しようという発想が出てくるのは、興行側の観点からは当然のことだった。ところが、処刑マニアの天皇が登場する作品とあって、日本上陸は並大抵のことではなかった。

横浜外国人居留地で

日本で最初の『ミカド』上演となったのは、イギリスから来たサリンジャー一座による、横浜外国人居留地の劇場ゲーテ座での舞台（一八八七年四月二八日）だったが、それはドイリー・カート歌劇団の上演とは非常に異なるものだった。サヴォイ劇場での上演については、新聞特派員の報道を通じて日本にも伝わっていた。そこで、当時、不平等条約の改正を目指して欧化政策を取っていた政府は、外交ルートを通じてサリンジャー一座に圧力をかけた。一般の日本人の目にふれる上演ではないとはいえ、天皇を侮辱するような内容の上演を見過ごすわけにはいかないというのだ。その結果、天皇に関わる部分はすべて変更されることとなり（ミカド登場の曲「宮さん、宮さん」がカットされたのは言うまでもない）、冒頭の男声コーラスの歌詞が「我らは日本の紳士」から何と「我らはシャムの紳士」に変更された。まるでミュージカル『王様と私』のようだ。作品のタイトルも『ミカド』が許可されるわけがない。そこで差し換えられたのが、『ミカド』の中でももっとも人気があった曲の曲名「女学校出たての三人娘」だ。「三人娘」が『ミカド』の代名詞となるほど人気があったことについては、サヴォイ劇場での初演時にプーバー役を演じたラットランド・バリントンが回想している。「（この曲は）私の経験では、あるいはきっと誰の経験でも、匹敵する曲がないほど観客を熱狂させ、執拗にアンコールを求めさせた。[12]」曲の終わりで三人娘が横に並んでポーズを取る姿は、さまざまな商品の広告にも使われるようになった。

その例として、アメリカのトムソン社製コルセットの広告がある。着物姿のにこやかな三人娘が、体の前にコルセットを提げているのは、広告を見る女性に着用を勧めているのだろう。それは、前出の映画 *Topsy-turvy* に出てくる、俳優たちのコルセットをめぐる騒動を思わせる。日本女性は着物を着るときに下着を着けないと聞いて、ドイリー・カート歌劇団の女性たちは慌てるが、結局、シャモア皮と薄絹を重ねた特製の下着を着けることになったという。[13] ナンキプーを演じる男優さえ、コルセットも着けずに舞台に出るなどというはしたないことはできないと言い張る場面がある。ただし、ファッション史的には、一九世紀末に着物はガウンのようなゆったりとした室内着として流行するわけだから、[14] 実際には体を締め付けて整形するコルセットの広告なのだが、見方によっては、女学校から解放された三人娘たちが「もうこんな窮屈なコルセットをつける必要はない」と言わんばかりに、着心地のよい着物のほうを宣伝しているようにも見えてしまう。いずれにしても、日本人を演じる西洋人は、着物を着ていても、その下に西洋の下着を着けていた。

コルセットを宣伝する「三人娘」

話を日本に初上陸した国籍不明の『ミカド』に戻すと、居留地の英字新聞の劇評によれば、劇場始まって以来の客の入りだったという。この上演についての詳しい資料がないので、推測するしかないが、居留地の人々は本物の日本人を目にする機会も多かったはずだから、巡業用の衣装にことさら日本を感じることはなかっただろう。その上、天皇への言及を削除されて改ざんされた台本とあっては、大盛況の理由が日本らしさではなかったのは確かだろう。『ミカド』はこの後も、原作通り無傷での日本上陸が試みられるが、水際で阻まれている。そういう事情から、『ミカド』は「呪われた作品」[15]（倉田喜弘）、「日本ではまったくの御難続きの作品」[16]（升本匡彦）と呼ばれてきた。

大正・昭和と『ミカド』

大正時代の一時期、庶民の娯楽の中心地だった浅草で、人々がヨーロッパのオペラ、オペレッタに熱狂した。日本オペラ上演史上重要な「浅草オペラ」だ。[17]戸山英二郎（後に歌劇団を創設する藤原義江）や原信子も浅草の舞台に立った時期がある。日本人が欧米人に扮する翻訳・翻案上演だが、当時、オッフェンバックの作品と並んでよく上演されたのが、ギルバート&サリヴァンのサヴォイ・オペラだった。『軍艦ピナフォア』は特に人気があったが、皇室のタブーにより『ミカド』が上演されることはなかった。日本で堂々と『ミカド』が上演されるのは、天皇をすら凌駕する権威が出現した第二次大戦後の占領期まで待たなければならなかった。

皇居が目の前にある東京宝塚劇場を米軍が接収して、沖縄戦で戦死した従軍記者の名を冠したアーニー・パイル劇場が、その舞台となった。この劇場では、駐留軍関係者のための上演が行われたが、一

アーニー・パイル劇場での『ミカド』上演

九四六年八月一四日に「本邦初演」と銘打って上演された『ミカド』は、潤沢な制作費と劇場の優秀な日本人スタッフを活用した豪華な舞台だった。特に振付を担当した伊藤道郎は、欧米でダンサーとして活躍した経歴を持ち、当時、この劇場の顧問兼総監督を務めていた[18]。プログラムを見ると、男声コーラス四〇名中一〇名、女声コーラス二三名中二一名が日本人と思われる。サヴォイ劇場での初演時のコーラスは、男声、女声いずれも二〇人ほどだったことを考えると、東京の舞台にはかなりおおぜいの人が並んでいたことがわかる。『ライフ』誌に掲載された二ページに渡る大きな舞台写真[19]で確認できるように、本物の着物を着た本物の日本女性二一名の姿は、台詞はなくても存在感があったに違いない。オペラの海外公演は、現在でもコーラスなどを現地調達する場合が多いが、アーニー・パイルで現地調達されたコーラスは、こちらこそが本物の日本人という意味では、エキストラと言いがたいものだったろう。ソリストはすべてアメリカ人で、プロの舞台経験がある者もいたが、大半は軍人のアマチュア歌手だった。『ライフ』誌の記事は、観客の中に皇族がいて、上演を楽しんだことを伝え、さらに、ミカドを演じたドナルド・ミッチェル四等特技兵が大柄なところが昭和天皇と異なるとコメントしている。読者は、昭和天皇が一九四五年九月二七日にマッカーサー元帥を訪問した際の、マッカーサーと並んだ小柄な天皇の写真を思い出したかもしれない。アーニー・パイル劇場の『ミカド』上演は、新聞、雑誌で海外に伝えられただけではなく、NHKラジオで日本全国に生中継された。視覚的には豪華な舞台だったとはいえ、ソリストの大半がアマチュアという上演をわざわざラジオ放送で流し、しかも戦勝一周年のタイミングで生放送したことは、GHQの権威を誇示し、日本の民主化を印象付けるための日本国民へのデモンストレーションの意味合いが強いだろう。放送の準備は事前に着々と進められていたことが、NHKの資料からわかる。[20]こうして、皇居至近の劇場で米兵演じるミカドが英語で「罪に見合った罰を」と歌う声が日本全国に届けられた。『ミカド』上演はこうして外圧により解禁された。一九四七年には、刑法から不敬罪の規定が削除されたが、死刑が執行される現実の世界では、一九四八年一一月に東京裁判のウェッブ裁判長がA級戦犯に次々に絞首刑を言い渡すことになる。

横浜での言わばカモフラージュ上演以来、長い間上演できなかった『ミカド』は、こうして大半がアマチュアのアメリカ人ソリストと、おおぜいのプロの日本人コーラスが共演した形となったアーニー・パイル劇場での上演で解禁されたが、その後まもなく、日本人による日本語での上演という新たな段階を迎える。解禁された『ミカド』に早速、松竹と東宝が目をつけたが[21]、結局、上演にこぎつけたのは、一九四六年に『蝶々夫人』で旗上げしたばかりの長門美保歌劇団だった。一九四七年の上演予定が、著作権のトラブルにより延期され、翌四八年一月二九日に、長門が私財をつぎ込んでの上演初日となった。今回は演出に当った伊藤道郎は、プログラムの中で『ミカド』と『蝶々夫人』が「日本の幻想として欧米の大衆から愛されているが、これ等は現実の日本なのではなくて、異国人の見た夢のファンタジーであることを強調したい」と語っている。上演台本を見る限り、原作に非常に忠実な翻訳上演だったようだ[22]。ただし、日本人をネタにしたジョークは削除されている。たとえば、「私が成人するまで待って」と愛するヤムヤムに言われたナンキプーが、「日本の成年は五〇歳、それまでは無分別な年齢」と応じる箇所がカットされている。また、皇太子とは知らずに処刑してしまったと嘘の報告をミカドにする際に、ココが「ハンカチに名前でも書いてあれば気が付いたでしょうが、日本人はハンカチを使いませんので」と言い訳をする台詞も同様だ。原作にあるこうした台詞は、ロンドンでの初演では、日本人に扮してはいるがイギリス人の俳優が同じイギリス人の観客と笑いを共有するものと言えるが、本物の日本人の俳優から日本の観客に向かって発せられる場合には、不自然ないしは不愉快に感じられるという判断があったのだろう。長門美保歌劇団の『ミカド』ではさらに、皇太子ナンキプーを追い回し、ミカドを上回る貫禄を示す女官カティシャが、登場する場面を二箇所削除されることによって、ややおとなしくなっている。原作の第一幕フィナーレでは、カティシャがナンキプーの不実をなじり、その正体を暴露しようとして大合唱でかき消されるのは、すでに見た通りだが、長門版ではそれがカットされている。

フィナーレが盛り上がりに欠けるものになる恐れすらあるカットと言える。また、第二幕で彼女がミカドと共に登場する際に、ミカドを押し退けて「皇太子妃内定者の自分にこそお辞儀を」としゃしゃり出る歌詞も削除されている。この二箇所は、一九五五年の同歌劇団上演台本では復活している。[23]『ミカド』が解禁されたとは言え、ミカドの権威を損なうようなカティシャは一般の日本人観客には歓迎されないと判断したのだろう。昭和天皇の乱れ髪を直そうとする皇后の写真すら批判する向きがある時代だった。『ミカド』は以後、長門美保歌劇団のお家芸となり、一九八〇年代までに地方公演を含めて数百回上演されることになる。[24]日本人の俳優が着物を着て日本人の役を演じるのだから、日本人の観客はほとんど違和感を感じない。さらに、テクストの一部を削除することでより「自然」な言わば和風味を付けた『ミカド』が長い間上演されることになった。

大正時代の浅草オペラでは、『ミカド』の上演はなかったが、平成になってから浅草オペラ的で賑やかな『ミカド』の上演が実現した。名古屋の大須演芸場で一九九二年に『ミカド』を上演したのは、岩田信市主宰のスーパー一座だ。この劇団はもともと「ロック歌舞伎」のスタイルで歌舞伎やシェイクスピア劇（八四年『マクベス』、八七年『リア王』など）を上演していた。八八年から毎年一二月に「大須師走歌舞伎」を始めたのに続いて、九二年から毎年七月に「大須オペラ」と銘打って始めた上演（「誰でも楽しめる庶民的オペラ」、「真夏の夜、日本で唯一、生ビールを楽しみながらのオペラ見物」）の第一回が『ミカド』だったのだ。DVD『大須オペラ名場面集』の映像を見ると、オペラ歌手とは言い難い俳優たちが、舞台狭しと動き回る、大衆芸能的雰囲気が伺われる。大須オペラでは、その後も浅草オペラ時代におなじみだった作品が取り上げられた。オッフェンバックのオペレッタと並んでしばしば上演されたのがサヴォイ・オペラだ。第二回『ゴンドリエーリ』、第三回『ペンザンスの海賊』、第七回『軍艦ピナフォア』といった人気作品の他、二〇〇三年の第一二回では、ドイリー・カート歌劇団すら一九七五年まで再演がなかった『ユートピア国株式会社』を上演している。[25] これは、専制君主の治める南の島国が、ケンブリッジ大学に留学していた王女の連れ帰ったイギリス人顧問団の力を借りて近代化を進める話で、刑罰についての権威として日本のミカドへの言及がある。

秩父版『ミカド』

二一世紀が幕を開けた二〇〇一年、日本の『ミカド』上演史は新たな展開を見せる。その舞台となったのは、埼玉県秩父市だ。二〇〇一年は秩父市市制五〇周年にあたり、記念行事の一環として企画されたのが『ミカド』上演だった。『ミカド』の副題にある「ティティプー」は秩父に違いないということで、放送作家・タレントの永六輔の呼びかけに応じて、地元の伝統芸能と人材を活用して制作された秩父版『ミカド』は、音楽的にも舞台美術もレベルの高い、本格的な翻案上演となった。秩父版の舞台はもちろん秩父で、地方色は登場人物がときおり口にする方言や、台詞・歌詞に盛り込まれた地元事情などに現れている。原作にないプロローグとして、ナンキプーとヤムヤムの秩父夜祭での出会いが付け加えられている。鉦と太鼓、笛の秩父囃子は、このプロローグの他に幕間でも演奏される。

秩父版『ミカド』の「三人娘」

長門美保歌劇団の上演がかなり原作に忠実な翻訳版だったの対して、秩父版は台本にかなり手を加えた翻案版だ。物語はほぼ原作に沿って展開するものの、台詞・歌詞は現代風にアレンジされ、訳詞はリズムを重視した大意訳となっている。(26) 秩父神社から借りたという裃を着た「秩父のジェントルマン」だが、パソコンや携帯電話を使いこなすらしい。登場人物の性格も一部変更された。原作では、しがない仕立て屋あがりでハエも殺せない小心者の死刑執行長官ココが、秩父版では反物問屋から法務大臣に成り上がった尊大な人物となり、自分の機嫌を損ねた者は死刑といいばりちらす。彼が後見人を務める許婚のヤムヤムは、原作では生い立ちが一切明かされないが、秩父版では、貧しい機織りの娘で、母を早く亡くし、父が飲んだくれで、ココに養育されたことになっている。そして、ミカドは「モラル、品位と思いやり」重視の人格者で、昭和天皇の口癖「あっそう」を連発する。やはり「罪に見合った罰を」がモットーだが、処刑の方法にこだわるサディスティックなところはなく、物分りがいい人物になっている。幕切れでは引退すらほのめかす台詞を言う。「余も歳を取ったのだろう。若い者の時代がやってきたのだ。ナンキプー、妃を大切に。そしてモラルを忘れず、平和な国を民と共に作っていくがいい」と。[27]

こうして秩父銘仙のように地方色に染め上げた『ミカド』は、東京へ進出し（二〇〇三年三月二五日に東京芸術劇場で再演）、さらには「故郷」イギリスでの言わば里帰り公演を実現することになる。毎年夏に、特定の作曲家のオペラ上演をするヨーロッパの音楽祭といえば、ワーグナーのバイロイト音楽祭を思い浮かべるが、それよりはるかに庶民的な国際ギルバート＆サリヴァン音楽祭が一九九四年にイギリスのバクストンで始まった。英語圏を中心に世界各地から集まった歌劇団が、メイン会場のオペラ・ハウスで三週間にわたって競演し、それと並行して、サヴォイ・オペラ関連のコンサートやワークショップ、講演などが連日行われる。二〇〇六年の第一三回国際ギルバート＆サリヴァン音楽祭に日本から初めて招聘されたのが、秩父版『ミカド』の東京テアターだ。指揮・音楽監督の榊原徹を中心に、演出の藤代暁子、脚本の清島利典らのスタッフと、ソリストはミカド役の鹿野由之、カティシャ役の山下牧子らが加わって強化された九名、コーラスは男声、女声とも六名ずつ、バレエ・ダンサー六名で総勢約四〇名のカンパニーだ。セットは舞台上手の柳の木、中央の階段、下手の太鼓橋と簡素だが、今回は石灯籠が現地スタッフの製作したもので、ケルトの十字架か床屋の看板のような異様な姿をさらしている。柳の木も、ハイド・パークにでもありそうな大樹だ。日本から持ち込んだ吊り花と共存しているところが、和洋折衷で面白い。

約一〇〇〇席の客席を埋め尽くす観客は、オレンジ色の法被を着た秩父市からの「応援団」二〇名ほどを除けば、ほとんどが英米人だ。イギリスでは一世代前までは、サヴォイ・オペラは言わば学芸会の定番として、学校でよく上演されていた。中でも『ミカド』はよく知られていて、この音楽祭の観客などは、上演に参加した経験がある場合が多いと思われる。そうした事情もふまえて、字幕なしの日本語による上演が挙行された。ただし、原作から離れた部分もあるため、ところどころに物語の流れを知らせるための、短い英語の台詞が挿入された。下手な英会話風コントで笑いを取りにいった箇所もある。英語による上演を企てなかったことが、結果的に幸いしたようだ。というのも、かつて藤原歌劇団がアメリカ公演をした際に、英語での上演が裏目に出て、思いのほか不評だったことがあるからだ。英・米・日における『ミカド』上演史を詳細にたどった Josephine Lee の *The Japan of Pure Invention : Gilbert & Sullivan's* The Mikado によると、一九五六年のアメリカ公演で、藤原歌劇団の『蝶々夫人』は好評だったものの、『ミカド』のほうは不評で、その理由として英語というよりイタリア語に聞こえる、不明瞭な "Mikado's English" が挙げられている。(28) 長門美保歌劇団についてもふれた通り、日本の歌劇団のレパートリーとして、『蝶々夫人』と『ミカド』の組合せはとっぴなものではない。しかし、『蝶々夫人』が三浦環以来、日本人オペラ歌手に海外の上演で主役を演じる機会を提供してきたのとは対照的に、『ミカド』のヒロイン、ヤムヤムを日本人歌手が演じることを期待されることはまずない。サヴォイ・オペラは英語で上演される限り、外国語訛りやたどたどしい台詞回しとは無縁の、完璧な英語が要求されることがわかる。秩父版のバクストン上演で唯一、歌詞を英語にした（手がけたのはイギリス育ちの中央大学教授［当時］新井潤美氏）のは、英米の上演でもしばしば歌詞を入替えて、その時その国でのいやな奴を槍玉に挙げる、ココのカタログ・ソングだ。世界中で目につく日本人観光客、カーナビやシャワートイレの発明者など、欧米人が喜びそうな日本人のステレオタイプを並べた上で、それを聞いていちいちうなずくあなたがた観客もブラック・リストに載せてある、と一矢報いて喝采を浴びた。花魁風の紫の着物を着たカティシャ役の山下牧子は、日本人離れした存在感を発揮し、一幕フィナーレでは、邪魔者たちを絡め取ろうと、土蜘蛛の糸を放った。女声コーラスの着物と蛇の目傘、バレエ・ダンサーの衣装が淡いピンクで統一されて美しかった。バクストンの観客は、歌舞伎風の衣装を身に着けた日本人が、秩父の地方色に染めた『ミカド』を演じるのを見て、そして、新国立劇場などで活躍するオペラ歌手たちの歌唱を聴いて、惜しみない拍手を送った。

一八八五年のサヴォイ劇場から二〇〇六年のバクストン歌劇場までの道のりは長かった。ジャポニスム最盛期のロンドンで、イギリス人の俳優がイギリス人の観客の前で日本人の役を演じた初演から、欧米から観客が集まる、今やサヴォイ・オペラ上演のメッカとなった国際ギルバート&サリヴァン音楽祭の桧舞台で、日本人のカンパニーが喝采を浴びる時代となった。この二つの上演の間には、これまで見てきたように、日本近現代史を反映して波乱に富んだ『ミカド』上演史の経緯があった。まずは、皇室のタブーにより、横浜の外国人居留地に国籍不明版として上陸した『女学校出たての三人娘』。大正の浅草オペラでの空白期を経て、第二次大戦敗戦後の占領期に、米軍兵士と日本人コーラスによる上演が実現したアーニー・パイル劇場での「初演」。その後、数十年間に渡って日本各地で（もちろん日本人の観客のために）上演された長門美保劇団の翻訳版『ミカド』。そして、平成になってから、大正期の空白を埋めるように、名古屋の下町で上演された大須オペラ版。新世紀の秩父版『ミカド』もじつは浅草オペラとのつながりがある。秩父ミカドの脚本家、清島利典は、浅草オペラの作曲家・脚本家として知られる佐々紅華の女婿にあたり、自ら主宰する東京歌劇座が浅草オペラ時代の人気作品を上演しているのだ。「アサクサオペラ」と銘打った上演としては、二〇〇五年に浅草で上演した『カルメン』、同年のスッペ作曲『ボッカチオ』がある。サヴォイ・オペラでも、『ミカド』以外に二〇一一年に『軍艦ピナフォア』を上演した。さらに、東京歌劇座が二〇〇七年に上演した喜歌劇『コックスとボックス』は、フランシス・バーナンド作詞・台本、サリヴァン作曲の準サヴォイ・オペラ的扱いの作品で、日本オペラ上演史上最初の作品として記録されているが、(29) 二〇〇九年には横浜開港一五〇周年記念で再演している。大正時代の浅草オペラと異なるのは、音楽監督の榊原徹の指揮による演奏のレベルの高さだろう。秩父ミカドとも重なるキャストは、比較的若い実力派のオペラ歌手だ。地道な活動を続けてきた東京歌劇座は、高いレベルの演奏と、清島が秩父ミカドで見せた大胆な台本の書き換えにより、今後も日本におけるサヴォイ・オペラ上演の推進役を期待したい。

日本人の身体に着目した、日本での『ミカド』上演史を締めくくるにあたって、近年の英米での上演にふれておきたい。イギリスの例としては、一九八六年にジョナサン・ミラー演出でイングリッシュ・

ナショナル・オペラ（ENO）が上演した、日本色を払拭した一九三〇年代ミュージカル風の『ミカド』がある。白と黒で統一されたアールデコ調のリゾート・ホテルを舞台に、おおぜいのダンサーがタップを踏む様子は、フレッド・アステア&ジンジャー・ロジャーズ主演の一連のミュージカル映画を思わせる。政府高官のプーバーは、侍でも公家でもなく、シルクハットに片眼鏡のイギリス紳士スタイルで登場する。死刑執行長官ココを元モンティー・パイソンのコメディアン、エリック・アイドルが演じて評判になった上演だ。この演出自体が今では一種の古典となったようで、二五年後の二〇一一年にもENOでキャストのほとんどを入れ替えて再演されている。ミカド役のリチャード・アンガスだけは二五年前と同じで、周囲より頭一つ抜きん出た長身をさらにフープで膨らませた巨体を白のスーツに包み、相変わらずの存在感を発揮した。この脱日本的な『ミカド』の成功は、『ミカド』がもともと日本人の身体を必要としなかったことを意味するのではないだろう。サヴォイ劇場での初演が、ジャポニスム最盛期という時流に乗って、セット、衣装、ジェスチャーなど徹底的に日本人らしさにこだわったこと、おなじみのドイリー・カート歌劇団の俳優がうまく日本人に化けてみせたことが、大ヒットの大きな要因となったことは確かだ。その後、数回のデザイン変更を経たものの、ドイリー・カート歌劇団の上演スタイルは、台詞や（特に早口歌の）歌詞が明瞭に後ろの観客席まで届くような発声、台本に含まれる風刺やユーモアがタイミング良く観客に伝わるような演技といった特徴を一世紀以上に渡って基本的に維持することになる。ギルバートの死後五〇年経った一九六一年以降、ドイリー・カートの独占体制は崩れるが、ドイリー・カート歌劇団の元メンバーやその伝統を引き継ぐ俳優・歌手は現在でも、サヴォイ・オペラの主要な上演に起用されている。二〇一一年のＥＮＯ版『ミカド』でココを演じたリチャード・シューアト、プーバーを演じたドナルド・マックスウェルも例外ではなく、いずれもバクストンの国際音楽祭の常連だ。

アメリカでのサヴォイ・オペラ上演は、海賊版が横行した初演当時以来、ドイリー・カートによる統制がイギリスほど効かなかったことにより、早い時期から多様だった。『ミカド』についても、一九三八年にニューディール政策の舞台芸術部門である「連邦劇場計画」の一環としてシカゴで上演された『スウィング・ミカド』がある。南洋の島国に舞台を移したこの上演では、ミカドは大きなカヌーに乗って登場し、一部の曲はジャズ風に編曲されていた。この『スウィング・ミカド』が翌年、ニューヨーク公演で張り合うことになったのが、マイケル・トッド制作の『ホット・ミカド』だ。タップ・ダンサーのビル・ロビンソン以下、オール黒人キャストによる上演という点では同じだが、こちらは超現代的なセットと衣装で、全編通してジャズ風の編曲になっていた。そのアメリカでの新たな展開として、アジア系アメリカ人の小劇団が『ミカド』を演じる際の葛藤を描いた、ドキュメンタリー風映画『ミカド・プロジェクト』（二〇一〇）がある。かつてのロンドン日本人村は一時的な興行だったが、移民国家アメリカには、大都市に日系人などのコミュニティーがあり、芸術活動を含む生活を営んでいる現実がある。この映画では、全米芸術基金（ＮＥＡ）からの助成金打切りの危機に瀕した劇団の若者たちが、白人の観客も見にくる演目でアジア系の自分たちにもできるものとして『ミカド』の上演を主張する演出家に反発しながら、原作に盛り込まれた（と彼らの信じる）差別的なステレオタイプを批判しつつ、最終的には、アジア系ならではというよりは、人種にとらわれないユニークなヒップホップ版『ミカド』を創りあげていく物語だ。日本を含めた国々での今後の『ミカド』上演のひとつの可能性を示唆しているのではないだろうか。

（1）金井圓編訳『描かれた幕末明治：イラストレイテッド・ロンドン・ニュース：日本通信：一八五三―一九〇二』雄松堂書店、一九七三年、二三六―四一頁。
（2）倉田喜弘『一八八五年ロンドン日本人村』朝日新聞社、一九八三年、七七頁。
（3）猪瀬直樹『ミカドの肖像』小学館、一九八六年、二八四頁。
（4）Ian Bradley ed., *The Complete Annotated Gilbert and Sullivan*（Oxford University Press, 2001）, annotation for ll. 1–2. 以下、テクストからの引用もこの版によるものとし、引用箇所は文末に行数で示す。
（5）*ibid*., p. 372, annotation for ll. 247–61.
（6）*ibid*., p. 576, annotation for ll. 321–36.
（7）*ibid*., p. 576, annotation for ll. 337–60.
（8）中国との混同を示す例としては、架空の処刑報告でココが「弁髪（pig-tail）を引っつかんで、首を斬り落とした」と生々しい描写をする箇所がある（Act II, l. 410）。
（9）小川さくえ『オリエンタリズムとジェンダー――「蝶々夫人」の系譜』法政大学出版局、二〇〇七年、九四頁。
（10）註３前掲、猪瀬、二六六―六七頁。
（11）升本匡彦『横浜ゲーテ座：明治・大正の西洋劇場　第二版』岩崎博物館、一九八六年。

（12）Bradley, *op. cit.*, p. 576, annotation for ll. 337–60.

（13）*ibid.*, p. 576, annotation for ll. 337–60.

（14）深井晃子「モードのジャポニスム」、「モードのジャポニスム」展カタログ、一九九六年、一九頁。

（15）註2前掲、倉田、一六頁。

（16）註11前掲、升本。

（17）増井敬二『浅草オペラ物語―歴史、スター、上演記録のすべて』芸術現代社、一九九〇年。

（18）藤田富士男『伊藤道郎・世界を舞う―太陽の劇場をめざして―』新風社文庫、二〇〇七年、二二四―二七頁。

（19）*Life*, Sept. 9, 1946, pp. 42–43.

（20）『GHQ文書による占領期放送史年表　昭和21.1–12.31』NHK放送文化調査研究所放送情報調査部、一九八七年。

（21）山本武利編『占領期雑誌資料大系：大衆文化編第一巻』岩波書店、二〇〇九年、三〇〇頁。

（22）長門美保歌劇団『ミカド』上演台本、一九四八年。

（23）長門美保歌劇団『ミカド』上演台本、一九五五年。

（24）長門美保歌劇団『ミカド』上演プログラム、一九八一年。

（25）『大須オペラ名場面集』DVD解説。

（26）岩崎徹「『ミカド』里帰り上演随行記」『英語青年』二〇〇七年三月号、二六―二八頁。

（27）ドイリー・カート歌劇団の上演には、歌舞伎の「型」にも似た、特定のジェスチャーを伴う、台詞には現れない演技がある。「罪に見合った罰を」とミカドが歌うカタログ・ソングの場合については、Bradley, *op. cit.*, p. 620, annotation for ll. 327–88 参照。ドイリー・カート歌劇団で「血も凍るような笑い」を定着させたダレル・ファンコートからミカド役を引き継いだドナルド・アダムズのヒステリックで動物的な高笑いはDVD映像（British Home Entertainment, 2011）で見ることができる。ドイリー・カート歌劇団に所属した俳優の伝記的情報を含む、サヴォイ・オペラ一般についての詳細で網羅的な情報を掲載したウェブサイトにThe Gilbert and Sullivan Archive（http://www.gsarcihve.net/）がある。

（28）Josephine Lee, *The Japan of Pure Invention: Gilbert & Sullivan's* The Mikado（University of Minnesota Press, 2010）, p. 202.

（29）増井敬二『日本オペラ史　～一九五二』、水曜社、二〇〇三年。

第9章　身体の苦しみから魂の救いへ
――遠藤周作の『海と毒薬』と『悲しみの歌』

郭　南燕

人間はだれでも身体と精神との関係について考えたことがある。人類の文明は、この関係に対する自覚・探索・思考の上に成り立っている。身体と精神とはどこから来て、どこへ消えて行き、どのような相互関係をもっているのか。キリスト教は、幸福な答えを用意してくれている。身体は神様の作り物で、いずれ滅びてしまうが、神様を信仰する人の精神は永遠の命を得る、という明るい構図である。

遠藤周作（一九二三～一九九六）は、数多くの小説と随筆によって、現代日本の読書界に多大な影響を与えたカトリック文学者である。『沈黙』、『私が・棄てた・女』、『深い河』など文学的香りの高い作品を書きながら、読者を抱腹絶倒させる小説『おバカさん』や『ユーモア小説集』、狐狸庵シリーズの随筆をもおびただしく創り出している。

山本健吉は、遠藤文学に四つの主題があるとして、（一）汎神論的風土をもつ日本にとってキリスト教の神とはなにかを問い詰めること、（二）罪の意識や情欲の深淵という人間実存の根源において神を求めようとする意志を見出すこと、（三）有色人種と白色人種との差別観への抗議、（四）ナチズムのような非人間的なものへの抵抗、と挙げている。[1]これらの主題はたしかに遠藤の作品によく現れたものといえよう。

遠藤がこれらの主題を表現するために用いる方法は、日本社会において活躍する「イエス像」をつくることではないかと思う。いわゆる「イエス像」とは、十字架に釘づけられ苦しむ最中でも、下手人の悪を赦して人類の罪を贖う、という聖書にあるイエスに類似した人物だと思う。

遠藤の文学に拷問、生体解剖、処刑など身体の傷害をもたらす〈極悪〉の物語がある一方、肉体の苦しみを忍び、隣人に愛を捧げる〈最善〉の話がある。前者は『白い人』、『沈黙』、『海と毒薬』、『侍』などであり、後者は『イエスの生涯』、『私が・棄てた・女』、『悲しみの歌』、『深い河』などである。同じ人物が登場し、前者と後者を有機的に結びつけたのは、『海と毒薬』（一九五七年六、八、一〇月『文学界』連載）と『悲しみの歌』（原題「死なない方法」、一九七六年一〜九月『週刊新潮』連載）だと思う。

『海と毒薬』はいわゆる「純文学」であり、米軍兵士の生体解剖に消極的に参加し、傍観した勝呂を主人公とする。この小説は一九五八年の第五回新潮社賞および第十二回毎日出版文化賞を受賞し、熊井啓によって一九八六年に映画化され、八七年のベルリン国際映画祭・銀熊賞の審査員グランプリ部門を受賞し、世界的に知られている。『悲しみの歌』は「娯楽小説」的特色があり、勝呂に対する社会の糾弾という深刻な内容と並行して、末期ガン患者に献身的な「おかま帽をかぶったヒッピー風の外人」ガストンの立ちふるまいが描かれる。

遠藤はこの二作を通して、人間の究極的な罪と悪を描きながら、それを救う可能性をも提示している。そして、悪による肉体の苦痛は、最終的には永遠な命にとってかわっていく。そのような展開を支えているのは、遠藤のヨーロッパ中世への思いである。遠藤はヨーロッパの中世を「暗黒」なものと決めつけず、むしろ「地上と地上をこえたもの、人間の世界と永遠の世界、自然世界と超自然の世界とが交流」する時代として、「この二つの領域の橋わたし」となったのはキリスト教だとする。中世の芸術家の創った教会と聖像が「人々に共通した祈りの感情を起させ」て、共同体を形成させたが、残念なことに、その共同体が現代において失われていることにたいして、遠藤は哀惜の念をいだく(2)。

小文は『海と毒薬』と『悲しみの歌』における、身体の苦しみから魂の救いまでのプロセスを分析し、作家が身体と精神を両極におきながら、それらを結びつけ、失われた中世の交流を取り戻そうとしたことを論じる。

『海と毒薬』の罪

『海と毒薬』は、第二次世界大戦の終戦直前に九州帝国大学医学部で起った米軍捕虜に対する生体解剖の事件に基づいたフィクションであり、勝呂という医学部研究生を中心に、生体解剖に参加した人々の心理状態を丹念に描写している。

小説の中で、その実験は捕虜の飛行士八名を対象に、人間は血液をどれほど失えば死ぬか、血液の代りに塩水をどれほど注入することができるか、肺を切りとれば、人間は何時間生きるか、という測量を目的とする。実験参加者は医局員十二人で、そのうち二人は看護婦である。裁判はF市と横浜で開かれ、

小説『海と毒薬』（講談社文庫）

被告リストの最後に勝呂の名がある。当事者の主任教授はまもなく自殺し、主だった被告はそれぞれ重い罰をうけたが、三人の医局員だけが懲役二年で済み、勝呂はその中にはいっている、とある。

この小説は、医学の進歩を名目とする実験発案者たちの渦巻く出世欲を描いている。医学部長のポストをめぐる暗闘と、軍部の好感と支持を得るための実験でもある。実験に参加した医学部研究生戸田は、「医者かて聖人やないぜ。出世もしたい。教授にもなりたいんや。新しい方法を実験するのに猿や犬ばかり使っておられんよ」と冷ややかに見ながら、生体解剖は「滅多にないことだからね。医学者として――つまり、ある意味じゃ、一番願ったりの機会なんだから」という実利的な好機に勝呂を誘う。

実際の事件実験者元九州大学解剖科主任平光吾一は、「肺臓全摘出とか、現在行われている方法の心臓手術の研究、さらに癲癇療法のための脳切開など、当時の外科医が願望した外科療法の課題に、石山（福次郎）は文字通り世紀のメスを振った」が、「たゞ惜しむらくは、この手術に関する記録を全く残しておかなかったことである」と証言している。[3]

しかし、その実験の恣意性について、川上武は「生体解剖は四回にわたって、石山教授（外科）、小森見習軍医が中心になって、軍・大学の関係者の出席のもとに、極秘裏とは名目だけで、ほとんど衆人環視のなかで行なわれた。医学研究とはいうものの、その経過をみるとまったくお粗末で研究などというものではなく、なぶり殺しに等しいものであった。したがって、生体解剖の精密な記載がないのは言うまでもない」という。(4)

遠藤は、「人間存在の最も内部的なもの」、「あらゆる眼の届かない泥沼に啓示される人間の秘義を見出すために、作中人物の魂の秘密」をするために、

人間はただ美しきもの、善きもの、倖せのみを夢みるほど素直ではなかった。苦悩を苦悩と知りつつ、絶望を絶望と知りつつ、破滅を破滅と知りつつ、なおどうする事も出来ない此の深淵に我と我が身を押しやる狂暴な力が彼等のうちにひそんでいたのだ。(5)

と観察し、かの生体解剖事件に託して、人間の苦悩、絶望、破滅、凶暴性を描こうとしたのである。

小説の中で、実験後、悩み続ける勝呂に対して、戸田は「あの捕虜のおかげで何千人の結核患者の治療法がわかるとすれば、あれは殺したんやないぜ。生かしたんや。人間の良心なんて、考えよう一つで、どうにも変るもんやわ」という徹底した「相対論」を持ち出す。また、「国のため」「医学のため」という大義名分と無関係に実験に参加した看護婦上田は、彼女なりの目的があった。すなわち、「日本が勝とうが、負けようが、わたしにはどうでもいいことでした。医学が進歩しようがしまいが、どうでもいいことでした」といい、実験の執刀医橋本の妻ヒルダがかつて上田を責めて、「死ぬことがきまっても、

殺す権利はだれもありませんよ」という厳しいことを言ったその正義感へ報復するためであった。

戸田は生体実験の悪を知っていながら、「神というものはあるのかなあ」と勝呂に尋ねて、「人間は自分を押しながすものから――運命というんやろうが、どうしても脱れられんやろ。そういうものから自由にしてくれるものを神とよぶならばや」と言う。彼はそのような「運命」から逃してくれるなにかの存在を願っていることは確かである。これは自己責任の放棄とも受け取れるセリフである。

戸田は、少年時代の自分が蝶の標本を盗んだことを思い出す。自分はうまく逃げたが、いつも「道化師」を演じ、組の人気を博した級友山口が、濡れ衣を着せられ、罰を受けることになる。戸田は、「一日中、教室の窓から、運動場にたたせられた山口の情けない姿」を盗み見ながら、「ぼくの息は詰りそうだった。あいつが自分の代りに罰をうけている、なぜ、彼は教師に否定しなかったのだろう」と思った。山口のその身代わりは、のちに小説『悲しみの歌』における勝呂の身代わりによってさらに展開される。

実験に立ち会う勝呂は、「俺たちは人間を殺そうとしとるんじゃ」と意識して、実験室から逃げようとしたが、戸の外にいた軍人のたかい笑い声が彼の「心を圧倒し、逃げ路を防ぐ厚い壁のよう」になり、結局、何もせず、壁にもたれてしまい、「悪」の傍観者となる。逃げられない、防ぐことができないその「悪」の強大さを読者に印象づける。

一方、戸田は自分に罪の意識が芽生えていないことを不気味に思う。実験後、「俺が怖ろしいのはこれではない。自分の殺した人間の一部分を見ても、ほとんどなにも感ぜず、なにも苦しまないこの不気味な心なのだ」と言い、自分の麻痺状態に驚く。予測していた「呵責」、「胸の烈しい痛み」、「心を引き裂くような後悔の念」も「さっぱり起きてはこなかった」ので、「俺には良心がないのだろうか。俺だけではなくほかの連中もみな、このように自分の犯した行為に無感動なのだろうか」と自問する。この自問は、戸田の良心がまだ完全に蝕まれていないことをも意味する。

平野謙は、『海と毒薬』は実際の生体解剖事件を背景としながら、現実にはなかった、勝呂や戸田、また医学部長の後任争いを通して、「異常な事件を、できるだけ医局内の派閥争いとか恋愛とか人間性格とかの平常な次元に還元しようと努め、そのことによって、日本人の罪責意識そのものを根源的に問おうとした」と正しく指摘している。[6]

疲れによる「悪」

遠藤は「日本の作家たちは政治状況や社会現実に眼がくらみ小説家の本来的使命である人間内部の探求を次第に怠りはじめ、あるいは人間内面の最終的領域をあの意識や深層心理においてしまった」[7]と言っている。その「人間内部の探求」をするために、遠藤は「疲れ」という症状に焦点を当てる。それは、「社会と世界とに対して常に受身無意志的」で、「神の前でも意志と行為とに欠けている」ポーズをとるフランスの作家モーリヤックの小説『テレーズ・デスケルウ』の主人公が「一切のものに倦怠」し、「自分の周囲の人間を凝視する時光らす非情の眼[8]」だけをもつことに啓発を受けたのかもしれない。

遠藤は初期作品から「くたびれた」人物を作り続けている。例えば、『黄色い人』の千葉という主人公は、婚約者をもっている糸子との関係を罪と知りながら、「ふかい疲労の重さをさらに自分のくたびれた背の上に加えました。罪のくるしさも良心の呵責も感じ」ないし、自分の知り合った神父が人に裏切られていることを知りながら、その神父に知らせて官憲の逮捕から逃れさせようともしない。「ぼくは疲れが永遠にとれないこと」、自分が決して神父の所に出かけようとしない状態の継続である。(9)

『海と毒薬』でも、「疲れた」、「くたびれた」という表現がしばしば現れている。「戦争が勝とうが負けようが勝呂にはもう、どうでも良いような気がした。それを思うには躰も心もひどくけだるかった」し、「彼等が捕虜であり自分がそうでないことにどんな違いがあるの」かを考えることさえ「気だるく」なり、「考えぬこと。眠ること。考えても仕方のないこと。俺一人ではどうにもならぬ世の中なのだ」という捨て鉢の態度をとる。

『悲しみの歌』では、戦後になって過去を厳しく追究された勝呂も、「低いくたびれたような声」で、「仕方がないからねえ。あの時だってどうにも仕方がなかったのだが、これからだって自信がない。これからもおなじような境遇におかれたら僕はやはり、アレをやってしまうかもしれない(10)」と言う。これは悪の本質を知り尽くした人の正直な発言といえよう。

遠藤はこのような「怠惰」による「消極的・受身的な無選択」と、「切迫した緊張感と決意とのなかに身をかけ」ず、「万事を曖昧に、ぼやかしてお」くことの生み出す「善でもない・悪でもない(11)」という無道徳に関心を抱いている。

ある研究者は人間の疲労を、「ぐったり疲労」と「さっぱり疲労」と分け、前者はものを言うのもおっくうで、「つぶれてしまいそうな疲労」で、後者は適度な運動と仕事が片付いた後の「さわやかな疲労感」としている。(12) また、疲労を五つの群に分類し、「ねむけ感」、「不安定感」、「不快感」、「だるさ感」、「ぼやけ感」と名付ける研究がある。(13) 遠藤文学の登場人物はこれらの症状を網羅しているようである。その疲れは身体と精神を蝕み、倫理と道徳の規範に冷淡にならせるが、同時に「悪」を傍観する余裕をも与えている。その「悪」の極致は、身体への傷害で、命を奪うものである。

『悲しみの歌』の罰

『海と毒薬』が刊行されて十九年後、遠藤は『悲しみの歌』を発表した。これは「娯楽小説」と思われたためか、日本近代文学の研究者にはほとんど取り上げられたことがない。しかし、この長編こそが『海と毒薬』の後日譚となり、勝呂の罪の意識の行方、社会からの反応、罰と救いの可能性を示してくれる重要な作品だと思う。

『悲しみの歌』の中で、勝呂は社会の糾弾から逃げまくる。彼の過去がわかるたびに患者たちは怖ろしいものから逃げるように去ってしまう。九州の田舎町でも、海に面した地方都市の市立病院でも、患者だけでなく病院の組合からも抗議文をつきつけられる。今、東京の雑踏の一角である新宿で小さな医院を開業し、未婚女性の中絶を助けながら、内科の患者を治療している。その彼の前に新聞記者折戸が

小説『悲しみの歌』（新潮文庫）

現れる。

　折戸は、戦犯の現在の生活を取り上げて、特集号「その後の戦犯だった人たち」を組み、勝呂を取材して、勝呂の過去を暴き、非難し、自殺に追い込む。これと並行に、フランス人ガストンが、末期がんの年寄りを介抱し、診察医勝呂と友人になっていく物語が展開される。かれらの周りには、さまざまな欲望に踊らされている人間模様が散りばめられる。

　『海と毒薬』で戸田は「世間の罰だけじゃ、なにも変らんぜ」と大きな欠伸をみせながら、「俺もお前もこんな時代のこんな医学部にいたから捕虜を解剖しただけや。俺たちを罰する連中かて同じ立場におかれたら、どうなったかわからんぜ。世間の罰など、まずまず、そんなもんや」と正鵠を射た考えを披露する。

　しかし、「世間の罰」は『悲しみの歌』の勝呂を押しつぶしつつある。『海と毒薬』の勝呂は、実験そのものに手を染めたわけではなく、傍観し続けただけだった。その彼は『悲しみの歌』のなかで、執刀医たちの代わりに世間の罰を受けている。

　折戸は、戦争犯罪に対する義憤から、その特集号を組んだだけではない。「連載特集が成功すれば、俺は局長賞をもらえるかもしれん」という功名心に煽り立てられる。ここで折戸が気づいていないのは、生体実験の参加者たちも同じ出世欲に駆られたことである。

折戸は勝呂に「参加されたのはあなたの意志ですか。医学のためには人体実験をしてもいいと思ったんですか」と責める。勝呂が「じゃあ君がもし、あの時、私の立場にいたら、どうしたろ」と聞き返したら、折戸は即座に「断った、と思いますよ」と力強く答え、「ぼくは医者とは生命を殺すためではなく、救う者だと考えていますね」とさらに付け加える。

実験参加の意図について、勝呂の「おそらく、疲れていたんだろう」という返事を聞いた折戸は、「疲れていたから、三人の捕虜の人体実験を断らなかったというのは、あまりに理屈の通らぬ返事だった」ので、困ってしまう。それでも「あなたはあの出来事に罪の意識もないのですか」と詰め寄る。

折戸は、日本の戦犯たちは「巣鴨に入っていた政治家が総理大臣になったり、与党の師団長になっても、世間じゃ、それを何とも思わない。外国にくらべて、日本人はその点、寛容すぎるほど寛容ですね」と裁く態度に始終している。記者としての業績が買われ、出世の道を大股にあるく折戸は、勝呂のような敗北者の気持ちを理解しようとしない。語り手は折戸を次のように語っている。


折戸の人生には何の迷いもなかった。それはハイウェイのように一直線に真直ぐにのびていた。彼には人間の悲しみなどは一向にわからなかった。うすよごれた人間の悲しみ。ごみ箱で野良猫が食べものをあさり、病室ではまた老人が痛みにたえかねて声をあげ、勝呂がそれを慰めながら、モルヒネしか打てぬ苦しさを噛みしめているような、人間の悲しみを彼は知らなかった。

勝呂からみれば、「戦争を知らないこの青年に、あの日々の暗さ、あの日々の希望のない生活、あの日々の疲労、をどう説明したらいいだろう。いや、いくら話してきかせたところで、彼は決してわからないだろう」と思い、「人生のすべてを正しいことと悪いことに割り切る青年と彼との間には越えがたい溝があった」ことを見極めている。

折戸と比べて、出世の道から外れた記者野口は、世間の哀しみを知らされている。彼は折戸に対して「もう、そっとしておいてやろうよな。可哀想じゃないか。(…)その医者だって過去にたっぷり、罰せられたんだし……もう充分じゃないか」とたしなめる。そして、

絶対的な正義なんてこの社会にないということさ。戦争と戦後とのおかげで、ぼくたちは、どんな正しい考えも、限界を越えると悪になることを、たっぷり知らされたじゃないか。君があの記事を書く。それは君にとって正しいかもしれない。しかし、君はそのためにあの医者がこの新宿の人々からどんな眼で今後、見られるか考えたかい。

野口とおなじ考えをもつ「小説家」も、「裁いている人だって、裁かれた者と同じ状況におかれたら、同じことをしたかもしれん。俺は絶対にそんなことをしなかったと断言できるほど、自信のある人間は……この世にはいないからねえ。しかし、それじゃあ社会が成りたたないから、人間が人間を裁くんだろうが……」と人間社会の本質を言い当てている。

勝呂は、「民主主義をまもる一婦人」からの手紙をもらった。「わたしたちは、わたしたちの子供をあなたの手で診察されることを拒絶します。罪なき捕虜を実験材料にしたその指で、わたしたちの子供にさわることはよしてください。わたしたちは民主主義の名において、あなたを批判します」という言葉を読んで、「裁くこと、追及すること、そして自分たちだけが正しいと思うことが民主主義ならば、それはほかの主義とどう違うというのだ」と思い、「正義」の浅薄さを感じている。

作家上坂冬子は『生体解剖』で、九州大学医学部の生体実験の参加者の言葉を次のように引用している。「どんなことでも自分さえしっかりしとれば阻止できるのです。(…) あの時代に反戦を叫ぶことに比べれば、私らが解剖を拒否することの方がたやすかったかもしれません」と。しかし、上坂は「もし自分がその場にいたら、事件に巻き込まれず孤高を保ったであろうか」と自問した[14]。上坂のこの問いは、遠藤の『海と毒薬』と『悲しみの歌』から影響をうけたものかどうかは論証できないが、それだけの深みがあり、声高なスローガンではないことが明らかである。

イエスのような人物

裁かず、赦し、愛だけを与える人がいる。遠藤は『父の宗教・母の宗教』で「そのひとは人間がどんなに哀しいかを骨の髄まで知りつくしていた。そのひとは自分をみつめる人間の悲しげな眼に自らも眼をしばたたきながら近づいていった。何よりも愛を、何にもまして愛を、それを彼は人々に教えた[15]」と言っている。「そのひと」はいうまでもなく、イエス・キリストである。

『悲しみの歌』に登場したガストンはこの「イエス」にあたる。間も無くガンで死ぬことになった年寄りは孫娘以外に身寄りがないので、ガストンだけがただ一人の友だった。「友のために命を棄つるほど、大いなる愛はない」という聖書の言葉を思い、ガストンは「もし自分があの年寄りの身代りで病気になれるものなら、なってやりたい衝動を時々、感ずること」がある。

ガストンは、世間の糾弾に疲れ果てて自殺をしようとする勝呂に、まぼろしのように話しかける。

「死ぬこと駄目。生きてくださーい」

「しかし、私はもう疲れたよ。くたびれたのだ」

「わたくーしもむかし生きていた時疲れました。くたびれました。しかし、わたくーしは最後まで生きましたです」

「あんたが……？　あんたはガストンじゃないのかね」

「いえ、ちがいます。わたくーしはガストンではない。わたくーしは……イエス」

（…）

「私が生きたまま捕虜を殺し、それからたくさんの生れてくる命をこの世から消した医師だということも知っているのかね」

「ふあーい」

「それを知っているなら、もう、とめないでくれ。私はみんなから責められても仕方のない人間だ。私は誰も救わなかったし、自分も救いがたい男だと思っている」

医師は襟に顔を埋めたまま、ひとり言のように呟いた。

「あんたがいくらイエスだって、私を救うことはできない。地獄というものがあるならば、私こそ、そこに行く人間だろうね」

「いえ、あなたはそんなところには行かない」

「どうして」

「あなたの苦しみましたこと、わたくーし、よく知ていますから。もうそれで充分。だから自分で自分を殺さないでくださ(16)い。」


ガストン（イエス）の言葉は、勝呂の罪の意識に対する理解と寛容、慰めと救いに満ちている。これは勝呂にとってはこの世でもっとも得難いものである。「みんな、みんな悲しい。でもわたくーしニッコリしますと、みんなニッコリしますです。わたくーし、今日は、と言いますと、みんな、今日は、と言いますです。そのことのあります限り、わたくーしは生きるのこと辛いと思わない」といい、「先生は……友だち、ない。だから、わたくーし、いつも先生のそばにいますです」という。

この「同伴者」のガストンは、『海と毒薬』の二年後に発表された遠藤の初めての新聞小説『おバカさん』（一九五九年三月から八月まで『朝日新聞』に連載）の主人公ガストンと同じ人物である。『おバカさん』のガストン・ボナバルトは、ナポレオン家の後裔とされ、日本にやってきて、ヘマばかりをやり、周囲を爆笑に巻き込む。「凡庸な人生、失敗と矛盾を果てしなく繰りかえして生きてゆくこの一人の外人青年」が「この小説の終りの頁をめくり終った時、いつか私たちの及ばぬ点に、人生の崇高な部分を歩いていることに」多くの読者が気づき、イエス・キリストを連想する。

また「同伴者」としてのガストンは、遠藤の『イエスの生涯』（一九七三年）のイエスを再現することにもなる。遠藤の「イエス」は、「襤褸のようにうす汚い人間しか探し求められ」ず、「色あせて、襤褸のようになった人間と人生を棄て」ることのできない人として描かれている。(17)

『悲しみの歌』は、「ながい人生を渡渉し、人間の裏と表の実情をふたつながら知悉した感性でもって「共感」する作品」であり、「人間の弱さ、人間の生存の不条理」を聖書のイエスのように「赦そう」とする作品だと評価されている。(18)『悲しみの歌』は、ガストンと勝呂との関係を通して、遠藤が抱き続けてきたイエス・キリストに対する理解を表現した作品といえよう。

魂の救い

ドイツの哲学者カール・ヤスパースは、「われわれの友人たるユダヤ人が拉致されたとき、われわれは街道にとびだして、わめき立て、われもまたかれらとともに粉砕されてしまうというような危険を冒しはしなかった。われわれが死んでみたところでどうにもなりはしなかったろうという正しくはあるが弱々しい理屈をつけて、生きながらえる道を選んだのであった」と語ったことがある。[19]

このような古今東西に通じる人間の保身の術は、肉体の苦しみを恐れることからきたものだろう。拷問と死を恐れて、度々踏絵を踏んだ『沈黙』のキチジローも、「踏んだこの足は痛か。痛かよネ。俺を弱か者に生れさせおきながら、強か者の真似ばせろとデウスさまは仰せ出される。それは無理無法と言うもんじゃい[20]」と哀嘆することが有名である。遠藤はしばしば自分自身を弱い者と言い、キチジローのような人物に深い同情がある。

『海と毒薬』の勝呂が実験参加を拒否できないのは、「疲れた」だけではなく、弱かったからでもある。

殺した、殺した、殺した、殺した……耳もとでだれかの声がりずむをとりながら繰りかえしている。（俺あ、なにもしない）勝呂はその声を懸命に消そうとする。（俺あ、なにもしない）だがこの説得も心の中で撥ねかえり、小さな渦をまき、消えていった。（…）堕ちる所まで堕ちたという気持だけが彼の胸をしめつけた。

という描写は、勝呂の弱さの帰着点を示してくれる。

一方、『悲しみの歌』においては、ガストンの「弱い」体が繰り返し描写される。末期ガンの年寄りの唯一の願望を抱いている。それは孫娘のためにお祭りの着物を買うことである。ガストンは「神様。あなたの創ったこの世界はあまりに悲しみが多すぎる。あの老人はもうすぐ死ぬというのに、孫娘のために祭りの着物を買ってやりたいと言っています。その着物をあの老人にやってください。（さあ、その着物のお金をつくるために）」と決心する。しかし、金になるような仕事は簡単に見つからない。挙句、格闘技の参加を余儀なくされた。実際の彼は、「いくら二万円の日当でも、投げ飛ばされ、叩きつけられ、首をしめられ、気絶させられるのは、真平、ごめんだった」と思ったが、年寄りのためなら、その苦しみを受け入れることにした。

日本人の柔道の技にかけられて倒れたにもかかわらず、さらに「ひきずりあげ」られ、「足払いをかけ」られ、「かかえあげて背負い投げをくら」った。ガストンは、「オー。ノン、ノン」と捨てられた仔犬のように悲しげな声を出して、「わたくーし、やめます」という。彼は「自分がこれほど痛めつけられるとは思ってもいなかった」し、「鼻血をふき肩で息をしながら彼は自分の体がもう駄目になったのではないか」と思った。

しかし、年寄りを助けるための金を必要としたとき、またボクシングに誘われた。彼は頭を強くふり、「それ、痛い」と思った。そうすると「痛いから、行くんだよ。わたしも痛かったんだから。手と足とに釘をうたれた時は」というイエスの声が聞こえてくる。

体が散々痛めつけられたガストンは、「油の切れた風車のように」ゆっくりと腕を動かしたが、相手の日本人は「急に彼の体を引張って寝技にもちこ」む。ガストンは「鼻汁と泪を流しながら遠くなる意識のなかで、病人の頬肉のこけた顔を思い出していた。ゆるしてくださーい。わたくーし一所懸命しましたです。キミちゃんの着物のお金、つくりたいです。しかし、だめ。もう、だめ」と思う。

ガストンは、このように身体の苦しみと命の危険を耐え忍んだ。そして、封筒の金をみて、病人の笑顔を想像する。ガストンは、「子供たちの暗い顔をあかるくするために村から村へ、町から町へと歩きまわる道化師に似ていた」人物として描かれている。

勝呂は、ガストンと病人の孫娘が一緒に歌ったクリスマスの唄を聞き、涙を流した。「彼がこの年まで送った夜には、星々が美しくまたたき、救い主が生まれるような夜など一度もなかった。助けてやりたいと思っている病人は死を望み、人々は雨のふる日に彼を町から追い出し」、「老人とその孫とあのガストンの三人ならば、決してこの自分を正義の名のもとで追放することはないだろう」と感じた。この確信こそが勝呂の得た唯一の慰めである。

勝呂は年寄りの懇願によって、彼を苦しみから解放するために、致死量のモルヒネを打つことにした。「三本目の注射をその腕に打とうとしながら、勝呂は自分が永遠に地獄に――もし地獄というものが存在するならば――行くにちがいない人間だ」とおもった。そして、「オー・ノン、ノン。ガストンの悲鳴にも似た泣き声が耳に聞こえた。わたくーしの友だちを、殺さないでください。おねがいしまーす。おねがいしまーす」と。

この注射を終わったとき、勝呂は「もう自分が救われない人間になってしまった」と思った。多くの中絶を助け、この老人をも安楽死させてしまっている。彼は蠟のような色に変った遺体の顔が羨ましくなった。「それはもう生きるためにくるしまないでもいい顔だった。すべての重荷から解放された顔」なのである。その顔が彼を「死」へ誘う。勝呂は睡眠薬を飲むとき、ガストンの声がまた聞こえてきた。

「オー、ノン、ノン。そのこと駄目」と。

勝呂が自殺後、折戸は自分が追い詰めたのではないか、という「自責の念」があるが、「彼はやっと民主社会にせめてもの支払いをしたわけさ」と言い、自分の行動を正当化する。その折戸に対してガストンは、

ふあーい。ほんとに、あの人、かなしかった。かなしい人でした。……ふあーい。
ほんとにあの人、今、天国にいますです。天国であの人のなみだ、だれかが、ふいていますです。
わたくーし、そう思う。

という。このようにガストンは、地上において人の罪の身代わりで苦しみ通した勝呂に、天上からの救いがあると予言する。遠藤は勝呂とガストンとの創造によって、「地上と地上をこえたもの、人間の世界と永遠の世界、自然世界と超自然の世界とが交流し、対話していた」中世時代の光を、日本の小説に持ち込もうとしたのではないと思われる。

結論

二〇〇〇年前にイエス・キリストが十字架の上で耐え忍んだ肉体の苦痛は、想像を絶するものである。

生体実験の被害者の苦しみもそれと同類である。傷害や拷問は、人間の肉体に与える致命的な打撃である。人類の諸悪を結集した十字架の刑罰を受けても人類の罪を赦そうとすることが、キリスト教の出発点といえる。いいかえれば、贖罪と救済は十字架上の受難がなくては不可能であった。イエスにとっては、肉体の苦しみは、魂の救いに必須な前奏曲である。一方、もしその救いがなければ、肉体の苦しみも無意味なものになる。

『海と毒薬』と『悲しみの歌』は、肉体の苦しみから魂の救いに至る過程を包括するものとして読めば、遠藤の描いた様々な身体への傷害は、「救い」を導くための設定だったことがわかる。遠藤文学はこのような関係を通して、地上と天上を結びつけるキリスト教の精神を表現しようとしたのである。

（1）山本健吉「解説」遠藤周作『白い人・黄色い人』新潮社、一九六〇年初版、一九六七年七刷、一五六―一五七頁。
（2）「文学と想像力」初出『文学の鑑賞』一九五七年一〇月、加藤宗哉・富岡幸一郎編『遠藤周作文学論集―文学篇』講談社、二〇〇九年、四五―四七頁。
（3）平光吾一「戦争医学の汚辱にふれて―生体解剖事件始末記」『文芸春秋』一九五七年一二月号、二〇八頁。
（4）川上武『現代日本医療史―開業医制の変遷』勁草書房、一九六五年、四八八頁。
（5）「フランソワ・モーリヤック」初出『近代文学』一九五〇年一月号、加藤宗哉・富岡幸一郎編『遠藤周作文学論集―文学篇』講談社、二〇〇九年一一月、五八、六一頁。

（6）小久保実『遠藤周作の世界』和泉書院、一九八三年、一五―一六頁
（7）遠藤周作「現代日本文学に対する私の不満」『遠藤周作文学全集』第一三巻、新潮社、五四頁。
（8）「テレーズの影をおって」初出『三田文学』一九五二年一月号、加藤宗哉・富岡幸一郎編『遠藤周作文学論集―文学篇』講談社、二〇〇九年、七〇―七二、八二頁
（9）『白い人・黄色い人』新潮社、一九六〇年初版、一九六七年七刷、九頁。
（10）『海と毒薬』講談社文庫、一九七一年第一刷、二〇〇三年第六五刷、二八頁。
（11）「誕生日の夜の回想」初出『三田文学』一九五〇年六月、加藤宗哉・富岡幸一郎編『遠藤周作文学論集―文学篇』講談社、二〇〇九年、二一頁。
（12）飯島裕一『疲労とつきあう』岩波書店、一九九六年初版、二〇〇〇年一〇刷、六頁。
（13）二〇〇二年に産業疲労研究会が作成した「自覚症しらべ」http://square.umin.ac.jp/of/service.html によれば、Ⅰ群「ねむけ感」―ねむい、横になりたい、あくびがでる、やる気がない、全身がだるい／Ⅱ群「不安定感」―不安な感じ、憂うつな気分、落ち着かない、いらいらする、考えがまとまりにくい／Ⅲ群「不快感」―頭がいたい、頭がおもい、気分が悪い、ぼんやりする、めまいがする／Ⅳ群「だるさ感」―腕がだるい、腰がいたい、手や指がいたい、足がだるい、肩がこる／Ⅴ群「ぼやけ感」―目がしょぼつく、目がつかれる、目がいたい、目がかわく、ものがぼやける。
（14）上坂冬子『生体解剖』毎日新聞社、一九七九年第一刷、一九八〇年二二刷。二五五、二五九頁。
（15）武田友寿「遠藤周作の文学」『海と毒薬』講談社文庫、一九七一年初版、二〇〇三年六五刷、一七八頁。
（16）遠藤周作『悲しみの歌』新潮文庫、一九八一年初版、二〇〇四年三四刷、三九二―三九三頁。
（17）『沈黙』新潮文庫、一九八一年初版、二〇〇五年三九刷、一八二頁。
（18）遠丸立「解説」『悲しみの歌』新潮文庫、一九八一年初版、二〇〇四年三四刷、四二四、四二五頁。
（19）野田正彰『戦争と罪責』岩波書店、一九九八年初版、一九九八年五刷、一八〇―一八一頁。
（20）『沈黙』新潮文庫、一九八一年初版、二〇〇五年三九刷、一七八―一七九頁。

第10章　身体のない他者・身体をもつ他者
――オーストラリア文学における日本人描写の変遷

加藤めぐみ

はじめに――オーストラリアと「他者」日本

オーストラリア（以下、適宜豪）にとって日本という他者は、その自己規定の上で一定の役割を果たしたかも知れない。近代日本にとって最も重要な他者とは西洋であり、それゆえに肌の色という可視的運命をめぐる日本の自己規定は容易でなかった、と眞嶋亜有は指摘している(1)。同様に、一八世紀末のイギリス人入植から始まったオーストラリアにとってその自己規定には他者が必要であり、その他者の身体性は、その他者が見えると見えざるとに関わらず大きな意味を持った。

開国後の日本と関係を築き始めたニューサウスウェールズに始まる植民地、さらに一九〇一年以降の英女王／王を元首とする連邦国家となったオーストラリアの人々にとって、日本および日本人はその後も長いあいだ不鮮明で不確実なものだった。一九六〇年代まで白豪主義を採っていたオーストラリアでは、在住する日本人が極度に少なく、国としては経済的、軍事的、外交的に重要な相手だった日本についての情報も偏っていた。ゆえに太平洋戦争により初めて敵としてまみえるまで、日本人のイメージはジャーナリストや政治家、作家がそれぞれの目的や欲望に応じて創り上げたものであることが多かったのである。

イギリス系を主とする人びとは、オーストラリアで入植を進める上で、ヨーロッパとは異質なその環境に侵入しそれを克服する必要があった。四季は逆であり風土も異なるこの対蹠地にヨーロッパの習慣や生活様式を再構築するために、彼らは相容れないものを除外しながら、内向きのテリトリーを拡大していった。先住民という他者の領域に入り込み、自らはその土地には異質だったヨーロッパ人は、十九世紀中盤のゴールドラッシュによる中国人の到来を経て、今度はその征服地を後から来た他者から守る必要が生じた。やがてそれは、太平洋において軍事的頭角を現わしてきた日本を対象とするようになる。

だが先に述べたように、実際に肉体を持った他者として身近に存在しない日本人は、オーストラリア言説の中で抽象化され、時にネガティブな意味で隠喩化されていった。日本人が、オーストラリアでことばで概念化された他者だった時期があった。本論考は、一九九六年から二〇〇五年にかけて筆者が行った「オーストラリア文学にみる日本人像[2]」研究をもとにして、このオーストラリア文学における日本という他者描写の変遷を概要的に述べた上で、その後の研究成果を補足しつつ他者描写と身体性について論じる。

オーストラリア文学における他者表象については、中国人表象の先行研究が多くある。またドイツ系などいわゆるアングロ＝ケルティック系以外の少数派ヨーロッパ人植民者や移住者を、英語圏から外れる他者として描いた文学作品から、オーストラリアの国民国家の成立背景を読み取ろうとする研究など、マイノリティからみた豪文学研究が一九八〇年代から行われ始めた。これは後述するように、一九四五年以降に起こるオーストラリア社会の多民族・多文化化の流れに沿うものである。英語圏文学の常として豪文学作品もイギリスやアメリカで認められることが肝要である時代が長く、アジア・太平洋関連の主題や登場人物は傍流だった。だがこの「他者」の描き方の分析と考察を文学史として行うことは、豪文学史だけでなく豪社会史の変遷の一部を明らかにすることであろう。先に述べたようにオーストラリアは絶えず他者をことばで身体化し、自らと差別化することにより、ヨーロッパ文明に所属し、アジアと一線を画した自己を確立する必要があった。他者である日本の表象を追うことは、オーストラリア自身のアイデンティティ表象の変化を捉えることでもある。それは、即ちオーストラリアという植民地、連邦、社会の成立の歴史的経緯とその趨勢を示すことになると同時に、表象の身体性が持つ意味を考察する機会になると考えられる。

想像された身体――創られた日本人像

オーストラリア文学における日本人は、両者のあいだに実際的な観察と接触がないまま、ことばによって表象されてきた。そしてそれは容易にある種の典型に陥っていった。このステレオタイプ像は、男性的日本を象徴する「仮想敵」と女性的日本の「蝶々夫人」に代表され、西側を自認するオーストラリアの作家達による想像や幻想の産物となった。身体を「文化の媒体」とみなすならば、その実際の身

蝶々夫人　C.Yarnall Abbott 1903

体が不在のまま、他者の文化が作品上に構築され、伝播していったのである。そうして一九世紀後半からの白豪主義時代に、オーストラリア文学には作家の推測と欲望及び偏見が創り出した固定観念、ステレオタイプが広く描かれるようになる。

日豪関係は日本の開国より公式に始まった。一八七九～八〇年のシドニー万国博覧会や一八八〇～八一年のメルボルン万国博覧会にも日本は参加し工芸品や農作物を出品していた。メルボルンは当時人口二二〇万余りのビクトリア植民地首都だったが、この博覧会には他の植民地からの観光者も含めて延べ一四八万五〇〇〇人が訪れており、恐らくこの中の多くの人びとは日本が設置した展示場を見たことだろう。日本人軽業師などの芸人もこの頃からオーストラリアを興行に訪れ、中にはそのまま定住した者もあった。だがこれらの日本人はゴールドラッシュでオーストラリアに入国し、やがて定住していった中国人とは異なり、マイノリティの中でも最たる少数派だった。そのイメージとして登場したのが、先に述べた通り「従順で繊細、異国情緒に溢れ、若くて未婚の女性的日本、及び、近代化し軍国的で威嚇的な男性的日本[3]」だった。

「蝶々夫人」のストーリーに代表される若い現地人妻のステレオタイプは、多くの西欧諸国が東を語る言説に登場してきた。そして西側の一員として東の日本や他のアジア諸国を見ていたオーストラリアもそれを踏襲する。ここに登場する日本人女性は、エドワート・サイードがいう、西洋的オリエンタリズムの言説に見られる東洋的官能を特徴とする。男性を中心とした西洋側に都合よく創り出された幻想的身体としての典型なのである[4]。

そういった作家の一人であるカールトン・ドー（Carlton Dawe）は、アデレードに生まれ、アジアを旅行後にヨーロッパへ渡り、英、米を中心に七〇冊以上もの著作を持つ流行作家だった。日本にも滞在したドーは、まさにこの典型通りに『掛け物』（*Kakemonos*, 1897）、『日本の花嫁』（*A Bride of Japan*, 1898）といった作品において「蝶々夫人」の物語のバリエーションを量産していく。ドーの多くの短編や長編において、欧米人男性と日本人女性の悲恋のパターンが繰り返される。万一日本人と「正式に」結婚などした欧米人男性は、在日外国人社会から追放されるという憂き目に遭い、両方の社会に属せず自暴自棄の生活に陥り自殺してしまう。現地妻、妾としてなら許容されるが、妻として対等の立場には立たせられないという、故国を離れたゆえの二重標準が適用される。

一方の「近代化し軍国的で威嚇的な男性的日本」の典型は、仮想敵というステレオタイプで表象される。先に述べたように、オーストラリアは異質で手に負えない自然環境や先住民の存在という内なる恐怖をも抱えつつ、ヨーロッパの文明を移植するために自分達のテリトリーを守る必要があった。ヨーロッパから遠く離れた孤立感と、アジア近隣諸地域の異人種への恐怖感は、テリトリーに侵入しようと

The Lone Hand（雑誌）表紙　1909年９月号

する異なった身体を持つ仮想敵の姿を取り、想像の中で肥大化し、政治的にも利用されていく。

イギリス文学の中の侵略小説は、多くの場合敵役がドイツかフランスのヨーロッパ人という同じ人種のキリスト教徒だった。だがオーストラリアの場合は、日本（及びアジア）という、得体の知れない異人種の異教徒たちだった。またこの日本という存在は、従来の西洋対東洋の文脈に簡単におさまらない存在であった。すなわち、日本は明治政府以降の軍備増強により、太平洋においてたちまちオーストラリアも持ち得ない軍事力を備える国になっており、従来の征服対象としての東洋の範疇に入らなかったのである。そのような状況下、実際に日本に接していないジャーナリストや作家たちが、日本を敵役にし、オーストラリアが侵略されるという恐怖や脅威を強調した小説が、連載小説や短編小説として多く書かれるようになる。

こういった仮想敵による侵略小説では、日本人は常に集団《マス》であり、顔や名前を持たず、個人が登場しない。C・H・カーミス（C. H. Kirmess）は、保守的な雑誌『ローン・ハンド』に十一回に分けて連載された「連邦の危機」という小説（"The Commonwealth Crisis", *The Lone Hand* 1908–1909）で、六〇〇〇〇人もの日本軍がオーストラリア北部に侵入し占拠する様子を描いた。物語では、日本政府はこれを非公式の移民だと主張するが、実際は豪北部と気候が似た台湾で訓練を受けた計画的植民だった。イギリスは日英同盟もあって、日本政府を刺激したくないという立場を取る。オーストラリア側は手段を講じるのが遅れ、戦闘でも惨敗し、国土の北部が日本の植民地となるという結末を迎える。ここで登場するのは、脅威としてのおぼろげな存在はあるものの肉体を持つ個々の人間としては不鮮明な集団となった他者だった。

オーストラリアでは、その植民地時代から、日本の南下を恐れて防衛力の不足を心配する人びとがいた。一八八〇年代から日本による南方への進出の可能性が唱えられていた。実際には日本側の目論見は政治的戦略というより経済的なもので、オーストラリアはその視野に入っていなかった。だが廣部泉が指摘しているように、歴史学者チャールズ・ピアソンの一八九三年の著作『国民の生活と性質――一つの予想』のような言説がオーストラリアの支配層に影響を与えた。(Charles Pearson, *National Life and Character*, 1893.) オーストラリアの人びとにとっては、人のまばらな国土に、アジアの人口過密な国や地域から溢れた人々がなだれ込んでくるという幻想が頭を離れなかった。[5] そしてこれが文学や評論記事にも現われている。

さらに一九〇一年の連邦形成とともに白豪主義が公的に政策となり、ナショナリズムの機運も高まりを見せた。このような状況の中で、軍事的な外敵として日本がターゲットになり、日本の動きに呼応して、オーストラリアがいちいち反応を示すかのような事象が続いていく。廣部によれば黄禍ということばで軍事的脅威を伴うものとしての黄禍論が現れるのは一八九〇年代、日清戦争以後である。[6] その日清戦争後、移民制限法が日本を念頭に強化され、一九〇五年日露戦争後には、徴兵制の確立を求める豪国防同盟が設立されている。

このような小説は、フィクションの形を取りながらノンフィクションの迫真性をもって読者に強く危機的状況を訴えていた。現実的には当時日本が敵となることはなく、南下してくることもなかったが、そのイメージがこれによって強く植え付けられたと考えられる。実際には太平洋戦争までは両国は対立することはなく、第一次大戦では、同盟国として共に太平洋を守るという経験もあった。パリ講和会議では、人種平等を国際連盟規約序文に入れるという日本の案に、オーストラリア側の代表ウィリアム・ヒューズ（W. M. Hughes）が徹底して反対し、またドイツ領のニューギニアを日本が併合することを阻止した姿勢からも伺われるように、日本を仮想敵とする考え方が第二次大戦直前まで続いた。その時利用されたのは、イメージとしての集団的他者、日本だった。

こういった男性的・女性的ステレオタイプがオーストラリア社会の日本観の主流とすれば、一方でその例外も存在していた。オーストラリア北部のダーウィン、ブルーム、木曜島などの、日本人が労働者としてコミュニティの一員となっていた真珠貝採取産業地を舞台にした小説、またジェームズ・マードック（James Murdoch）ら、訪日経験があり日本及び日本人に対して理解と共感を示す作家による作品群である。日本人が実在した北部については後述し、ここでは知日派マードックについて触れる。

マードックはスコットランド出身で、アバディーン大、オックスフォード、ドイツやフランスで教育を受けた後、学校長となるべくオーストラリアに渡った。その後ジャーナリズムへ転向し一八八九年に来日した。その後教師になり第一高等学校などで教えている。いったん日本を離れるが再来日し、金沢の第四高等学校や鹿児島の第七高等学校で教鞭を執った。一九一七年にオーストラリアより呼び戻されダントルーン士官学校に着任、一九一八年にはシドニー大学の初代オリエンタル・スタディーズ教授となっている。(7)

だがそのマードックも来日当初は、日本を「西洋の下手な翻訳」と笑い、『日本におけるドン・ジュアンの孫』（*Don Juan's Grandson in Japan, with Notes for the Globe-Trotter's Benefit*, 1890.）のような物語で、日本で遊興にふける西洋人について面白おかしく書いていた。やがてラフカディオ・ハーンやヴァンセスロウ・モラエスのように日本女性と結婚し、日本の歴史を執筆に際して言葉を学び理解につとめ、それを紹介しようとする姿勢が文学作品にも現われてくる。短編集『豪州と日本の話』（*From Australia and Japan*, 1892）の「吉原でのエピソード」（"A Yoshiwara Episode"）では、茶屋に売られた娘を助けるべく、英人男性が身請けの金をかけて囲碁や剣術、飲み比べをし、勝って娘を救い出す。「現代土佐物語」（"A Tosa Monogatari of Modern Times"）では、日本の寺に隠遁する失意のオーストラリア人社会主義者が描かれる。長編小説『アヤメさん』（*Ayame-san : A Japanese Romance*, 1892）ではスコットランド人画家が西南戦争で戦死した武士の娘に出会い、芸者になるところを救う。西洋人男性は日本人女性の救い主という構図の「蝶々夫人」的設定ではあるが、琴、弓道、お見合い、結納など、日本の習慣、風物が説明され、また当時の日本の写真を挿入し、日本の紹介にもなっている。

マードックの文筆活動による日本理解への貢献は、ジョージ・サンソムの『日本文化史』（George Sansom Japan, *A Short Cultural History*, 1931）の参考書にもなった『日本の歴史』（*A History of Japan* 1542–1868, 3 vols., 1903–26）執筆刊行であろう。後には日本問題に関してオーストラリア政府の顧問も務めている。このように日本を実際に知ったマードックには、小説家としても、ステレオタイプ以外の、顔を持つ日本人を登場させることができた。吉田憲司が和辻哲郎を引いて主張するように、顔が人格の中心であり「肉体を己れに従える主体的なものの座」[8]とすれば、マードックは日本人を主体的なものとして捉えその顔を描き、身体性を与えた最初のオーストラリア作家の一人であり、それによってステレオタイプに陥らない物語を展開させることができたといえる。

戦争――身体をもった他者としての認識

オーストラリアにおいて、その戦争文学は独特の位置を保っている。イギリス文学の悪流ではない独自の国文学として、また植民地から国として成立するために世界の舞台に立った証の物語としての意味合いを持つ。幾つかの世界的な戦争に参戦することが国家創成の「国民の物語」を作ることにもなったのである。[9] 太平洋戦争に関わる戦争文学では、日本人が敵として可視化され、身体をもって登場する。

太平洋戦争開戦前のオーストラリア社会では日本の仮想敵としてのイメージが肥大していたことを前述した。一九三一年の満州事変以降、日本からの脅威が高まり、その帝国主義への警戒心が強くなっていく。やがて中国大陸における日本と列強の対立が目立つようになると、オーストラリアは英・米に海軍への港や空軍への航空基地を提供する場所となり、日本の攻撃目標になるという危機感が高まっていく。

一九四一年に太平洋戦争が勃発し、オーストラリアも日本に宣戦布告する。日本では太平洋戦争とは日米戦争に近い印象がもたれることが多いが、オーストラリアにとっては太平洋戦争とは、まさに長年の仮想宿敵日本との実戦だった。日本側の急激な進軍により、オーストラリアは一九四二年二月にダーウィンが、また三月にブルームが爆撃を受ける。ダーウィン、ブルームともに、蘭領東インド防衛の後方基地としての港を有していたために攻撃されたのであり、これは、日本がオーストラリアを占領するための足掛かりというよりも、軍事施設としての攻撃目標だった。[10] だが後述するように、この攻撃の侵略的意味合いが強調され、一九九〇年代以降にはそれによって犠牲となった人々の追悼が高まりを見せ、オーストラリアの国としての物語再編という様相を見せている。

そしてこの戦争は、多くの文学作品を生み出した。[11] その中では、オーストラリアはこれまで仮想敵だった日本と初めて実際に対峙する。日本はもはや空想の産物ではなく、それまでの侵略小説に登場していた顔や名前のない日本人ではない。実戦、捕虜体験、そして進駐軍体験を通して、「身体」をもつ他者としての認識がされるようになる。

オーストラリアがそれ以前に加わった「世界的」戦争にはジャングル戦はなかったので、太平洋戦争はオーストラリア兵にとって初めてのアジア、ニューギニアの密林での戦闘体験となった。ボーア戦争のアフリカ、第一次大戦のアフリカと中東といった乾燥した地域、また第二次大戦のヨーロッパ戦線を

シドニー湾を攻撃した日本の潜航艇
1942年6月1日

経てきた彼らには、暑く、雨が多くて湿ったジャングルはひじょうに異質な戦場だった。マレー半島、東インド諸島、フィリピン諸島、ニューギニアのジャングルとそこに潜む敵は、これまでの戦闘経験とは異なっていた。

だが実際の戦闘で敵に向かい合ったとき、やがて相手も同様に人間であること、これがただの殺し合いであることに気づくことを描いた作品が出始める。休憩中の日本兵が、銃を持たず連れだって現地の村を散策している様子や、現地の者をからかったり情けを示したりする様子は、まったく友軍の兵士たちの様子と変わらなかった。日本人を知らなかったオーストラリアの兵士にとって、初めて身体を持った日本人と遭遇し、それが衝撃にも似た発見となることが、多くの作品で描かれる。他者が想像の域を超え、実体として存在感を持つことになる。

オーストラリアには、ある種の身体賛美の伝統があり、それがイギリス、旧世界との違いを強調するのに使われていた。第一次大戦で戦った「ディガー」と呼ばれる豪軍兵は、「背が高く《トール》、引き締まった《リーン》褐色《ブロンズ》の身体」といわれていた。マックス・デュペイン（Max Dupain）[12]のような写真家が、その代表作の写真「日光浴をする男」（"Sunbaker" 1937）で示したように、オーストラリア人（男性）の健康さ、水難救助隊員《ライフ・セーバー》やサーファーを典型とする逞しさとスポーツマンシップ、明朗さを強調する作品を一九三

○年代から多く世に送り出していた。そのデュペインが戦争画家兼カモフラージュ工作員としてニューギニアに送られたときに豪兵士水浴風景を撮った作品「ニマダオ川、ニューギニア」（"Nimadao River NG" 1943）を彷彿とさせるような兵士の水浴のシーンが、ハンガーフォードの作品に出てくる。だがその水浴者は日本人だ。オーストラリア側の斥候兵たちが、水浴びをしている日本兵らを目撃し、彼らが水に戯れ泳いだりふざけたりする様子はオーストラリアの若者と変わらないと悟る。敵の肉体、そしてその眩しさと脆さは、荒々しい戦場との対比を生み相手の人間性を呼び起こすことになる[13]。

このように、身体を持つ敵が実体として認識されたとき、戦争文学は仮想敵を掲げたプロパガンダ作品とは大きく異なってくる。当然ながら、「猿のような」「雪崩のように突進する異教徒たち」「同じ顔の操り人形」というような敵への憎しみと偏見を込めた描写は多くの作品で書かれている。だが、自分が待ち伏せして撃とうとしているのが、「父親であり、教師であり、農夫であり、店員であり、学生であり、博徒もまじっているかもしれない」という考えが浮かび、絶望的になるような描写は、敵を人間として客観視できた戦争文学で初めて可能になったといえる。そしてそれは自国の主義主張にも及び、日本の帝国主義と闘うという大義名分を掲げていたはずのオーストラリア人は、アジアにおけるイギリスやアメリカ、オランダなど欧米諸国の帝国主義を目の当たりにし、板挟みとなる。そこにはオーストラリア自身も植民地という特殊な立場にあることが反映されていよう。ことにエリック・ランバート（Eric Lambert）のような社会主義派の作家は、「一兵卒」への賞賛と、上官や軍の階級制度への批判を繰り広げることになる。

オーストラリア人による日本軍戦争捕虜体験記では、戦闘が中心の戦争文学作品から一転し、他者である日本人の身体だけでなく、その文化の違い、ことばの重要性という具体的な認識が明らかになる。片や戦陣訓を胸に、片やジュネーブ条約を掲げる日豪両者の捕虜に関する認識の違いは多くの悲劇を生んだ。約二万人いたオーストラリア兵捕虜の死亡数はおよそ七〇〇〇人といわれ、戦後もオーストラリア社会に残る日本への反感の種となる。またオーストラリア側にとってのこの捕虜体験は、それまで西欧社会で通例だった人種間のヒエラルキーや主従関係から逸脱する人種の逆転でもあった。日本人の捕虜となったオーストラリア兵は、日本人の特性、習慣、ことば、そして日本軍のシステムの理解が生存に繋がることになる。その日本人観察は、点呼にみる形式主義や捕虜という立場の蔑視、ユーモアのセンスの違いなど多岐に渡り、やがてそれを周知しなかったばかりに捕虜の命を危うくすることになったオーストラリア政府や軍当局の情報収集の不備、日本理解の浅薄さ、軍人教育のお粗末さへの批判に繋がっていく。

そういった作家の一人であるレイ・パーキン（Ray Parkin）は、乗船していた巡洋艦パース号が日本軍の攻撃を受けて沈没したあと捕虜になり、シンガポールのチャンギ捕虜収容所から泰緬鉄道の建設現場に送られ、さらに福井県小浜の鉱山で捕虜として労働に従事した。この間、軍から民間に至るまでの日本人を観察する機会を得、さらには味方や自己を振り返る経験をする。戦後これをもとに三作の体験記を出版、一九九九年には三部作として再出版されている。(14)

スタン・アーニル（Stan Arneil）は昭南島チャンギから泰緬鉄道建設現場で過ごした捕虜時代に隠れて

書き溜めた日記を、四〇年後に編集の手を入れず『ある男の戦争』(*One Man's War*, 1980) と題して出版した。これは過酷な自然と物資窮乏の中、敵にも味方にも人間の本質が表れることを示している作品として評価され、一九八一年に「人種、宗教、文化、階層による偏見に打ち勝つ最優秀ノンフィクション」として国際ペンクラブ文学賞を受賞している。これらの作家は、ことに敵である日本と味方であるオーストラリアや連合軍について、バランスが取れた見方を維持している代表格であろう。

だが当然ながら捕虜体験記には、日本軍から受けた虐待や横暴への怒りに終始するものも少なくない。戦争後、解放された直後から噴き出るように書かれたものもあれば、沈黙ののち高齢になってから初めて吐露されるように書かれたものもある。日本側の捕虜に関する記述の出版例は多くなく、ましてオーストラリアに関するものはほとんど見当たらない。それは日豪の戦争体験、ことに捕虜問題に関しての違いを如実に示しているのであり、鎌田真弓が指摘する戦争の記憶の非対称性の表れの一つであるといえる⑮。

英連邦進駐軍の一員としてのオーストラリア軍の日本占領体験は、オーストラリアの戦争文学に、また違った他者認識をもたらした。オーストラリア進駐軍は、一九四六年二月から一九五七年十一月にかけ、延べ四万人の豪兵士を英連邦占領軍の一部として中国地方五県、四国四県に送り込んでいる。この地域を統括し、実像としての日本人と関わることによる経験から、多くの作品が生まれた。そこでは、瞬く間に戦後の復興へと進路を変えた物質主義的日本への嫌悪と、またそれを利用し搾取する進駐軍兵

オーストラリアに渡る日本人戦争花嫁　1952年

士らの醜悪さの双方が描かれている。

　ハル・ポーター（Hal Porter）は、豪進駐軍士官の子弟用の学校長として一九四九年から五〇年にかけて呉に着任した。ポーターは幼少時から日本に対する憧憬があり幻想を抱いていたのだが、いざ着任してみると、戦後復興の貪欲なまでに西洋志向になった日本に幻滅させられる。その短編集の表題作「蝶々夫」“Mr. Butterfly” では、進駐軍あがりのオーストラリア人が闇市で財産をつくり、かわいい「ムスメ」と結婚するが、やがてその妻が金切り声を張り上げる貪欲な中年女と化していく様子を描く。蝶々夫人ならぬ「蝶々夫」は、異文化・異人種の中で罠にはまったような気がしたまま、酒に溺れていく。

　多くの長編や短編に、洋の東西の対立が表れ、蝶々夫人的な女性関係と闇市における取引には征服と搾取のパターンが繰り返される。ことに女性に関しては、先にふれたドーのような現地妻の物語がそのまま再現される。英連邦軍が敷いた反宥和政策も歯止めとならず、オーストラリア社会からは見えないところで二重標準が再適用される。占領軍の描写があまりに赤裸々で、中にはオーストラリアでの出版が差し止められた小説もあった。

　一方、現実として生まれてきた戦争花嫁達の中から、白豪主義のオーストラリアに苦労して入国する者も出てくる。[16] 五万人ともいわれるアメリカに渡った戦争花嫁の数とは比べ物にならないものの、一九五〇年代の、まだ反日感情が渦巻くオーストラリア社会に入っていった女性達は、少しずつながら日本人としての実体をその地に浸透させていった。この戦争花嫁については、数は多くないもののノンフィクションが幾つか書かれており、文化人類学的及び歴史的観点からの研究も進められている。[17]

実際にまみえた他者――北部の場合

前に述べたように、戦争は仮想敵を実際の敵とし、それまで想像で語られてきた他者に身体を与えた。だがオーストラリアでは、この戦争という敵対状況により日本人を認識する以前に、異質だがコミュニティの中で共存する他者としての日本人への認識が存在し、文学にもそれが表われていた。オーストラリア北西部のブルーム、北部準州のダーウィン、そしてトレス海峡にある木曜島は、真珠貝採取産業やナマコ漁によって東南アジアから多くの労働力を引き寄せており、十九世紀末からオーストラリアの中でも例外的な多文化・他民族社会を構成していた。日本人も潜水夫やその補助員、そして商売人や「唐行きさん」の女性達が、これらの地に渡り労働力の一端を担ってきた。やがて中には定住する者も出てきている。一八九二年には有色人種の真珠貝採取船所有が禁止されるが、日本人はダイバーなどの重要な労働力として定着する。

こういった北部の地域社会は、白人を頂点とするヒエラルキーを擁しながらヨーロッパ系で均質なオーストラリア南部の主流社会とは異なっていた。終始平和的な共存だったわけではなく、偏見や差別は当然のごとく存在し、また異民族間の衝突も散発的に起こっている。例えば一九二〇年ブルームでは日本人対クーパン人（Koepanger と呼ばれるチモール島民）の抗争があり、一〇〇〇名を越える日本人が四〇〇名の相手に向かっていった。死者も出て、三〇〇名を越える白人警官隊及び民間人が鎮圧にあたった(18)。そういった抗争の中で、白人の制止を超えて自分達の秩序と決まりを通そうとする日本人集団は、ヨーロッパ系オーストラリア人社会には脅威となった。こういった事件は、日本人及び他の非白人系の人々を見えない他者ではなく、異質だが実体としてとらえられる他者として認識され、複合的社会の一つの象徴となったのである。

文学作品にもそれは顕著に表れ、太平洋戦争以前から顔の見える日本人が、名前も性格も多様な人物像として小説やノンフィクションとしての体験記などに登場する。そのような作品では、西洋対東洋、支配者側被支配者というような対立構図は相変わらず認められるものの、ザヴィア・ハーバート（Xavier Herbert）により一九二〇～三〇年代に書かれた短編や、イオン・イドリース（Ion Idriess）の『四〇尋の海底』（*Forty Fathoms Deep*, 1937）などに認められるように、日本人やその背景にある日本、ひいては他のアジア人や国についても、協調と相互扶助の必要性を認めるような論調も出てくる。北部では、現実的な他者との共存という、オーストラリア南部の議論にはのぼりにくかった考え方を可能にしていた。

当時、実際に採取されているのは貝であって真珠そのものではなかった。だが真珠がもつロマンチックな側面と異国的雰囲気を持つオーストラリア北部は、流行作家の小説に格好の舞台を提供し、いわゆる大衆小説的作品も多かった。それらの物語はメロドラマがかっており、キャサリン・スザンナ・プリチャード（Katherine Susannah Prichard）のように、映画の種本になることを目論んで書いた作家もいた。だがそれらにしても、ヨーロッパ系の登場人物一辺倒であるわけでなく、アジア系の人々が労働力の殆どを占めておりそこに先住民も絡むような社会背景を十分に映すものがあった。その中で作者は、ヨーロッパ系登場人物に自国やイギリスの階級社会への疑問、人種と能力についての偏見や差別の見直しといったことを語らせるようになる。

こういった作品群では、潜水夫として活躍する日本人の具体的な身体性が多く言及される。実際、他のアジア人や太平洋諸島民に比べ、日本人は潜水の術に長けており、熱意もあったようだ[19]。植民地でも連邦結成以降もオーストラリア政府は、日本人が真珠貝採取船を所有したり潜水業を独占したりすることを禁じ、白人潜水夫の導入を試みたこともある[20]。だがやがて、日本人潜水夫の労働力は不可欠なものとしてこれらの地域に定着していく。五〇～七〇メートルもの深さの海底で、重い真珠貝を幾つも拾って身につけた籠で運びながら長時間作業し続ける日本人のまさに実体ある身体性については、否定しがたい存在感を持つものとしてフィクション、ノンフィクションを問わず描かれるのである。またこのようにコミュニティに定着し存在感ある他者として日本人が描かれる土壌があったということは、ブルームと和歌山県太地町の姉妹都市関係の危機とそこからの回復という現在の日豪関係において起こった出来事の中にも、その影響を読みとれる[21]。

北部から生まれたこの他者を語る文学は、先に述べた太平洋戦争以前からの文学作品に見られる、身体を持つ他者の存在によるものであろう。これらの文学作品の多くがアングロ・ケルティック系のいわゆる主流派によって書かれているにも関わらず白豪主義下での異なる人びとの共存が描かれる。そしてこの北部の文学的傾向は戦後から現代にかけても幾つかの作品に認められ、オーストラリア南部の主流社会に見られる主流言説とは異なる語りを生み出している。(22)

多文化社会移行後――新しい日本人像の可能性

ここでは、戦後の主流社会を中心にした文学を取り上げる。前に延べたように、太平洋戦争は両国が武力衝突するという究極の対立だったが、その一方で初めて互いの実体を認識するという、他者への新しい眼差しも生んだのだった。戦後になると、今度は両国の戦後復興及び経済成長の中で、日豪関係も劇的な変化を遂げていく。一九五七年には最恵国待遇で豪日通商協定が締結され、一九六六年にはオーストラリアの貿易において日本がイギリスをその取引額で上回った。豪社会に広く残っていた戦争の記憶と反日感情も、経済と外交の関係修復の気運の下に潜んでいく。

この間《かん》オーストラリア社会では、戦後の移民政策転換によりイギリス・アイルランド系中心だった移民の内訳に変化が生じ、他のヨーロッパ系、中東系、世界各地域の難民、さらにはアジアからの移民が増加することにより、人種や民族の多様化が進んだ。やがて一九七二年以降多文化主義を政策として導入し、白豪主義から劇的に方向転換することになる。だが日本及び日本人は、オーストラリア社会においてはすぐ隣の他者というよりもビジネスパートナーであり、同じようにアメリカを安全保障の同盟国とする、同方向を向いた国同士としての関係が主だった。

民間レベルの交流がビジネスから始まり、旅行者、滞在者、研究者、英語教師、ジャーナリストへと広がるにつれ、日本をテーマにしたオーストラリア文学作品も徐々に多様化していく。だがそこでも典型、ステレオタイプが繰り返され、再生産された。ジョン・ブライソンの『漁りまわる』(John Bryson, *Whoring Around,*) ロバート・アレンの『東京の花』(Robert Allen, *Tokyo no Hana*, 1990) などは、ビジネスマンにとっての幻想とチャンスの国である日本を、祖国を離れた男性が二重標準を適用するというような、これまで述べた蝶々夫人のテーマが繰り返される場所として描く。サイードがいうように、「繰り返し」の効果と「ステレオタイプ」への陥り易さが他者表象において特徴となるのであり、この現地妻のパターンが状況や背景を変えながら登場する。

日本を利用するばかりでなく、オーストラリア社会の規範から逃れて自己発見の場とする作品も現れる。ヨーロッパ社会から引き継いだ階級という概念、女性というジェンダーに縛られた立場、またセクシュアリティの問題などを客観的に見つめ、自らを「他者化」し語るというものである。(23) この自己発見の系譜は、一九九〇年代以降さらに日本人という他者に指導者《メンター》としての役割を求める作品へと引き継がれていくように見える。(24) ことに後者の作品に共通するのは、日本人(特に年長、男性)がオーストラリア女性に精神性、歴史観、人生観といった事柄について指南するという構図の作品をオーストラリア女性作家が書いているということである。これらの作品においてそのような傾向が見られるのは、先に述べた戦後の多文化化を遂げたオーストラリア社会で、アングロ＝ケルティック系主流派の規範、正典に疑問が投げかけられ、新たな思考的枠組みが求められている表れかも知れない。

日豪間の戦争体験については、オーストラリアが多文化社会へ転換した以降も引き続き書かれた。二一世紀を迎え、戦後七〇年を迎える頃、戦争を経験していない世代の作家による小説の出版が相次いだ。それらは、先の戦争文学を下敷きにしながら、新たな情報や見方を加え、戦争経験者や当事者とは違う日本人像を作品に描いている。

リチャード・フラナガンの『奥のほそ道』(Richard Flanagan, *The Narrow Road to the Deep North*, 2013 邦訳白水社、二〇一八年)は日本軍の戦争捕虜となった軍医が主人公である。実在の軍医で英雄視されているウェアリー・ダンロップ[25]を彷彿とさせるが、本作では戦争中の人間的強さだけでなく、弱さ、脆さも併せ持つ。また日本人の将校を副主人公に据え、(偏りはあるものの)双方の戦中と戦後を描いている。コリー・テイラーの『私の美しい敵』(Cory Taylor, *My Beautiful Enemy*, 2013)ではオーストラリア内の日系人強制収容所を舞台に、捕える側と捕えられた側がともに同性愛という同時代のタブーの犠牲になっている。戦争文学の中での同性愛というテーマは、二〇世紀には取り上げにくかったものである。クリスティン・パイパーの『暗闇のあとで』(Christine Piper, *After Darkness*, 2014)は、東京で人体実験に関わった立場を逃れてブルームで日系社会の医師となった日本人男性を主人公とし、白豪主義社会における敵性外国人という逆境を描く。

これらの作家・作品に共通することは、日本人を敵としてだけではなく戦争の犠牲者として取り上げていることだろう。フラナガンの日本人将校は、戦争中はオーストラリア人戦争捕虜を虐待する最たる敵で、戦後は復興を遂げる日本社会でしたたかに生き抜く悪役であるが、人としてのひとつの生き様が十分に語られている。戦後七〇年という時間、新しい情報、背景の社会の変化により、これらの作品は日本側にも入り込んで戦争とその当事者を描いている。戦争の当事者によって日本人という虚像に顔と名前、声が与えられたとすれば、時間を経て、その日本人像にさらなる複雑さや揺らぎが加わったといえよう。一で述べたような「集団の仮想敵」イメージから、実体に迫ろうとする上記のような作品が描かれるには、一つの戦争とその戦後の七〇年という時間が必要だったのかも知れない。

おわりに――身体のない他者・身体をもつ他者

オーストラリア文学における日本人表象を辿ってみて明らかになったことの一つは、文化の媒体としての身体を、ことばにより表象することの限界であり、また一旦定着したそれの執拗さであろう。十九世紀末から想像上の典型の一例であった「蝶々夫人」は二〇世紀を経ても、なお繰り返された。西側欧米諸国がアジアを始め他の植民地や「後進地域」に現地妻を持つという二重標準の典型は、ミュージカル「ミス・サイゴン」(一九八九年ロンドン初演)のような物語に繋がるテーマとして残ることにも表れるように、オーストラリアでも、直接的に知り得ない日本人を表象する上で都合が良かったといえる。

このような繰り返しと定着を見たものの、文化の媒体としての身体を考えたとき、これまでのオーストラリア文学の例で見てきた通り想像上の日本人像はことばだけの表象による限界があった。それを変えたのが、これまで取り上げた戦争という契機だった。指摘したように、戦争文学は日本の仮想敵パターンを超え、むしろ敵としての日本人像に身体性、人間性を与えた契機ともなった。他者の実体に触れた作家は、新たな他者像を語ることになったのである。

またその一方で、現在この太平洋戦争がオーストラリアでナショナリズムを高めるために現在も政治的に利用されることがある。豪政府は二〇〇八年に「オーストラリアを守った戦いの記念日」（Battle for Australia Day）を制定し、一九四二〜四三年にかけて日本の侵略から国を守った「ダーウィン爆撃」攻防、珊瑚海海戦、ミルン湾の戦いやココダ山道戦闘を含むパプア・ニューギニアの戦いを対象とし、それを記念することを決定した。この他にも日本侵略を防ぐために一丸となった国と国民という言説を公的記憶として留めるという傾向が、様々な催しや文学、映画などの作品にも見られる。このような事象により、日本の侵略者としてのイメージが繰り返され、オーストラリアの国民的言説の中に再定着していく可能性も考えられる。(26)

この定着するイメージを繰り返すのも、覆すのも、作家の役割であった。オーストラリア文学において、作家と読者はときに共謀して日本のイメージを創り上げてきた。作家の「他者」日本についての描写の仕方は、その読み手の要求に応えてきた。ゆえに「蝶々夫人」のような典型が生き続けてきたのである。こういった「型」の踏襲により、一般読者の意識や意向に沿うだけでなく、ある種の秩序、安全性や安定感を提供していたといえる。先に述べたように、知日派のマードックでさえ、日本で傍若無人にふるまうドン・ファン的西洋人や「救い主」によって救済されるムスメをその小説に登場させた。だが同じマードックが小説によって新たな日本紹介をし、新しい像を導いてもいる。また先に述べたように、現代女性作家が新しい一つの典型の日本人像を提供している。

このように日本を描いた作者たちは、日・豪の異文化間の橋渡しをする仲介者となった。オーストラリア社会に日本や日本文化を知らせる代理人であり、紹介者であり、通訳、翻訳者として機能した。異質な両者のあいだを行き来し、ときには踏み込みながら、その観察、想像、理解、誤解も含めて読者を未知の「他者」日本に導き、オーストラリアにおける複合的な日本人を表象してきたのである。

一つの社会や国の中で人々が共有する記憶の構築――ピエール・ノラのいう「記憶の場」[27]――を作り出す上で、文学は「再記憶化」に大きな役割を果たしてきた。文学作品はオーラル・ヒストリーの一つの形態とも考えられるのであり、そこに社会がもつ歴史の記憶が見られる。文学の系譜を歴史そのものとは呼べないにせよ、作家は他者のイメージをことばで具体化することによって身体性を与え、新たな言説を作り出す役割を持つ。文学のその役割を考えたとき、これは歴史言説を補って機能しているのではないだろうか。

現在、ヒトやモノの移動、コミュニケーションの方法が劇的に変わり、文学作品も、もはや書物でなくデジタル媒体で読まれ共有されていくという、めまぐるしい変化の渦中にある。その中で、これからの他者表象はどのような変化を遂げるだろうか。今までにない速度で一つの言説が世界中に知らされる可能性があり、また他者の実像が容易に可視化される一方で、推測や偏見により生まれた虚像が瞬く間に広まることもあり得る。「他者」の意味も曖昧になる中、その身体性と表象の解釈はどのように変化するのだろうか。またその解釈の方法や意味は大きく変わり得るだろうか。

（1）眞嶋亜有『肌色の憂鬱—近代日本の人種体験』（中公叢書）中央公論新社、二〇一四年、五頁。
（2）PhD thesis “Representations of Japan and Japanese People in Australian Literature, University of New South Wales, 2005. これを Kato, Megumi（2008）*Narrating the Other: Australian Literary Perceptions of Japan.* Clayton, Victoria: Monash University Press. として出版。
（3）Morris-Suzuki, Tessa（1998）*Re-Inventing Japan: Time, Space, Nation.* New York & London: M. E. Sharp. 111.
（4）エドワード・サイード『オリエンタリズム』平凡社、一九八六年、二〇九頁。
（5）廣部泉『人種戦争という寓話—黄禍論とアジア主義』名古屋大学出版会、二〇一七年、一〇—一一頁。
（6）前掲、二二九頁。
（7）平川祐弘『漱石の師マードック先生』講談社学術文庫、一九八一年初版、一九八四年版参考。
（8）吉田憲司「仮面と肉体」鷲田清一、野村雅一編『表象としての身体』大修館書店、二〇〇五年。一五三—一五四頁。
（9）加藤めぐみ「オーストラリア文学のなかの太平洋戦争」鎌田真弓編『日本とオーストラリアの太平洋戦争—記憶の国境線を問う』御茶の水書房、二〇一二年、一九四—五頁。

（10）鎌田真弓「国防の最前線―ダーウィン空襲を追悼する」鎌田真弓編『日本とオーストラリアの太平洋戦争―記憶の国境線を問う』御茶の水書房、二〇一三年、八七頁。

（11）五〇～六〇年代に書かれた著名なものの一部として以下の作品がある。Jon Cleary. *The Climate of Courage*, London：Collins, 1954；T. A. G. Hungerford, *The Ridge and the River*, 1952；*Short Fiction by T. A. G. Hungerford*, 1989；Eric Lambert, *The Veterans*, 1954.

（12）Max（well）Spencer Dupain, 1911–92. "Souvenir of Cronulla"（1937）、"Bondi"（1939）などのビーチカルチャー、また "The Mechanical Birth of Venus"（1936）、"Doom of Youth"（1937）などの肉体賛美の代表作がある。

（13）T. A. G. Hungerford, *The Ridge and the River*, 92–94.

（14）Parkin, Ray（1960）*Out of the Smoke*. Sydney：Angus & Robertson. ――（1963）*Into the Smother*. Ringwood, Vic.：Penguin Books. ――（1968）*The Sword and the Blossom*. London：Hogarth.

（15）鎌田真弓「記憶の国境線を問う」鎌田真弓編『日本とオーストラリアの太平洋戦争―記憶の国境線を問う』御茶の水書房、二〇一三年、二頁。

（16）桜元信子（Cherry Parker）が、日本が大使を派遣する一年前の一九五二年に第一号として入国した。

（17）Keiko Tamura, *Michi's Memories：The Story of a Japanese War Bride*, Australian Nationul University 2001など。日本では林かおり・田村恵子・高津文美子著『戦争花嫁―国境を超えた女たちの半世紀』Australian Nationul University 二〇〇二年など。

（18）Ganter, Regina（2006）*Mixed Relations：Asian-Aboriginal Contact in North Australia*. Crawley：University of Western Australia. 203.

（19）日本人潜水夫については鎌田真弓「アラフラ海の日本人ダイバーたち」、松本博之「浪間に消える真珠貝漁業」（ともに村井吉敬・内海愛子・飯笹佐代子編著『海境を越える人びと―真珠とナマコとアラフラ海』コモンズ、二〇一六年）を参照。

（20）一九一二年には九名の白人潜水夫がブルームで実際に労働開始したが、同年すぐに去る者、また死亡する者が後をたたず、一九一六年には連邦政府の真珠貝採取調査委員会が、ヨーロッパ人の労働には不適切と結論。村上雄一「一九世紀末から二〇世紀初頭における北部オーストラリアにおける日本（人）イメージ」（「アラフラ海域における越境と管理」共同研究）二〇一二年一二月二二日　口頭発表より。

(21) 反捕鯨団体シーシェパードなどの団体や個人が関与して製作された映画「ザ・コーヴ」（二〇〇九）は、和歌山県太地町で伝統的に行われている沿岸捕鯨を扱ったものである。アメリカのアカデミー賞を受賞したこともあり、太地町及び日本の捕鯨への批判が高まる中、ブルームは、一九八一年に締結していた太地町との姉妹都市としての協定を一時見直さざるを得なかった。シーシェパードによるブルームでの映画上映の後、ブルーム市議会は二〇〇九年八月に協定の停止を決定する。だがその一カ月半後、市は再び姉妹都市協定の停止を解き、両市の関係が復活する。拙稿「オーストラリア文学に描かれた日本人」村井吉敬・内海愛子・飯笹佐代子編著『海境を越える人びと―真珠とナマコとアラフラ海』コモンズ、二〇一六年、二〇三―二二四頁参照。

(22) Herbert, Xavier（1975）*Poor Fellow My Country*. Sydney : Fontana.（ザヴィア・ハーバート『かわいそうな私の国』サイマル出版会、一九七八―一九八三年）、Disher, Gary（1998）*The Divine Wind*. Rydalmere : Hodder Headline Australia. など。

(23) Geraldine Hall, *Talking to Strangers*, 1982、Daby, Ross（1985）*Kenzo : A Tokyo Story*. Ringwood : Penguin Books Australia., Nakano, Anne（1985）*Bit Parts*. Adelaide : Rigby. など。拙著『オーストラリア文学にみる日本人像』東京大学出版会、二〇一三年、一五二―一五七頁参照。

(24) 拙稿「メンターを求めて―オーストラリアの女性離国作家たち」三神和子編著『オーストラリア・ニュージーランド文学論集』二〇一七年、五三―七〇頁参照。

(25)『ウェアリー・ダンロップの戦争日記―ジャワおよびビルマ―タイ鉄道一九四二―一九四五』而立書房が邦訳として一九九七年に刊行されている。

(26) 註10前掲、九四頁。

（27）ピエール・ノラ「記憶と歴史のはざまに」ピエール・ノラ編『記憶の場―フランス国民意識の文化＝社会史』第一巻、岩波書店、二〇〇二年、二九―五八頁。

〔附記〕
本稿の内容は、当初の脱稿ののち別途刊行した「オーストラリア文学のなかの太平洋戦争」『日本とオーストラリアの太平洋戦争―記憶の国境線を問う』第一〇章　鎌田真弓編　御茶の水書房（二〇一二）、『オーストラリア文学にみる日本人像』東京大学出版会（二〇一三）、「オーストラリア文学に描かれた日本人」『海境を越える人びと―真珠とナマコとアラフラ海』第Ⅳ部第2章、村井吉敬・内海愛子・飯笹佐代子編著　コモンズ（二〇一六）の内容と重複するところがあることを記しておきたい。

後記

本書は、編者が勤務先の国際日本文化研究センター（日文研）で主宰した共同研究「文明と身体」の研究成果を基としている。平成二一（二〇〇九）年度から四年をかけて実施した当該共同研究は、この間十四回の会合を開催し、研究報告・書評報告・対談を得ることができた。研究会メンバーに各々の発表を推敲したうえでの寄稿を求めてできあがったのが本書である。編者の poor editorship のため結局寄稿いただくことを断念せざるを得なくなった場合、あるいは編者の遅々とした作業により受領論考を別の場所（具体的には博士論文）で活字とする必要により掲載を見送った場合、が生じた。そのため、やや薄めの成果刊行物となったことを遺憾に思う。もっとも、複数の若手研究者が博士論文を刊行する後押しとなったと考えるならば、慶賀すべきことではあるが。

四年間の軌跡を顧みて、そして編者として寄稿者諸氏の論考にすべて目を通したいま思うのは、文明と身体を鍵概念としての事例研究の成果を得ることができた一方で、共同研究開始当初念頭にあった鎖国ののちの幕末日本人が海外体験のなかで得た文明と身体への感触（一件の報告にとどまり、本書未収録）、あるいは時代をはるかに遡って平安、鎌倉、室町時代の東アジアとの交流にみられる文明と身体へのまなざし、についても検討する機会があったならば、そして論考として掲載することを得たならば、より実りある共同研究会・成果刊行物となり得たであろう、ということに他ならない。これについては、研究テーマを多少変えて他日を期すこととしたい。

「文明と身体」研究班所属の研究者諸賢には、四年間の併走と刊行に至るまでのご尽力に感謝申し上げたい。何とか集まった原稿を迅速に編集し刊行へとこぎつけられたのは、臨川書店編集部の名編集者西之原一貴氏の professional editorship によるところ大である。その西之原さんのご紹介により NOMICHI の野田和浩氏に装丁を手がけていただくことを得た。黒を基調とした力強いデザインをまとった本書を作りあげて下さったことを嬉しく思う。記してお二人への謝意を表させていただくこととしたい。

平成三〇年　酷暑の夏に

牛　村　　圭

編者・執筆者紹介（執筆順）

牛村　圭（うしむら・けい） 編者、緒言、第6章、後記
国際日本文化研究センター教授、総合研究大学院大学教授〔併任〕。比較文学、比較文化論、文明論。『「文明の裁き」をこえて―対日戦犯裁判読解の試み』（中公叢書）中央公論新社、二〇〇一年。『「勝者の裁き」に向きあって―東京裁判をよみなおす』（ちくま新書）筑摩書房、二〇〇四年。『「戦争責任」論の真実―戦後日本の知的怠慢を断ず』ＰＨＰ研究所、二〇〇六年。「ストックホルムの旭日―「世界の一等国」を目指した明治のアスリート」（『中央公論』二〇一二年八月号）。

永井久美子（ながい・くみこ） 第1章
東京大学大学院総合文化研究科准教授。比較文学、比較文化論。「国宝『源氏物語絵巻』における尼―「鈴虫（二）」「早蕨」「東屋（二）」における画面の多層性を中心に」藤本勝義編『平安文学と隣接諸学　第二巻　王朝文学と仏教・神道・陰陽道』竹林舎、二〇〇七年。「国宝「源氏物語絵巻」における画面分割の方法―源氏と女三の宮の描写にみる特徴」『人文・自然研究』第九号、一橋大学大学教育研究開発センター、二〇一五年。「紫式部の近代表象―古典文学の受容と作者像の流布に関する一考察」『鹿島美術財団年報』第三三号別冊、鹿島美術財団、二〇一六年。

小堀馨子（こぼり・けいこ） 第2章
帝京科学大学総合教育センター准教授。宗教史学、西洋古典学、古代ローマ史、比較文化・比較思想。『マンガ　ローマ帝国の歴史』（監修）講談社、二〇〇七年。『映画で学ぶ現代宗教』（共著）弘文堂、二〇〇九年。『神の文化史事典』（共著）白水社、二〇一三年。

フレデリック・クレインス（Frederik Cryns） 第3章
国際日本文化研究センター准教授、総合研究大学院大学准教授〔併任〕。日欧交流史、科学史。『江戸時代における機械論的身体観の受容』臨川書店、二〇〇六年。『十七世紀のオランダ人が見た日本』臨川書店、二〇一〇年。『日蘭関係史をよみとく　下巻　運ばれる情報と物』（編著）臨川書店、二〇一五年。

古田島洋介（こたじま・ようすけ） 第4章
明星大学人文学部教授。日中比較文学、漢文訓読論。『鷗外歴史文学集　第十二・十三巻　漢詩上・下』（注釈）岩波書店、二〇〇〇・二〇〇一年。『大正天皇御製詩の基礎的研究』明徳出版社、二〇〇五年。『日本近代史を学ぶための文語文入門―漢文訓読体の地平』吉川弘文館、二〇一三年。

平松隆円（ひらまつ・りゅうえん） 第5章
東亜大学芸術学部准教授。化粧心理学、化粧文化論。『化粧にみる日本文化』水曜社、二〇〇九年。『黒髪と美

女の日本史』水曜社、二〇一二年。『邪推するよそおい―化粧心理学者の極私的考察』繊研新聞社、二〇一四年。

福田眞人（ふくだ・まひと）第7章
名古屋外国語大学大学院国際コミュニケーション研究科長・教授。比較文化、医学史。『結核の文化史―近代日本における病のイメージ』名古屋大学出版会、一九九五年。『日本梅毒史の研究』思文閣書店、二〇〇五年。『北里柴三郎―熱と誠があれば』ミネルヴァ書房、二〇〇八年。

岩崎　徹（いわさき・とおる）第8章
横浜市立大学国際総合科学部准教授。英文学、英米演劇。「イギリス喜歌劇の幕開け―『陪審裁判』」『横浜市立大学論叢　人文科学系列』第六一巻三号、二〇一〇年。『世界のミュージカル・日本のミュージカル』（編著）春風社、二〇一七年。

郭　南燕（かく・なんえん）第9章
日本語文学者。日本近代文学、多言語多文化交流。*Refining Nature in Modern Japanese Literature : The Life and Art of Shiga Naoya*, Lexington Books, 2014.『志賀直哉で「世界文学」を読み解く』作品社、二〇一六年。『ザビエルの夢を紡ぐ―近代宣教師たちの日本語文学』平凡社、二〇一八年。

加藤めぐみ（かとう・めぐみ）第10章
明星大学人文学部教授。英米・英語圏文学、オーストラリア地域研究。『オセアニアを知る事典』（共編著）平凡社、二〇一〇年。『日本とオーストラリアの太平洋戦争―記憶の国境線を問う』（共著）御茶の水書房、二〇一二年。『オーストラリア文学にみる日本人像』東京大学出版会、二〇一三年。『海境を越える人びと―真珠とナマコとアラフラ海』（共著）コモンズ、二〇一六年。『オーストラリア・ニュージーランド文学論集』（共著）彩流社、二〇一七年。

文明と身体

二〇一八年一〇月三一日　初版発行

編　者　牛　村　　圭

発行者　片　岡　　敦

印刷　製本　亜細亜印刷株式会社

606-8204　京都市左京区田中下柳町八番地

発行所　株式会社　臨　川　書　店

電話　(〇七五) 七二一―七一一一
郵便振替　〇一〇七〇―二―八〇〇

落丁本・乱丁本はお取替えいたします
定価はカバーに表示してあります

ISBN 978-4-653-04397-3　C0020